团队建设与管理

主　编：吕　英　曾红武　傅小龙
副主编：曾美云　罗　芳　常亚茹　车泳蝶
参　编：曾爱华　钟志宏
主　审：张明林

北京理工大学出版社
BEIJING INSTITUTE OF TECHNOLOGY PRESS

内 容 简 介

本教材通过对团队建设与管理的典型工作项目进行分析，以工作任务为导向，设计了10个项目，每个项目包含若干任务。每个任务按照"案例导入分析—知识点解析—课堂案例延申—团队案例实训"的完整教学过程进行渐进式内容设计，可满足立体式（多层次）的教学要求。在教材结构上，项目一至三通过企业管理实际工作团队的诊断体验，建立学生对团队建设与管理基础的认识，培养学生数字化管理师的基本职业素养，完善对团队建设与管理入门认知的掌握；项目四至六通过课内专业技能的训练，模拟完成一个小型企业的团队组建并对组建新团队进行建设和管理的全过程，培养学生团队建设的职业素养；项目七至十通过化解团队运营过程中的沟通、领导和执行问题，积累学生团队建设与管理的职业经验。整本教材以10个项目为依托，3大综合实训为训练点，实现提升团队建设与管理的专业技能培养。

本教材可以作为工商企业管理、跨境电商、市场营销、连锁经营与管理、商务管理等相关专业必修课程的教材用书或者参考书，也可以作为基础管理人员、人力资源从业人员、个体从业人员的自学与培训用书。

版权专有　侵权必究

图书在版编目(CIP)数据

团队建设与管理 / 吕英，曾红武，傅小龙主编．
北京：北京理工大学出版社，2024.5.
ISBN 978-7-5763-4128-7

Ⅰ. F272.9

中国国家版本馆 CIP 数据核字第2024KQ2784号

责任编辑 / 王梦春	文案编辑 / 芈　岚
责任校对 / 刘亚男	责任印制 / 施胜娟

出版发行 / 北京理工大学出版社有限责任公司
社　　址 / 北京市丰台区四合庄路6号
邮　　编 / 100070
电　　话 / （010）68914026（教材售后服务热线）
　　　　　（010）68944437（课件资源服务热线）
网　　址 / http://www.bitpress.com.cn
版 印 次 / 2024年5月第1版第1次印刷
印　　刷 / 三河市天利华印刷装订有限公司
开　　本 / 787 mm×1092 mm　1/16
印　　张 / 17
字　　数 / 375千字
定　　价 / 88.00元

图书出现印装质量问题，请拨打售后服务热线，负责调换

前　言

党的二十大报告提出："坚持以人民为中心发展教育，加快建设高质量教育体系，发展素质教育，促进教育公平。"2024年政府工作报告再一次强调："全面贯彻党的教育方针，坚持把高质量发展作为各级各类教育的生命线。"本教材的编写团队始终以立德树人为根本任务，为培养德智体美劳全面发展的社会主义建设者和接班人服务，教材编写既建构了完整的学科知识体系，同时又统筹兼顾职业教育、高等教育、继续教育的协同创新，积极推进产教融合。

教材以团队管理人员的基本技能需求为主线，理论与实操相结合，突出对学生素质的培养和提升。按照学习者的认知规律，安排了团队认知、团队精神、优秀团队品质和团队组建等十个项目。

本教材具有以下特点。

1. 突出德育。教材落实立德树人的根本任务，通过知识目标、能力目标、素质目标三维学习目标的构建，完成知识体系和价值体系的双轨并建，系统体现课程思政特色。通过融入"新技术、新工艺、新趋势"，完善课程内容。

2. 创新性。在重构学科体系和教材体系过程中，对学科理论努力做到创新，努力打造适应新时代新要求、体现中国特色的高水平原创性教材，用团队理论解读中国优秀传统文化、优质的中国社会实践、用中国话语阐述中国发展，讲好中国团队故事，促进学生扎根中国现实来认识和回答团队建设与管理问题。

3. 系统性。本教材遵循学习者的认知规律，从理论到实践，由浅入深地阐述了团队建设与管理的方法、策略和技巧，案例丰富生动，逐渐加深学生对知识的理解。本教材配套微课、视频资源、PPT、案例、实训等相关资源，是一本新形态一体化教材。

4. 资源丰富。本教材有对应学习平台慕课、教学资料和试题库。基本教学资源包括教学课件、多媒体素材、课程授课计划和作业题库。课程慕课平台包含课程电子教学资料，如课程微课、PPT课件、模拟仿真资料、项目多元评价表等，可实现学生与教师的网上互动。

本教材编写队伍

本教材由广东职业技术学院具有多年企业经历以及 10 年以上从教经验的"双师型"教师吕英、曾红武和傅小龙担任主编，张明林承担统筹主审工作。具体编写分工为：曾红武编写项目一和项目二，惠州工程学院曾美云编写项目三和项目四，吕英编写项目五和综合实训一，罗芳编写项目七和综合实训三，广东舞蹈戏剧职业学院常亚茹编写项目八和项目九，车泳蝶编写项目六和项目十，广州尚睿服饰有限公司曾爱华和广州宝立科技有限公司钟志宏共同编写综合实训二，傅小龙负责教材的资料收集整理和图表设计。

书中参考或引用了许多专家学者的研究成果及资料，编者已经在参考文献中列出，在此对他们表示衷心的感谢！

目　录

项目一　团队认知 …………………………………………………………（1）

　　任务一　认识团队的含义及作用 ………………………………………（2）
　　任务二　区分团队与群体 ………………………………………………（7）
　　任务三　团队成员角色分工 ……………………………………………（11）
　　任务四　团队发展历程 …………………………………………………（15）
　　任务五　理解团队类型 …………………………………………………（18）
　　项目拓展资源 ……………………………………………………………（22）
　　项目同步测试 ……………………………………………………………（22）

项目二　团队精神 …………………………………………………………（23）

　　任务一　认识团队精神内涵 ……………………………………………（24）
　　任务二　打造团队凝聚力 ………………………………………………（29）
　　任务三　加强团队合作 …………………………………………………（33）
　　任务四　提升团队士气 …………………………………………………（38）
　　项目拓展资源 ……………………………………………………………（41）
　　项目同步测试 ……………………………………………………………（41）

项目三　优秀团队品质 ……………………………………………………（42）

　　任务一　设定科学的团队目标 …………………………………………（43）
　　任务二　清晰团队角色 …………………………………………………（46）
　　任务三　制定合理的团队规范 …………………………………………（53）
　　任务四　制定适宜的团队规模 …………………………………………（58）

项目拓展资源 ……………………………………………………………（62）
　　项目同步测试 ……………………………………………………………（62）

综合实训一　企业团队问题诊断 ……………………………………………（63）

项目四　团队组建 ……………………………………………………………（67）
　　任务一　认识团队组建 …………………………………………………（68）
　　任务二　设定团队组建目标 ……………………………………………（74）
　　任务三　确定团队组建人员 ……………………………………………（78）
　　任务四　规划团队发展 …………………………………………………（83）
　　任务五　整合团队资源 …………………………………………………（90）
　　项目拓展资源 ……………………………………………………………（97）
　　项目同步测试 ……………………………………………………………（97）

项目五　团队培训 ……………………………………………………………（98）
　　任务一　认识团队培训 …………………………………………………（99）
　　任务二　分析团队培训需求 ……………………………………………（103）
　　任务三　实施团队培训 …………………………………………………（110）
　　任务四　分析预防团队培训风险 ………………………………………（117）
　　项目拓展资源 ……………………………………………………………（123）
　　项目同步测试 ……………………………………………………………（123）

项目六　团队激励 ……………………………………………………………（124）
　　任务一　团队激励的基本概念 …………………………………………（125）
　　任务二　认识激励理论的类型 …………………………………………（130）
　　任务三　激励理论在工作中的作用 ……………………………………（155）
　　项目拓展资源 ……………………………………………………………（158）
　　项目同步测试 ……………………………………………………………（158）

综合实训二　企业团队组建 …………………………………………………（159）

项目七　团队沟通 ……………………………………………………………（163）
　　任务一　团队沟通的内涵 ………………………………………………（164）
　　任务二　团队沟通的类型 ………………………………………………（168）
　　任务三　团队沟通障碍 …………………………………………………（173）
　　任务四　团队沟通的策略 ………………………………………………（176）

项目拓展训练 …………………………………………………………………… (179)
　　项目同步测试 …………………………………………………………………… (179)

项目八　团队冲突 ……………………………………………………………………… (180)

　　任务一　认识团队冲突的含义及原因 …………………………………………… (181)
　　任务二　熟悉团队冲突的过程 …………………………………………………… (187)
　　任务三　做好团队冲突的处理 …………………………………………………… (193)
　　项目拓展资源 …………………………………………………………………… (199)
　　项目同步测试 …………………………………………………………………… (199)

项目九　团队领导 ……………………………………………………………………… (200)

　　任务一　认识团队领导 …………………………………………………………… (201)
　　任务二　团队领导的基本原则 …………………………………………………… (208)
　　任务三　认识管理方格理论 ……………………………………………………… (211)
　　任务四　构建团队领导力 ………………………………………………………… (218)
　　任务五　识别团队领导管理误区 ………………………………………………… (227)
　　项目拓展资源 …………………………………………………………………… (231)
　　项目同步测试 …………………………………………………………………… (231)

项目十　团队执行力 …………………………………………………………………… (232)

　　任务一　认识执行力及其重要性 ………………………………………………… (233)
　　任务二　提升团队执行力 ………………………………………………………… (241)
　　任务三　提升团队执行力的4C模型 ……………………………………………… (251)
　　任务四　从《西游记》看团队管理 ……………………………………………… (253)
　　项目拓展资源 …………………………………………………………………… (256)
　　项目同步测试 …………………………………………………………………… (256)

综合实训三　企业团队建设及发展项目报告 ………………………………………… (257)

参考文献 ………………………………………………………………………………… (261)

项目一

团队认知

知识目标

认识团队含义和作用
了解团队发展的阶段
掌握团队角色分工理论

能力目标

能够区分团队与群体
能够对团队角色实施分工
能够区分不同的团队类型

素质目标

培养学生的团队精神
培养学生的团队管理意识
培训学生家国情怀、文化自信

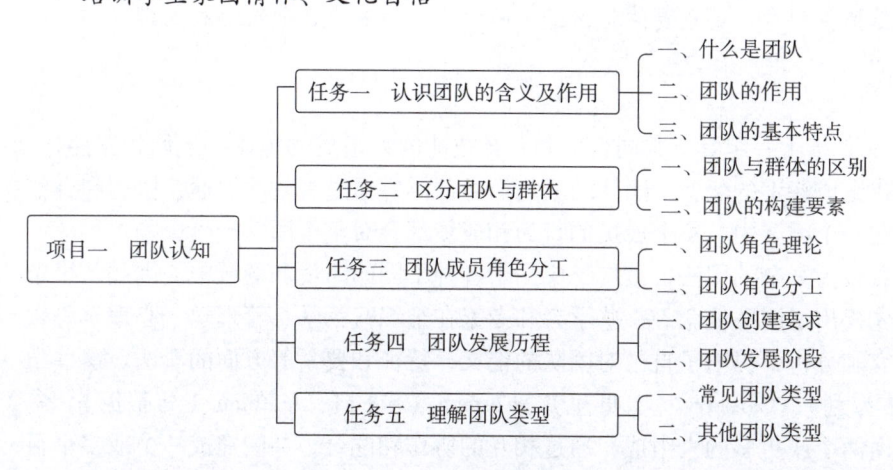

项目一 团队认知
- 任务一 认识团队的含义及作用
  - 一、什么是团队
  - 二、团队的作用
  - 三、团队的基本特点
- 任务二 区分团队与群体
  - 一、团队与群体的区别
  - 二、团队的构建要素
- 任务三 团队成员角色分工
  - 一、团队角色理论
  - 二、团队角色分工
- 任务四 团队发展历程
  - 一、团队创建要求
  - 二、团队发展阶段
- 任务五 理解团队类型
  - 一、常见团队类型
  - 二、其他团队类型

团队故事与分析

任务一　认识团队的含义及作用

案例导入

在一家大型创意广告公司中，有一个由不同专业背景的人组成的团队，他们被称为"Innovators（创新者）"。这个团队的特点是他们的多样性和协作精神，他们的作用是提供创意思路和解决方案，为客户提供独特而新颖的广告策略。

这个团队由设计师、文案策划、市场营销专家和数据分析师等多个角色组成。每个成员都有自己的专业知识和技能，但他们之间没有明确的等级或层级，每个人在团队中都是平等的。这种平等的氛围鼓励成员们展现自己的创造力和独特的视角。

团队刚创建时接到了一个新的广告项目，需要在短时间内提供一个独特而有吸引力的概念。团队成员们开始进行头脑风暴，每个人都贡献了自己的想法和观点：设计师提出了一个独特的视觉概念，文案策划提供了一个引人入胜的故事情节，市场营销专家提供了市场趋势和目标受众的分析，数据分析师则提供了相关的数据支持。

团队成员们不仅在会议中进行了讨论，还利用在线协作工具共享和编辑他们的想法。他们相互倾听并尊重对方的观点，积极地提出建议和反馈。通过团队协作，他们逐渐将各自的想法融合在一起，形成了一个创意十足且符合客户需求的概念。

一旦概念确定，团队成员开始着手实施。设计师开始制作广告的视觉效果，文案策划则编写引人入胜的宣传语，市场营销专家负责制定推广计划，数据分析师则跟踪广告效果并提供反馈意见。团队成员之间的沟通紧密而高效，他们共同努力将创意转化为现实。

最终，团队成功地交付了一个令客户满意的创意广告，获得了良好的反馈。

案例分析

这个案例展示了团队成员组成多样性和相互协作的重要性。每个团队成员都发挥了自己的专业优势，并通过协作将各种想法和观点融合在一起，创造出独特而新颖的解决方案。这个团队的作用不仅是提供创意，更重要的是通过共同协作，为客户带来价值和成功。

一、什么是团队

团队（Team）的是指由一组具有共同目标和互补技能的人组成的集体，他们相互协作，以达成共同的目标或完成特定的任务。团队的成员们通常需要通过有效的沟通、协调和合作来实现团队目标。在一个团队中，每个成员的行为和成绩都会对整个团队产生影响。

团队这个词有着较为复杂的用法，被广泛应用于各种不同的语境和领域中。因此，很难确定是哪个学者首先提出了团队概念。一些学者和专家在组织行为学、管理学、心理学等领域对团队进行了研究和分析，提出了自己对团队的定义、特征和要素等方面的看法。这些学者包括 Brawley（布劳利）、Carberry（卡贝里）、Carman（卡门）、Mathieu（马蒂厄）等。他们认为，团队是由两个或更多的人组成，通过相互的协作和配合，共同完成一个或多个目标或任务。他们强调了团队的目标、协作、沟通和领导力等方面的重要性；团队组建通常涉及一系列的条件和考虑因素，以确保团队能够有效地运作并达成既定目标。以下是团队组建时需要考虑的一些关键条件：

（一）明确的目标和愿景

确立明确而可实现的团队目标和愿景，这些目标和愿景应具有挑战性，能够激励团队成员共同努力。

（二）团队规模

确定适当的团队规模以便成员之间的沟通和管理。过大的团队可能导致协调困难，而过小的团队则可能缺乏所需的技能和资源。

（三）成员选择

根据团队的目标和所需的技能、经验及工作风格来选择合适的团队成员。成员之间应具有互补的技能和多样化的背景。

（四）角色分配

明确定义每个团队成员的角色和责任，确保每个团队成员都清楚自己在团队中的位置和期望。

（五）领导结构

选择或指定合适的团队领导，他们不仅需要具备管理技能，还要能够激发团队的潜力和创造力。

（六）沟通渠道

建立开放和有效的沟通渠道，以促进团队成员之间的信息流通和协作。

（七）团队文化与价值观

培养积极的团队文化，确保团队的价值观与组织的整体价值观一致。

（八）培训与发展

提供团队培训和发展的机会，增强团队成员的技能，并增强团队精神。

（九）绩效评估体系

制定明确的绩效评估标准和反馈机制，以监控团队的进展并进行必要的调整。

团队建立不是一次性的行为，而是一个持续的过程。通过持续地维护、评估和调整，确保团队能够不断进步和适应新的挑战。

二、团队的作用

在组织和社会活动中，团队扮演着至关重要的角色，其多样化功能可概述如下：

（一）增强问题解决能力

团队成员汇聚各自的知识、技能与经验，共同分析并解决问题。这种多元化的视角有助于提出更具创新性、更全面的方案。

（二）提升效率与生产力

团队建设促进成员间的协作与沟通，优化分工合作，进而提高工作效率与生产力。成员间的相互协助和支持，有助于减少重复工作，降低错误发生率，节约时间与资源。

（三）促进创新能力的提升

团队中不同成员的交流与协作能够激发新观念与创意，推动创新进程。团队建设鼓励成员发挥创造力与创新精神，通过相互启发和补充，共同探索问题的解决之道，从而推进工作的创新与改进。

（四）增强组织的灵活性与适应性

团队能迅速应对外部变化并做出调整，增强组织的灵活性和适应性。成员间的互动促进知识与技能的传承，有助于提高组织的学习能力和知识管理水平。

（五）提高团队决策质量

团队决策过程中会综合更多信息和观点，有助于做出更全面、质量更高的决策。拥有高效能团队的组织在市场竞争中更具优势，能更好地满足客户需求和应对市场变动。

（六）增强团队凝聚力与成员满足感

优良的团队氛围能增进成员的归属感，提升其工作满意度与忠诚度。团队建设有助于成员间建立稳固且密切的联系，强化团队的凝聚力。在协同工作中，团队成员应彼此信赖、尊重和协助，共同构成一个紧密团结的集体。

（七）促进团队成员个人发展

团队建设旨在辅助成员提高职业技能和个人素养。在团队互动中，成员可以吸收其他人的技能与经验，不断提升自身能力和素质。

（八）加强社交联系和支持网络

团队构成了一种社交联系和支持网络，成员间能够提供相互支持，给予情感慰藉及社会互助。

（九）推动组织目标的达成

团队建设助力组织实现既定目标。通过团队的共同努力与协作，组织能更有效地面对挑战与把握机遇，达成战略目标。

团队不仅能提升工作绩效，还能促进成员间的交流与协作，对组织的长期发展和文化塑造产生积极效应。

三、团队的基本特点

团队的核心特质可由英文缩略语"TEAM"精炼概述，即"Together Everyone Achieves More"（众志成城，共创佳绩）。这一表述深刻映射了团队协作的精髓：众人拾柴火焰高，团队成员间的协同作业使得个体难以独立完成的任务得以完成。团队通常具备以下基本特点（见图1-1）：

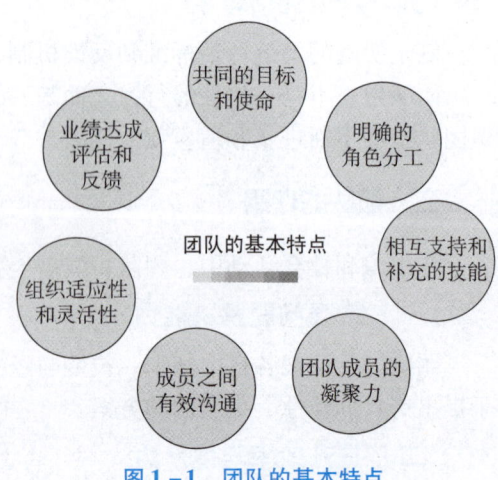

图1-1 团队的基本特点

（一）共同的目标和使命

团队成立的基础是一个共同的目标和使命，这是团队成员共同追求的东西。团队应该有明确的结构和领导，领导者或管理者负责指导团队和协调资源。

（二）明确的角色分工

团队中的每个成员都有特定的角色和职责，这些角色通常根据个人的技能和经验来分配。团队成员应该清楚自己在团队中的位置和作用，以及自己的工作对整个团队的影响。

（三）相互支持和补充的技能

团队成员应具备一系列互补的技能，以便他们可以在必要时相互支持和补充。团队成员应当相互协作，支持彼此的工作，尤其在面临挑战和困难时。

（四）团队成员的凝聚力

成员之间需要具有强烈的归属感和忠诚度，以及相互之间的信任和尊重。团队成员之间应该相互协作、配合，共同完成任务或目标。协作可以增强团队的凝聚力和合作精神，提高团队的绩效和工作成果。

（五）成员之间有效沟通

团队成员之间需要开放和有效的沟通渠道，以确保信息的流通和问题的及时解决。团队成员之间应该有良好、及时、有效的沟通，包括信息的传递、意见的交流、协作的配合等。良好的沟通可以提高团队的效率和工作质量。

（六）组织适应性和灵活性

团队需要能够适应变化，灵活调整计划和方法，以应对外部环境和内部动态的变化。

（七）业绩达成评估和反馈

团队应该定期进行评估和反馈，以了解团队的进展情况、存在的问题和改进的方向。评估和反馈可以帮助团队发现问题、改进工作方法、提高工作效率。

一个成功的团队并非仅是众人简单聚集的结果，而是一个动态互依的系统。该系统能够突破个体限制，依托集体的智慧与共同努力，实现更加宏伟的目标。

实训 1-1　认识团队

实训形式：案例分析

实训步骤

第一步：实训前准备。要求提前阅读《西游记》，以及提前学习任务一认识团队的含义及作用相关知识。

第二步：阅读并分析以下案例。

《西游记故事及五个主角》

《西游记》是中国古代四大名著之一，是明代作家吴承恩创作的一部长篇小说。这部小说以佛教经典《大唐西域记》为蓝本，融合了神话、传说和历史元素，讲述了唐僧带领孙悟空、猪八戒、沙悟净和白龙马一起去西天取经的奇幻冒险故事。

唐僧，俗称陈姓，法号玄奘，尊称三藏，唐太宗赐姓唐。他是如来佛祖金蝉长老的转世，自小在寺院中成长。唐僧性格诚实、善良、虔诚，但略显慈祥而胆怯，缺乏辨别能力。在西行取经途中，尽管遭遇众多妖魔鬼怪，但依靠弟子们的保护，最终顺利取回真经。

孙悟空，别称孙行者、美猴王，尊号齐天大圣，生性机智、活泼、忠心耿耿、嫉恶如仇，于中国民间传统文化中象征着智慧与勇气。孙悟空拜唐僧为师，一路护送师父西行取经，降妖伏魔，确保唐僧安全。

猪八戒，又名猪刚鬣、猪悟能，为唐僧之二弟子。曾任天宫天蓬元帅，因不端行为遭贬入凡间，转世为猪妖。猪八戒本性憨厚，力大无穷，但存在贪食与懒惰之弊，经常引发麻烦。尽管屡犯失误，仍是取经团队中不可或缺之角色。

沙僧，别名沙和尚、沙悟净，为唐僧之三弟子。前身是天宫卷帘大将，因失误犯错遭贬入凡间，造乱流沙河。后蒙观世音菩萨开示，赐法号悟净，一心向佛，与悟空、八戒共护唐僧取经。沙僧忠诚、善良、任劳任怨，是团队中极为稳重之成员。

白龙马，原为西海龙王三太子，因放火焚烧玉帝赐予之明珠触犯天规，险遭斩首。在南海观世音菩萨干预下得以幸免，被贬至蛇盘山等待唐僧。因误食唐僧坐骑，后被菩萨点化，化身为白龙马，皈依佛门，驮师父西行取经，终成正果，封为八部天龙广力菩萨。

这五个主要角色组成了一个多样而有趣的团队，他们一起经历了重重困难和冒险，在取经路上互相帮助，共同成长，并最终实现了取得真经的目标。他们的故事展现了友谊、勇气、智慧和信仰的重要性，成为中国文化中不朽的经典。

第三步：请同学们根据《西游记》故事案例，分析《西游记》团队的目标和特点，并完成实训表 1-1。

实训表 1-1 《西游记》团队案例分析

团队名称：_____

团队目标：_____

成员名称	性格特点	团队角色	主要作用

你最喜欢《西游记》团队中谁的角色性格？为什么？
你认为《西游记》团队中最重要的人是谁？为什么？
本案例在团队建设方面对你有什么启示？

项目一　团队认知

任务二　区分团队与群体

案例导入

在一个大学的学生社团中，有两个由学生组成的小组：一个是"篮球团队"；另一个是"学习小组"。尽管两个小组都由学生组成，但它们在结构、目标和互动方式上存在一些明显区别。

篮球团队由一群对篮球感兴趣的学生组成，他们共同追求在校内及校外比赛中取得优异成绩。这个团队有一个明确的目标，即提高球队技能、提升竞技水平，并在比赛中取得胜利。团队成员在实现这个目标的过程中，需要进行密切的合作和协调，彼此信任和依赖。他们进行定期的训练，制定战术策略，并在比赛中展示团队的凝聚力和配合能力。团队成员之间角色分工明确，有球员、教练、队长等。篮球团队的成功与否取决于团队成员之间的协作和努力。

学习小组由一群学生组成，他们有着共同的学习目标，即通过相互学习和帮助来提高各自的学习成绩。这个小组的成员共享学习资源、笔记和知识，并通过互相讨论和解答问题来增进彼此的理解。学习小组的成员在学习过程中互相支持和鼓励，共同解决难题和提高学习效率。小组成员之间没有明确的角色分工，每个人都有平等的参与权。学习小组的成功取决于每个成员的积极参与和贡献，以及小组内部的互动和合作。

案例分析

通过以上分析，我们可以看到团队（如篮球团队）与群体（如学习小组）之间的主要区别：团队具有明确的目标、紧密的协作、互补的技能和共同的价值观；而群体则结构较为松散，主要基于共同的兴趣聚集在一起，协作性和目标一致性相对较低。这些差异使得团队在实现特定目标时通常比群体更为高效和有力。

一、团队与群体的区别

（一）团队与群体的区别

团队与群体在工作和组织环境中经常被提及，它们之间虽然有一些相似之处，但也存在着明显的区别。以下是团队与群体的主要区别：

1. 目标

团队通常有一个共同、明确且被所有成员接受的目标。这个目标往往是高绩效和具有挑战性的。而群体的目标可能不太明确或只是个体目标的简单集合。群体成员可能各自追求不同的目标。

2. 协作

团队成员之间的协作是高度发达的。他们相互依赖，共同努力以实现团队目标。而群体中的协作可能是有限的，成员可能独立工作或在必要时才与他人协作。

3. 责任

在团队中，责任是分散的，但每个成员都对团队的整体结果负责。团队成员相互支持，共同承担责任。而在群体中，责任往往更个体化。每个人主要对自己的工作成果负责。

4. 角色

团队成员通常具有明确的角色和职责，这些角色是根据每个人的技能和团队需求来分配的。而在群体中，角色可能不那么明确或固定，成员可能根据需要或兴趣扮演不同的角色。

5. 沟通

团队中的沟通是开放、频繁且多方向的。团队成员分享信息、想法和反馈，以优化团队绩效。而群体中的沟通可能是偶然的或单向的，信息流动可能不如团队中那么畅通。

6. 结果

团队的结果是团队成员共同努力的产物，通常表现为集体绩效或成果。而群体的结果往往是各个成员个人绩效的总和。

7. 领导

团队可能有一个或多个领导者，但决策往往是共享的，团队成员参与决策过程。群体通常有一个明确的领导者，负责指导群体的活动和决策。

8. 技能互补

团队成员的技能和专业知识是相互补充的，这有助于团队实现复杂或多样化的任务。而群体成员的技能可能是相似的，也可能不同，但不一定互补。

了解这些区别有助于更好地理解如何在不同情况下有效地组织和管理工作团队或群体。

（二）群体向团队的转变

尽管有这些区别，但团队和群体之间的界限也并不是绝对的，它们在某些情况下可能存在重叠和相互转化。例如，一个群体可以通过明确的目标和有效的协作逐渐转变为一个团队。群体向团队转变可以通过以下几个关键步骤实现：

1. 设定共同目标

明确群体的共同目标，为群体成员提供一个集中的焦点和方向。这个目标应该是明确、具体且可衡量的，能够激发群体成员的共同努力和合作。

2. 角色明晰和分工

确定群体成员的角色和职责，明确每个成员在团队中的定位和职责范围。这样可以避免成员之间的重复劳动和混乱，提高团队的协作效率。

3. 沟通与合作

建立良好的沟通和合作机制，鼓励成员之间信息共享和交流。促进团队成员之间的互动，确保彼此之间的理解和支持，增强团队的凝聚力和合作效能。

4. 建立信任

建立互相信任的氛围，鼓励团队成员相互支持和理解。通过共同努力和合作来增强成员之间的信任，这有助于提高团队的协作效率和绩效。

5. 领导和指导

确定一个明确的领导者或领导团队，负责协调和指导团队的工作。领导者应该能够提供明确的方向和指导，并激发团队成员的积极性和动力。

6. 激励和奖励

建立激励和奖励机制，以激发团队成员的积极性和动力。适当的激励和奖励，可以帮助团队成员保持高效的工作动力和参与度。

7. 团队文化塑造

塑造积极的团队文化，明确团队的价值观和行为准则，鼓励团队成员遵守并践行。良好的团队文化有助于增强团队的凝聚力和合作意识。

通过以上步骤，群体可以逐渐发展成一个高效的团队，实现共同目标并取得优秀的绩效。这需要时间、努力和团队成员之间的积极合作（见图1-2）。

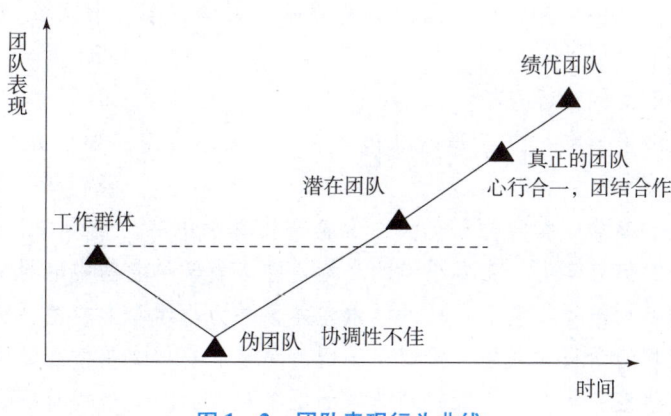

图1-2 团队表现行为曲线

二、团队的构建要素

团队的构建要素主要包括以下几个方面：

目标：团队应该有一个明确、清晰且可衡量的目标，作为团队存在的基础和动力源泉。这个目标应该得到团队成员的共同认可，能够激发他们的积极性和动力。

定位：团队在组织中的定位要明确，包括团队的类型、角色和职责等。这有助于团队更好地了解自己在组织中的作用和地位，以及与其他团队的关系。

人员：团队由具备不同背景、技能和经验的成员组成，他们的互补性和协作性是团队成功的关键。在选择团队成员时，要考虑到他们的能力、意愿和适应性。

沟通：有效的沟通是团队协同工作的基础。团队成员之间需要建立开放、坦诚的沟通氛围，以便及时分享信息、反馈问题和解决冲突。

领导：团队的领导者在团队构建中起着关键作用。他们需要具备战略眼光、协调能力和激励技巧，以引导团队朝着目标前进。

文化：团队文化包括团队的价值观、行为准则和工作方式等。健康、积极的团队文化能够增强团队成员的归属感和凝聚力，提高团队绩效。

资源：团队需要获得必要的资源支持，包括资金、设备和信息等。这些资源是团队实现目标的基础保障，需要合理规划和分配。

计划：团队应该有明确的计划和时间表，以确保工作有序进行。计划应包括任务分配、时间节点和重要事项里程碑等，以便团队成员能清楚地了解自己的工作进度和责任。

综上所述，团队的构建要素包括目标、定位、人员、沟通、领导、文化、资源和计划等多个方面。这些要素相互依存、相互影响，共同促进团队的协同工作，提高绩效和实现共同目标。团队构建要素的合理安排和协调对于团队的成功和可持续发展至关重要。

实训 1-2　区分团队与群体

实训形式：案例分析

实训步骤

第一步：实训前准备。要求提前阅读有关团队与群体内容的相关文献，了解相关理论知识。

第二步：对以下案例进行分析。

在一个高中班级里，有一个竞赛小组和一个音乐兴趣小组，他们分别展示了各种不同特点。

竞赛小组致力于参加各类学科竞赛，并代表学校参加比赛。小组成员包括数学、物理、化学和生物等学科的优秀学生。竞赛小组的目标是在各类学科竞赛中取得优异的成绩，为学校争光。他们通过参加比赛，展示自己的学术才能，并为小组和学校赢得荣誉。竞赛小组中的成员根据自己擅长的学科和兴趣，扮演着不同的角色。有些成员擅长数学，负责数学竞赛的准备和解题；有些擅长物理，负责物理竞赛的准备和实验；其他成员则负责化学和生物竞赛的相关工作。他们通过相互协作，共同努力实现小组的目标。他们互相学习、分享经验，并相互激励和支持。他们还会一起参加培训和学术活动，以进一步提高小组的整体水平。

音乐兴趣小组，由喜欢音乐的学生组成。他们组建了一个乐队，并经常一起进行音乐创作和表演。音乐兴趣小组的目标是通过音乐交流和表演，发展自己的音乐才能，并为班级和学校带来欢乐和艺术体验。他们通过练习和表演，不断提高自己的音乐技巧和小组合作能力。音乐兴趣小组中的成员根据自己的音乐才能和兴趣，扮演着不同的角色。有些成员擅长演奏乐器，他们负责乐队的伴奏和演奏部分；有些成员擅长唱歌，他们负责主唱和和声；其他成员则负责编曲、创作和音乐制作等方面的工作。他们通过协作和合作，共同创作和演绎音乐作品。音乐小组经常组织乐队排练、音乐创作和演出。他们一起练习乐曲，改进演奏技巧，并共同参与音乐作品的创作。他们通过音乐活动增进了彼此的了解和友谊，建立了紧密的关系。

第三步：请同学们根据案例，分析团队与群体的区别，并完成实训表 1-2。

实训表1-2　区分团队与群体

小组号_____　姓名_____　学号_____　成绩_____

请同学们根据案例，分析案例中的小组哪个是团队？哪个是群体？为什么？	
1. 案例中哪个小组是团队？为什么？	
2. 案例中哪个小组是群体？为什么？	

任务三　团队成员角色分工

案例导入

在一家建筑公司中，有一个由五个成员组成的团队，他们负责设计和建造一座大型商业建筑。这个团队的成员包括项目经理、建筑设计师、结构工程师、施工经理和质量控制专员。每个成员在团队中扮演着不同的角色、承担不同的职责，通过密切协作，实现项目的顺利进行。

项目经理是团队的核心，负责整个项目的规划、协调和管理。项目经理与客户进行沟通，了解他们的需求和预期，并将这些信息传达给团队。团队其他成员负责制定项目时间表并进行资源分配和预算控制。项目经理与团队其他成员保持紧密联系，确保项目按计划进行，并解决可能出现的问题和困难。

建筑设计师负责将客户的需求转化为具体的建筑设计方案。他们与项目经理和客户进行磋商，了解设计目标和限制。建筑设计师使用他们的创造力和技术知识，制定建筑外观、布局和空间规划。他们与结构工程师和施工经理紧密合作，确保设计方案符合结构和施工要求。

结构工程师负责设计建筑的结构框架和支撑系统。他们根据建筑设计师提供的方案，计算并设计出稳定和安全的结构。结构工程师与建筑设计师和施工经理密切协作，确保结构设计与建筑设计相互匹配，并符合建筑规范和安全标准。

施工经理负责建筑项目的施工工作。他们与项目经理和建筑设计师合作，制定施工计划和时间表。施工经理协调各种施工活动，包括材料采购、工人调度和施工进度监控。他们与质量控制专员紧密合作，确保施工过程中的质量和安全。

质量控制专员负责监督整个建筑项目的质量标准和规范。他们与项目经理、建筑设计师和施工经理一起确保项目符合质量要求，并遵守相关法规和标准。质量控制专员进行现场检查和测试，记录和报告任何质量问题，并协助团队采取纠正措施。

案例分析

这个案例展示了团队成员角色分工的重要性。每个成员在团队中承担着特定的职责和任务，他们的专业知识和技能相互补充，通过相互协作，共同推动项目的顺利进行。团队成员之间的有效沟通和协调有助于提高工作效率和质量，实现项目的目标。

一、团队角色理论

关于团队角色有许多不同的模型和理论，下面是几个常见的团队角色理论版本：

（一）贝尔宾团队角色理论

贝尔宾团队角色理论（Belbin Team Role Theory）由英国心理学家梅雷迪思·贝尔宾（Meredith Belbin）提出，包括九种不同的团队角色，如执行者、协调者、完成者等。每种角色有其特定的特征和行为方式，相互协作可以促进团队的成功。

（二）马杰里森和麦卡恩的团队角色理论

马杰里森和麦卡恩的团队角色理论提出团队角色包括领导者、协调者、推进者、创新者、信息者、监督者、凝聚者和完美主义者。这些角色在团队中有着不同的职责，共同促进团队的发展和进步。

（三）默多克角色模型

默多克角色模型（Meredith Murdoch's Role Model）由默多克（Meredith Murdoch）提出，将团队角色划分为四个维度：行动者、思考者、感觉者和直觉者。每个维度代表一种心理类型，团队中的成员可以在这些维度上进行评估和定位。

以上这些团队角色理论都强调了团队成员之间的互补性和协同性，每个成员都应该根据自己的特长和团队需求来扮演不同的角色。通过了解这些角色理论，团队领导者和成员可以更好地理解彼此在团队中的作用和职责，从而更好地协作并共同推动团队实现目标。同时，这些理论也提供了对团队成员进行选拔、培养和评估的依据，有助于建立高效、稳定的团队。

在实际应用中，团队角色理论可以根据具体情况进行灵活调整和运用。团队成员可以根据团队目标、任务需求和个人特长来扮演不同的角色，以实现团队的最佳配置和高效运作。

二、团队角色分工

贝尔宾团队角色分工（见图1-3）中每个角色的角色画像、典型特征、团队作用、优点和缺点如下：

（一）智多星（Plant）

(1) 角色画像：通常是团队中的创意源泉，能够跳出传统思维框架提出新颖的想法和解决方案。

(2) 典型特征：独立、创新、想象力丰富。

(3) 团队作用：为团队提供新的思路和解决方案，推动团队创新和进步。

(4) 优点：富有创意，能够提供独特的见解和想法。

(5) 缺点：可能过于独立，不太注重细节，有时难以实施自己的想法。

（二）审议员（Monitor Evaluator）

(1) 角色画像：冷静、理性的分析者，负责评估团队的工作进展和成果质量。

贝尔宾团队角色分工

"思考型"团队角色	"行动型"团队角色	"社交型"团队角色
智多星：充满创意，富有想象力，不会墨守成规，善于解决疑难。	**执行者**：严于自律，可堪信赖，惯于谨慎稳重，能够采取实际步骤和行动。	**协调者**：成熟、自信，能够澄清目标，凝聚众人，促进团队沟通。
审议员：深思熟虑，精于谋略。辨识力强，周详考虑选项，判断准确。	**完成者**：勤勉苦干，忠诚尽责，渴求完美。善于发现错漏，能够准时把事情办妥。	**凝聚者**：忠诚合作，态度温和，感觉敏锐，待人圆滑。聆听及采纳意见，避免摩擦。
专业师：专心致志，主动自觉，全情投入。能够提供不易掌握的专业知识和技能。	**鞭策者**：善于推动，充满活力，能够承受压力。具备克服障碍的驱动力和勇气。	**外交家**：外向、热情，善于沟通。能够探索新机会，开拓对外联系。

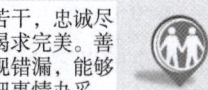

图 1-3 贝尔宾团队角色分工

(2) 典型特征：善于观察、分析和判断，具备批判性思维能力。
(3) 团队作用：提供客观、准确的反馈，帮助团队发现并解决问题。
(4) 优点：能够提供客观的分析和判断，帮助团队避免错误。
(5) 缺点：可能过于谨慎和保守，有时可能阻碍团队的创新。

(三) 专业师 (Specialist)

(1) 角色画像：他们是团队中的专家，具有专业知识和技能。
(2) 典型特征：专注、专业、技能高超。
(3) 团队作用：为团队提供专业的知识和技能支持，解决团队中的技术难题。
(4) 优点：具有深厚的专业知识和技能，能够提供高质量的工作成果。
(5) 缺点：可能过于专注于自己的专业领域，缺乏全局观念。

(四) 执行者 (Implementer)

(1) 角色画像：踏实、勤奋，负责将团队的计划和决策付诸实践。
(2) 典型特征：具备良好的执行力和耐心，能够持续努力完成任务。
(3) 团队作用：将团队的计划和想法付诸实践，确保任务的顺利完成。
(4) 优点：勤奋踏实，执行力强，能够快速地完成任务。
(5) 缺点：可能缺乏灵活性和创新性，有时难以适应变化。

(五) 完成者 (Completer – Finisher)

(1) 角色画像：注重细节和完美，负责完善团队的工作成果。
(2) 典型特征：具备严谨的工作态度和高度的责任感。
(3) 团队作用：完善团队的工作成果，确保工作的质量和完整性。
(4) 优点：注重细节和品质，能够提高团队的工作质量。
(5) 缺点：可能过于追求完美而耗费过多时间和精力。

（六）鞭策者（Shaper）

（1）角色画像：充满活力和热情，推动团队朝着目标前进。
（2）典型特征：积极、有干劲、善于激励他人。
（3）团队作用：推动团队达成一致，朝向目标行动，激励团队成员克服困难。
（4）优点：能够激发团队成员的积极性和动力，推动团队快速前进。
（5）缺点：可能过于强势和直接，有时可能引发团队成员之间的矛盾和冲突。

（七）协调者（Co-ordinator）

（1）角色画像：负责整合团队资源、协调团队成员工作以达成共同目标。
（2）典型特征：善于沟通、组织能力强。
（3）团队作用：协调团队成员之间的工作，确保团队工作的顺利进行。
（4）优点：具有极强的沟通和协调能力，能够整合团队资源，提高团队效率。
（5）缺点：可能过于注重整体而忽视个体需求，有时可能难以平衡团队成员之间的利益。

（八）凝聚者（Team Worker）

（1）角色画像：注重团队合作和氛围的维护，促进团队成员间的和谐关系。
（2）典型特征：合作、友善、注重团队和谐。
（3）团队作用：促进团队成员之间的合作和协调，维护团队的和谐氛围。
（4）优点：注重团队合作和人际关系，能够提高团队的凝聚力。
（5）缺点：可能过于注重和谐而忽视问题和冲突的存在。

（九）外交家（Resource Investigator）

（1）角色画像：善于发掘和利用各种资源，为团队提供所需的支持和帮助。
（2）典型特征：外向、热情、善于发掘和利用资源。
（3）团队作用：为团队寻找和利用各种资源，满足团队的工作需求。
（4）优点：善于发掘和利用资源，能够为团队提供有力的支持。
（5）缺点：可能过于关注外部资源而忽视内部资源的利用和开发。

在团队中，各成员扮演的角色各异，协同作用以达成共同的目标。理解各角色的特性与功能，对团队成员而言，是认识并执行各自职责、促进团队合作与发展的关键。同时，应当注意到团队成员有可能兼任多个角色或在项目不同阶段转换角色，所以在实践中应灵活调配与应用角色分工。

实训1-3　团队成员角色分工

实训形式：案例分析
实训步骤
第一步：实训前准备。要求提前阅读有关团队成员角色分工的相关文献，了解相关理论知识。
第二步：运用贝尔宾团队角色理论，分析小组成员适合的团队角色，并完成实训表1-3。

实训表 1-3　团队成员角色分工

小组号_____　成绩_____

| 团队名称：_____ |
| 团队目标：_____ |

成员姓名	贝尔宾测试结果	团队角色分工	主要职责

1. 你最喜欢西游记团队中谁的角色性格？为什么？
2. 你认为西游记团队中最重要的人是谁？为什么？
3. 本案例在团队建设方面对你有什么启示？

任务四　团队发展历程

案例导入

在一家软件开发公司，一个新组建的团队负责开发一款全新的电商平台。这个团队由五个成员组成，包括项目经理、前端开发工程师、后端开发工程师、UI（界面）/UX（用户体验）设计师和测试工程师。让我们看看这个团队是如何经历团队发展的不同阶段的。

一、形成阶段

在这个阶段，团队成员刚刚集结，彼此还不太熟悉。项目经理组织了第一次会议，介绍了团队的目标和项目的重要性。团队成员进行了自我介绍，并共同制定了团队的运作规则和沟通方式。在这个阶段，团队成员开始建立初步的信任和合作关系。

二、震荡阶段

在震荡阶段，团队成员开始展示各自的专业技能和能力，并争夺更多的责任和项目任务。前端开发工程师和后端开发工程师开始进行代码编写，并展示他们的开发能力。UI/UX设计师开始提供设计方案，并与开发工程师紧密合作。测试工程师开始进行初步的功能测试。在这个阶段，团队成员之间可能会出现竞争和冲突，但也有机会展示自己的价值。

三、规范阶段

随着时间的推移，在规范阶段团队成员开始更好地理解彼此的工作风格和专业能力。他们开始更紧密地合作，相互支持和帮助。项目经理发挥领导作用，促进团队成员之间的协作。团队成员开始共享知识和经验，并在项目中提出建设性的意见和建议。在这个阶段，团队成员之间的信任和团队凝聚力逐渐增强。

四、稳定阶段

在稳定阶段，团队成员之间形成了紧密的合作关系和默契。他们彼此信任，能够高效地协同工作。团队成员之间的沟通更加顺畅，他们能够共同解决问题和应对挑战。项目经理在这个阶段的作用相对减少，团队成员自主性更强。团队成员开始思考如何持续改进和优化工作流程，并提升团队整体的绩效。

案例分析

这个案例展示了团队发展阶段的典型过程。团队从形成阶段开始，经历了麾下争雄的震荡阶段、合作共赢的规范阶段，最终达到稳定成熟阶段。每个阶段都有其独有的特征和挑战，但通过团队成员之间的协同与合作，团队能够逐步发展壮大，并取得项目的成功。

一、团队创建要求

当考虑团队创建时，可以从团队组织、团队建设和团队稳定三个方面来思考团队创建的具体要求：

（一）团队组织

明确的目标和角色分配：团队成员应清楚了解团队的共同目标，并明确分配各自的角色和职责，以确保协作的顺利进行。有效的沟通和决策机制：建立明确的沟通渠道和决策流程，以便团队成员可以交流想法、分享信息，并做出迅速而明智的决策。适当的资源和支持：提供团队成员所需的资源和支持，包括物质资源、技术工具、培训和指导等，以帮助他们完成工作任务。

（二）团队建设

促进良好的合作氛围：鼓励团队成员之间的合作、尊重和信任，建立积极的团队文化，以提高团队凝聚力和工作效率。促进开放的沟通：鼓励团队成员开放地表达意见和想法，并建立良好的沟通渠道，以确保信息的流动和共享。培养团队技能和能力：提供培训和发展机会，以提高团队成员的专业知识和技能，促进个人和团队的成长。

（三）团队稳定

有效的人员招聘和留任策略：招聘适合团队目标和文化的人才，并建立留住人才的机制，以确保团队的稳定性和连续性。公平的激励和奖励机制：建立公正的激励和奖励制度，以激发团队成员的积极性和动力，增强工作满意度和团队凝聚力。处理冲突和问题：及时处理和解决团队内部的冲突和问题，以维护团队的和谐和稳定。

通过关注团队组织、团队建设和团队稳定，可以确保团队的高效运作，提高工作质量和成果，并增强团队的长期成功和可持续发展能力。

二、团队发展阶段

团队发展通常可以分为五个阶段（见图1-4），这些阶段构成了团队从组建到解散的全过程。以下是这五个阶段的简要描述：

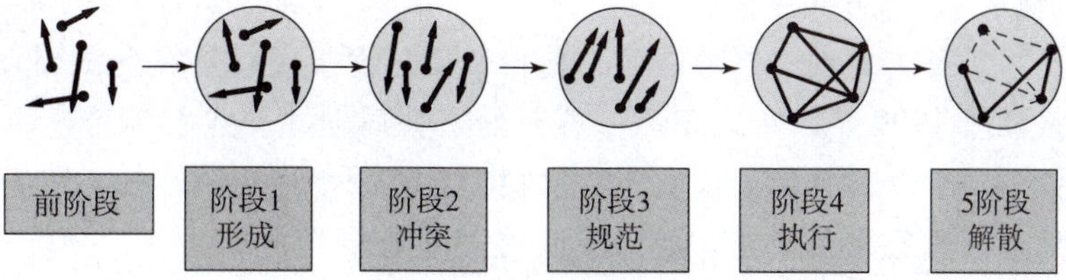

图 1-4 团队发展阶段

（一）形成阶段

在形成阶段（Forming），团队成员刚刚组合在一起，他们可能对彼此的背景、技能和工作风格不太了解。团队成员通常在这个阶段保持礼貌和谨慎，试图建立关系和确定团队的目标和规则。领导者在这个阶段扮演了重要的角色，引导团队成员建立相互信任和合作的基础。

（二）冲突阶段

在冲突阶段（Storming），团队成员开始发现彼此之间的差异，可能出现意见分歧、竞争和冲突。这些冲突可能涉及工作方式、权力分配、角色和责任等方面。团队成员需要进行开放的沟通并寻找建设性的解决方案，以解决冲突并建立更健康的工作关系。

（三）规范阶段

在规范阶段（Norming），团队成员开始逐渐形成一种共同的认同和工作方式。他们开始制定团队的规范和共享价值观，明确团队的工作流程和期望。团队成员之间的协同与合作逐渐增加，开始建立起相互信任和支持的关系。

（四）执行阶段

在执行阶段（Performing），团队已经高度发展和成熟，成员之间建立了高度的相互信任和互相依赖的关系。团队成员能够高效地协同工作，共同实现团队的目标。在这个阶段，团队领导者的作用相对较少，团队成员主动承担责任并积极推动工作的执行和成果的实现。

（五）解散阶段

团队完成既定任务后，开始准备进入解散阶段（Adjourning）或进入新的工作阶段。团队成员对合作过程进行反思和总结，分享经验和教训。团队领导者帮助团队成员妥善处理解散后的安排，确保平稳过渡。

需要注意的是，团队发展并不一定是一个线性的过程，团队可能会在不同阶段之间来回循环，特别是在遇到新的挑战或变化时。每个阶段都有其独特的特点和挑战，团队成员需要通过积极的沟通、协作和领导力来推动团队的发展和成功。

实训 1-4　团队发展阶段

实训形式：案例分析
实训步骤
第一步：实训前准备。要求提前阅读有关团队发展阶段内容的相关文献，了解本次实训的理论知识。

第二步：对以下案例进行分析。

阿里巴巴是中国著名的电子商务公司，他们的团队发展过程是一个成功的案例。

阿里巴巴成立于1999年，由马云等一群创始人共同创建。在初创阶段，阿里巴巴的团队由一些有创业热情和共同目标的成员组成。他们致力于建立一个连接全球买家和卖家的电子商务平台。随着阿里巴巴的快速发展，团队内部可能出现角色冲突、分歧和竞争等问题。团队成员可能面临资源分配、权力关系和业务策略等方面的挑战。阿里巴巴的团队通过顺畅的沟通渠道、冲突解决机制和团队价值观的明确，逐渐克服了这些问题。随着时间的推移，阿里巴巴的团队逐渐建立了一种共同的工作文化和价值观。他们注重创新和开放的精神，鼓励员工提出建议和改进措施。阿里巴巴还建立了一套完善的培训和发展体系，以帮助团队成员提升技能和专业知识。此后，阿里巴巴团队的各项工作得以高效执行，团队成员之间建立了良好的合作和信任关系，他们能够高效地协作，迅速应对市场竞争和业务挑战。阿里巴巴的团队以用户为中心，不断创新和改进产品和服务，取得了显著的商业成果。

第三步：请同学们根据案例，分析阿里巴巴团队在不同发展阶段的特点，并完成实训表1–4。

实训表1–4　团队发展阶段

小组号_____　姓名_____　学号_____　成绩_____

请同学们根据案例，分析阿里巴巴在不同发展阶段的特点，并回答以下问题。	
1. 根据团队发展阶段的五阶段理论，你认为阿里巴巴现在处于什么阶段？为什么？	
2. 根据案例，阿里巴巴的发展经历了哪几个阶段？	
3. 根据案例，阿里巴巴发展各阶段分别有什么特点？	
4. 根据案例，阿里巴巴下一步会进入什么发展阶段？下阶段团队管理的重点是什么？	

任务五　理解团队类型

案例导入

某科技公司为了开发一款新型智能家居产品，组建了一个跨部门、跨领域的研发团队。该团队由项目经理、软件工程师、硬件工程师、设计师和市场分析师等不同专业背景的成员组成。他们需要在有限的时间内，共同协作，完成产品的研发和上市。

该研发团队是一个典型的多功能型团队，会集了来自不同部门和领域的专业人才。每个成员都拥有独特的技能和专长，共同为项目的成功贡献力量。

多功能型团队能够实现跨部门、跨领域的协作与整合，提高工作效率和创新能力。在该案例中，研发团队通过整合不同成员的技能和资源，成功解决了在研发过程中遇到的各种技术难题和市场挑战。

该研发团队也是一个创新型团队。团队不仅注重产品的功能实现，还注重产品的创新性和用户体验。他们鼓励成员提出新的想法和建议，不断挑战传统的思维模式和工作方式。

创新型团队能够激发成员的创造力和想象力，推动产品的不断创新和升级。在该案例中，研发团队通过不断地创新和改进，成功打造了一款具有竞争力的智能家居产品，赢得了市场的认可和好评。

案例分析

该科技公司研发团队的协作与创新充分体现了多功能型团队和创新型团队的特点和优势。通过跨部门、跨领域的协作与整合，以及不断的创新和改进，他们成功开发了一款具有竞争力的智能家居产品，实现了项目目标。

团队类型是指团队在发展过程中所表现出的不同特点和形式。根据不同的分类标准，可以将团队发展分为不同的类型。以下是一些常见的团队类型：

一、常见团队类型

（一）问题解决团队

问题解决团队通常由来自同一部门或职能领域的成员组成，旨在改进工作实践或解决特定问题。团队成员共同讨论问题、提出解决方案，并共同实施。

优势：集中了组织内的专业知识和资源，可以快速解决问题；通过集体智慧，提高决策质量。

劣势：当问题复杂或争议大时，团队内部可能产生冲突；需要有效的沟通机制以确保信息共享和共识达成。

（二）跨职能团队

跨职能团队由不同职能背景的成员组成，他们代表不同的部门或专业领域，以共同完成一个项目或任务。例如，一个项目团队可能包括来自市场、设计、工程和财务等不同职能领域的成员。

优势：打破部门壁垒，促进跨部门合作和协同；整合资源，提高工作效率。

劣势：协调难度大，需要有效的沟通机制；不同部门可能有不同的目标和利益，容易产生冲突。

（三）虚拟团队

虚拟团队由地理位置上分散的成员组成，他们通过电子通信和协作工具进行远程合作。虚拟团队的成员可以在不同的地理位置、时区和文化背景下工作。

优势：可以跨越地理位置和时间障碍，实现远程协作；灵活性强，适应快速变化的环境。

劣势：沟通效率可能较低，需要有效的信息管理工具；缺乏面对面交流，可能导致团队凝聚力不强。

（四）自我管理团队

自我管理团队具有高度自主权和自我组织能力。团队成员在决策、任务分配和工作流程上拥有更大的自主权，他们通常具备较高的专业能力和责任心。

优势：提高了员工的参与感和责任感，提高工作效率；减少了管理层级，降低管理成本。

劣势：需要较高的自我管理和自我约束能力；对团队成员的素质和能力要求较高。

（五）创新团队

创新团队专注于创造和推动创新。成员通常具备不同的背景和专业知识，他们鼓励尝试新想法、寻找创新解决方案，并在团队中共享和交流创新思维。

优势：成员具备不同的背景和专业知识，能够提供多样化的观点和创新思维。鼓励尝试新想法和解决方案，有助于推动组织的创新能力。

劣势：创新过程可能需要更多的时间和资源。由于成员意见多样，可能需要更多的沟通和协商，以达成共识。

这些团队类型可以根据不同的目标、任务和组织需求进行组合和调整。团队的类型和结构应该根据具体情况进行灵活选择，以确保团队能够高效合作和实现目标。

二、其他团队类型

除了以上提到的团队类型，还有一些其他常见的团队类型，例如：

（一）项目团队

根据特定项目组成的临时团队，由不同职能领域的成员组成，目的是完成特定的项目目标。

优势：明确的目标和职责，提高项目执行效率；团队协作紧密，有利于项目完成。

劣势：项目结束后团队可能面临解散，成员可能面临职业发展问题；项目间的资源调配可能存在问题。

（二）顾问团队

顾问团队专门为提供咨询和建议而组建，他们在特定领域具有专业知识和经验。

优势：顾问团队由具有专业知识和经验的专家组成，能够提供有针对性的建议和解决方案。他们可以为组织提供独立和客观的意见，帮助组织解决问题和做出决策。

劣势：顾问团队通常是临时性的，他们可能不熟悉组织的内部情况和文化。他们的参与可能需要额外的成本，并且可能需要时间来建立与组织成员之间的信任和合作关系。

（三）动态团队

动态团队通常由来自不同背景和领域的成员组成，他们根据组织的需要和任务的变化进行重新组合和调整。这种团队类型具有高度的灵活性和适应性。

优势：灵活性高，适应快速变化的环境和任务需求；能够快速整合资源，提高工作效率。

劣势：管理难度大，需要有效的协调和沟通机制；成员来自不同背景，可能需要时间适应和磨合。

（四）专家团队

专家团队由某一领域或专业的专家组成，他们通常具有深厚的专业知识和丰富的经验，为组织提供专业意见和建议。

优势：具有深厚的专业知识和丰富的经验，为组织提供专业意见和建议；注重创新和学习，能够提高组织的竞争力和绩效。

劣势：专家或知识型员工可能较为稀缺，成本较高；需要建立良好的知识共享和学习机制。

不同的组织和情境可能会需要不同的团队类型。团队类型的选择应该根据任务需求、组织目标和团队成员的背景来确定，以确保团队能够最好地发挥作用并取得成功。

上述团队类型之间也存在一定的交叉和重叠，不同类型的团队在不同的发展阶段和情境下可能具有不同的优势和局限性。因此，在选择团队类型时，需要根据组织的实际情况和目标进行综合考虑。

实训 1-5　理解团队类型

实训形式：案例分析

实训步骤

第一步：实训前准备。要求提前阅读有关团队类型内容的相关文献，了解本次实训的理论知识。

第二步：对以下案例进行分析。

在一家大型跨国公司中，不同部门的员工需要合作完成一个重要的项目。然而，由于不同部门之间沟通和合作障碍，项目进展缓慢，存在理解不一致甚至冲突的问题。

团队意识到他们需要加强跨部门合作，并且采取了一系列措施来改善团队合作。首先，他们组织了一次团队建设活动，旨在提高团队成员之间的互动和沟通。这次活动包括团队合作的挑战和游戏，帮助员工更好地了解彼此的工作风格和沟通方式。其次，团队建立了一个跨部门的沟通平台，包括定期的会议和共享文件夹。这个平台提供了一个交流和协作的空间，使得不同部门的员工可以更加方便地分享信息、解决问题和协调行动。最后，团队领导者通过定期的进度更新会议和个别的一对一会议，确保团队成员之间的理解一致，并及时解决潜在的冲突和问题。他们还鼓励员工提供反馈和意见，以进一步改进团队合作的效果。

随着时间的推移，团队成员之间的合作关系得到了改善。他们学会了更好地理解和尊重彼此的工作方式，共享信息和资源，并协调行动以实现项目目标。最终，他们成功地完成了项目，并取得了令人瞩目的成果。

第三步：请同学们根据案例，分析案例中的团队是什么类型及其相应特点，并完成实训表 1-5。

实训表1-5　理解团队类型

小组号_____　姓名_____　学号_____　成绩_____

请同学们根据案例，分析案例中团队类型及其特点，并回答以下问题。	
1. 案例中的团队是什么类型？	
2. 案例中团队类型的特点是什么？	
3. 案例中类型的团队建设的重点是什么？	

项目拓展资源

项目同步测试

项目二

团队精神

知识目标

认识团队精神定义及内涵
掌握团队凝聚力概念
了解影响团队士气的因素

能力目标

能够掌握提高凝聚力的方法
能够掌握加强团队合作的方法
能够掌握提升团队士气的方法

素质目标

培养学生的团队精神
培养学生的团队凝聚力管理意识
培训学生的祖国至上、团结协作及奉献精神

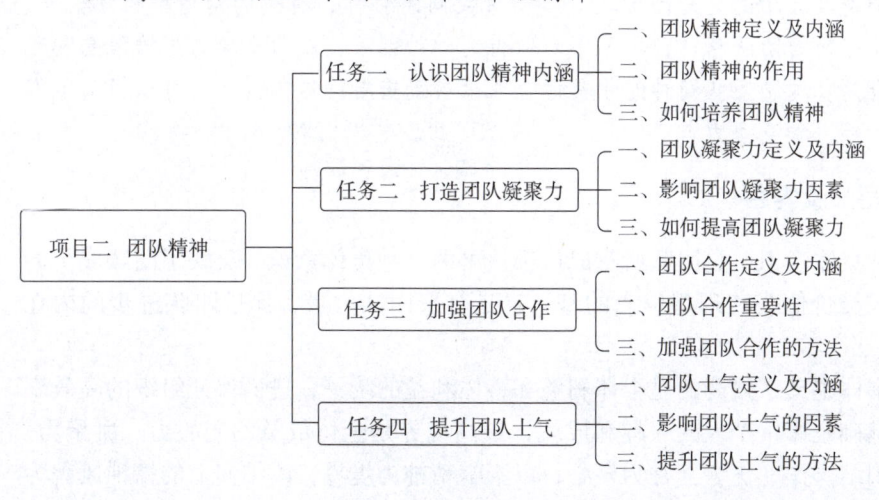

```
                                    ┌─ 一、团队精神定义及内涵
                    ┌─ 任务一 认识团队精神内涵 ─┼─ 二、团队精神的作用
                    │                           └─ 三、如何培养团队精神
                    │
                    │                           ┌─ 一、团队凝聚力定义及内涵
                    ├─ 任务二 打造团队凝聚力 ───┼─ 二、影响团队凝聚力因素
项目二 团队精神 ────┤                           └─ 三、如何提高团队凝聚力
                    │
                    │                           ┌─ 一、团队合作定义及内涵
                    ├─ 任务三 加强团队合作 ─────┼─ 二、团队合作重要性
                    │                           └─ 三、加强团队合作的方法
                    │
                    │                           ┌─ 一、团队士气定义及内涵
                    └─ 任务四 提升团队士气 ─────┼─ 二、影响团队士气的因素
                                                └─ 三、提升团队士气的方法
```

团队故事与分析

任务一　认识团队精神内涵

案例导入

华为技术有限公司（以下简称"华为"）是中国的一家全球领先的信息和通信技术（ICT）解决方案供应商。华为的团队精神是其成功的重要因素之一。

华为的团队精神主要体现在以下几个方面：

共同的目标和愿景：华为有一个明确使命，即为全球客户提供领先的ICT解决方案，使世界更加智能和连接。这个使命激发了华为员工的工作热情和动力，使他们愿意为实现共同的目标而努力。

有效的沟通和协作：华为注重团队成员之间的有效沟通和协作。公司采用矩阵式组织结构，鼓励跨部门合作，以确保各个项目和业务能够顺利推进。华为的员工通过各种沟通工具和平台，如企业微信、电子邮件等，保持紧密的联系，共同解决问题和应对挑战。

相互信任和支持：在华为的团队中，成员之间相互信任和支持。公司倡导"胜则举杯相庆，败则拼死相救"的理念，鼓励员工在遇到困难时互相帮助，共同渡过难关。这种相互信任和支持的文化氛围增强了团队的凝聚力和战斗力。

责任感和奉献精神：华为的员工具备高度的责任感和奉献精神。他们深知自己的工作对于公司的发展和客户满意度的重要性，愿意付出更多的时间和精力来完成任务。华为的团队成员勇于承担责任，追求卓越，为公司的发展做出了巨大的贡献。

应对挑战和压力：在面临各种挑战和压力时，华为的团队成员能够齐心协力，共同应对。公司鼓励员工勇于尝试和创新，不怕失败，不断学习和成长。同时，公司提供必要的支持和资源，帮助员工解决工作中遇到的问题。

案例分析

华为的团队精神是其成功的关键因素之一。通过共同的目标、有效的沟通、相互信任、责任感和奉献精神等方面的团队精神，华为不断取得突破和创新，成为全球领先的信息和通信技术解决方案供应商。这种团队精神对于其他企业也有着重要的借鉴价值，可以帮助他们提升团队协作、创新能力和竞争力。

一、团队精神定义及内涵

团队精神是一种集体意识，是团队所有成员都认可的一种集体意识，反映了团队成员的士气，是团队所有成员价值观与理想信念的基石，是凝聚团队力量，促进团队进步的内在动力。

团队精神强调集体主义，强调的是个体利益和整体利益的统一，进而保证组织的高效率运转。团队精神的基础是尊重个人的兴趣和成就，最高境界是全体成员的向心力、凝聚力。同时，团队精神以团结协作、优势互补为核心，以奉献精神为境界，团结向上的精神风貌为表现形式。在实践中表明，两个人以团队的方式相互协作、优势互补，其工作绩效明显优于两个人单干时绩效的总和。

团队精神的内涵（见图2-1）主要包括以下几个方面：

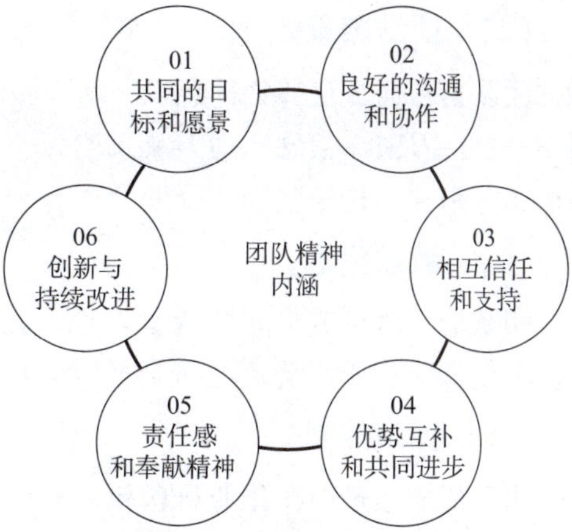

（一）共同的目标和愿景

团队精神首先体现在团队成员拥有共同的目标和愿景。只有当团队成员明确认识到共同的目标，并意识到这个目标是值得追求的，他们才可能愿意为之付出努力和汗水。因此，确立一个明确、可行的共同目标是团队精神的首要任务。

图2-1 团队精神的内涵

（二）良好的沟通和协作

团队精神还需要团队成员之间具备良好的沟通和协作。有效的沟通能够让团队成员更好地理解彼此的想法和需求，协作则能够使他们在工作中相互配合、相互支持，以达到共同的目标。

（三）相互信任和支持

团队精神强调团队成员之间相互信任和支持。只有当团队成员相信彼此的能力和品质，才能建立起真正的合作关系，才能在面对困难和挑战时共同应对。

（四）优势互补和共同进步

团队精神追求的是团队成员的优势互补和共同进步。通过互相学习、互相帮助，每个团队成员都能发挥自己的长处，同时也能从他人的优势中受益。

（五）责任感和奉献精神

团队精神要求团队成员具备高度的责任感和奉献精神。每个团队成员都应该意识到自己在团队中的重要性和责任，愿意为团队的成功付出自己的努力和时间。

（六）创新与持续改进

团队成员鼓励创新思维和持续改进。他们鼓励成员提出新想法、解决问题的新方法，并持续优化工作流程和团队绩效。

总的来说，团队精神是一种集体意识，是团队所有成员都认可的一种集体意识。它反映了团队成员的士气，是团队所有成员价值观与理想信念的基石，是凝聚团队力量，促进团队进步的内在力量。

二、团队精神的作用

团队精神具备多方面的作用：

（一）目标导向

团队精神促使成员协同努力，朝共同的目标迈进。它帮助每位成员确立明确的方向，并致力于团队共同目标的实现，便于将宏观目标分解为个人可行动的小目标，由此在每位成员中得以体现。

（二）团结凝聚

团队精神通过培养集体意识，增强团队的团结力。长期合作中形成的共同文化与心理认同——包括习俗、信念、动力及兴趣等——共同塑造成员的使命感、归属感和认同感，从而深化团队精神，构筑坚固的凝聚力。

（三）激励促进

团队精神激发成员间的竞争意识，激励他们向优秀成员看齐。这种基于正向竞争的激励，不仅基于物质奖赏，更涵盖团队认可与尊重等非物质层面。

（四）行为控制

团队精神通过内在化的观念和氛围，对成员的个体与集体行为施加控制。这种控制旨在约束与规范行为，涵盖对个人行动、意识、短期行为的规范，以及对团队价值观和长期目标的共同维护。

（五）效益提升

团队精神能够显著提升工作效能。具备团队精神的成员不仅能胜任各自的职责，还会主动关照及协助他人，乐于奉献，激发创意，探索更优的工作方案，以提升整体工作效率。

（六）责任感增强

团队精神有助于加强成员的责任感，更有效地完成任务。

团队精神的作用不仅体现在团队内部，也对团队的绩效和成果产生积极影响，可以促进团队的协同工作，提高团队的创造力和创新能力，增强团队的凝聚力和稳定性。因此，团队精神对组织的成功至关重要，培育团队精神有利于组织的稳定、高效、长远发展。

三、如何培养团队精神

提升团队精神是一个持续性的过程，这一过程依赖团队领导者与成员间的协同努力。以下方法有助于加强团队精神的培养：

（一）确立明确的共同目标

保证团队成员对共同目标有清晰的认识与共鸣。明确的目标不仅能激发成员的积极性和协作意识，也是促进团队凝聚力形成的关键。

（二）倡导开放式沟通

构建顺畅的沟通渠道，倡导团队成员开放、坦诚和透明地交流。这种互动与协作有利于确保信息的自由流通和准确理解。

（三）培育信任与尊重

建立互信互敬的团队文化至关重要。鼓励成员间的相互支撑、尊重和理解，避免责备与批判，营造积极向上的工作氛围。

（四）促进协作精神

强调团队合作的重要性，并鼓励成员间的协同作业。通过组织团队活动、项目和任务，让成员有机会共同解决问题，从而培养团队合作意识。

（五）增强团队认同感

激发团队成员对团队身份的归属感和认同感。突出团队的优势和特色，使成员感到自豪。共同的经历和团队成就的分享，也有助于增强团队的凝聚力。

（六）提供必要的支持与资源

确保团队成员获得完成任务所需的支持与资源。提供培训、技能提升学习和必要工具等，以提升团队成员的能力和工作效率。

（七）建立奖励与认可制度

对表现突出的团队成员及时予以表彰和奖励，激发他们持续为团队贡献的动力。同时，奖励机制需公正透明，确保每位成员均能感受到公平的认可。

（八）鼓励创新与学习

促进团队成员的创新思维和学习意愿。鼓励提出新思路和解决策略，共享知识与经验，不断进行学习与实践改进。

（九）举办团队精神培养活动

组织团队建设活动，如拓展训练、团队合作游戏等，以增进成员间的信任与协作，强化团队精神。

（十）建立反馈与改善机制

创建开放的反馈文化，鼓励团队成员进行建设性反馈。通过不断的反馈和改善，促进团队表现和效能的提升。

以上方法可以帮助提高团队精神，但每个团队都有自己的特点和需求。团队领导者需要根据团队的具体情况，灵活运用这些方法，并不断关注团队的动态，以进一步提升团队的凝聚力和成效。

实训 2-1　认识团队精神

实训形式：案例分析

实训步骤

第一步：实训前准备。要求提前阅读有关团队精神内容的相关文献，了解本次实训的理论知识。

第二步：对以下案例进行分析。

2013年4月15日，郎平出现在里约奥运周期中国女排主教练竞聘会的现场。

她为竞聘报告写下的标题是：传承女排精神，走出低谷，再创辉煌！

10天后，国家体育总局排球运动管理中心正式宣布：聘任郎平为中国女排主教练。回归后的郎平开始用新的思路带领中国女排，并为中国女排定下目标：在两年之内，先夺回亚洲冠军。这样才有机会重新夺取三大赛的奖牌。

自郎平2013年上任后，两年内中国女排夺得了亚洲冠军。

2016年8月20日，中国女排队员在升国旗仪式上唱国歌。当日，在2016年里约热内卢奥运会女子排球决赛中，中国队以3∶1战胜塞尔维亚队，夺得冠军。

随着排球落地，中国女排的姑娘们抱成一团，欢呼雀跃，里约热内卢的小马拉卡纳齐诺体育馆变成了欢乐的海洋。中国女排在时隔12年之后，再次夺得奥运会金牌。年轻的女排姑娘们在郎平的带领下拼出了中国女排又一个辉煌。

回顾此届奥运会，才能明白女排姑娘们这枚金牌的来之不易。小组赛2胜3负的战绩险些让她们提前告别里约。淘汰赛第一轮，她们就遇到了东道主巴西队，中国女排在不被看好的情况下上演了神奇的逆袭，以3∶2击败巴西队。这场胜利是对中国女排姑娘们决不放弃的拼搏精神最好的褒奖。

半决赛对阵荷兰，曾经在小组赛中被对手逆转的中国姑娘们不再惧怕，因为她们已经甩掉了那个束手束脚的思想包袱，3∶1的比分让所有人都不敢再轻视这支年轻的队伍，12名女排姑娘用自己的拼搏换来了再次踏进奥运会决赛的机会。

对国人来说，这场决赛的场面注定永生难忘。中国女排的姑娘们用旺盛的斗志和对胜利的渴望诠释着顽强拼搏的体育真谛，天道酬勤是这支中国女排最好的注脚。

曾有一段时间，中国女排堕入低谷，人们都认为"女排精神"已经随着时代而烟消云散，但是郎平带领着这支稚嫩的球队用一枚沉甸甸的金牌证明，"中国女排精神"永不会消失。

如今，中国女排姑娘们再次点燃了国人的激情，仿佛一时间又回到了那个激情燃烧的岁月，泪水、喝彩、掌声都不能表达心中的激动。这一夜中国女排是焦点，她们用自己的努力创造了中国体育的又一个奇迹，用任何美好的词语都不能表述女排的光荣。这一夜，中国女排是最可爱的人，她们的精神值得中国体育永世传颂。

2019年10月1日，庆祝中华人民共和国成立70周年大会在北京隆重举行。

习近平总书记在会见中国女排代表时指出："广大人民群众对中国女排的喜爱，不仅是因为你们夺得了冠军，更重要的是你们在赛场上展现了祖国至上、团结协作、顽强拼搏、永不言败的精神面貌。"

女排精神代表着一个时代的精神，喊出了为中华崛起而拼搏的时代最强音。

2022年9月23日晚，第十九届女排世锦赛在荷兰和波兰开赛。

新一代的中国女排队员平均年龄仅20岁，她们带着新时期中华儿女们的蓬勃朝气，不畏一路强敌，奋勇拼搏，以猛进的姿态冲进人们的视野。

如今，在"女排精神"的激励下，越来越多的青少年开始爱上排球，走向球场。她们相信，每次坚决地起跳，都不会辜负曾经在训练场上挥汗如雨的自己。

中华儿女将继续秉承这份拼搏奋进、自强不息的精神，团结起来，在建设中国特色社会主义的伟大道路上奋勇前进！

第三步：请同学们根据案例，分析女排团队精神及女排精神对你的启示，并完成实训表2-1。

实训表 2-1　认识团队精神

小组号_____　姓名_____　学号_____　成绩_____

请同学们根据案例，分析中国女排团队精神，并回答以下问题。	
1. 中国女排 2016 奥运会上为什么在不被看好的情况下上演了神奇的逆袭？	
2. 团结协作、顽强拼搏的女排精神极大地激发了中国人的自豪、自尊和自信，你认为团队精神的作用是什么？	
3. 通过学习女排精神，你认为你所在班级应该如何提升团队精神？	

任务二　打造团队凝聚力

案例导入

在一个大型企业的部门中，员工们来自不同的背景和专业领域，彼此之间的合作经常出现摩擦和障碍。部门经理认识到这个问题，决定采取措施提升团队凝聚力。

首先，经理组织了一个团队建设活动，让大家共同参与。活动设计了一系列团队合作的游戏和挑战，旨在促进员工之间的相互了解和信任。通过这些活动，员工们逐渐放下了彼此之间的隔阂，开始更加自然地交流和合作。

接下来，经理鼓励员工们分享自己的经验和知识。他安排了一系列的研讨会和工作坊，让员工们有机会展示自己的专业能力，同时也学习别人的经验和技能。通过这些分享和交流，员工们逐渐形成了共同的学习目标，并更加了解彼此的价值和贡献。

此外，经理还注重解决团队中的冲突和问题。他设立了一个反馈机制，让员工们可以随时提出自己的意见和建议。同时，经理也积极解决员工之间的矛盾和冲突，促进团队的和谐与稳定。

在经理的引导下，这个部门逐渐形成了一个团结、协作的工作氛围。员工们不仅在工作中更加高效、创新，同时也享受在团队中的时光。他们一起庆祝成功，也共同面对挑战。最终，这个团队在公司的各项业绩评估中都取得了优异的成绩，成为公司的标杆团队。

案例分析

这个案例告诉我们，团队凝聚力是可以通过一系列的措施来提升的。通过促进团队合作、知识分享和解决冲突，一个团队可以变得更加团结、高效和创新。这样的团队不仅能够在工作中取得更好的成绩，也能够为员工们提供一个更加积极、和谐的工作环境。

一、团队凝聚力定义及内涵

（一）什么是团队凝聚力

团队凝聚力是指团队成员之间互相吸引、团结一致，共同为团队目标奋斗的力量。它是一种无形的力量，可以激发团队成员的内在潜力，提高整个团队的协同合作能力、工作质量和效率。团队凝聚力是团队建设的重要方面之一，可以帮助团队提高工作效率、增强创新能力、应对挑战和危机。一个具有高凝聚力的团队通常具备以下特征：目标明确、沟通顺畅、角色清晰、信任度高、解决问题能力强、工作氛围好等。

（二）团队凝聚力内涵

团队凝聚力内涵主要包括以下几个方面：

目标共识：团队凝聚力要求团队成员对于共同的目标和使命有一致的理解和认同。团队成员应该明确团队的目标，并且能够将个人的目标与团队的目标相统一。目标共识可以确保团队成员朝着相同的方向努力，共同追求团队的成功。

信任和合作：团队凝聚力需要建立在信任和合作的基础上。团队成员应该相互信任，相信彼此的能力和承诺。他们应该能够建立良好的沟通和合作关系，积极支持和帮助彼此，共同解决问题和克服挑战。

沟通和信息共享：团队凝聚力需要团队成员之间进行有效的沟通和信息共享。团队成员应该能够畅所欲言，表达自己的观点和意见，并能够倾听他人的想法和建议。沟通和信息共享有助于增进相互之间的理解和协调，促进团队成员之间的紧密联系。

角色清晰和互补：团队凝聚力要求团队成员在团队中担任明确的角色，并能够彼此互补。每个成员应理解自己的责任和职责，并能够充分发挥自己的专长和才能，为团队的成功做出贡献。

团队认同感和归属感：团队凝聚力要求团队成员对于团队有强烈的认同感和归属感。他们应该感到自豪并乐于承认自己是团队的一部分。团队认同感和归属感可以增强团队成员之间的凝聚力和团结，激发他们为团队的共同目标而努力奋斗。

解决问题能力：团队成员应具备解决问题的能力，能够提出建设性的意见和建议，共同解决团队面临的问题和挑战。

工作氛围：团队成员之间的工作氛围良好，关系和谐融洽，能够保持良好的情绪和心态。

这些内涵共同构成了团队凝聚力的核心要素，能够促使团队成员紧密协作、相互信任，并共同为团队的成功而努力。团队凝聚力在提高团队绩效、增强团队合作和创新能力方面起着关键作用。

二、影响团队凝聚力因素

团队凝聚力的形成和维持是由多种外部因素和内部因素相互作用而产生的。下面是影响团队凝聚力的一些常见的外部因素和内部因素：

（一）外部因素

组织文化：组织的价值观、规范和行为准则会对团队凝聚力产生影响。如果组织鼓励合作、信任和开放的沟通,将有助于增强团队凝聚力。

工作环境:工作环境的氛围和条件也会影响团队凝聚力。良好的工作氛围、合适的工作条件以及提供必要的资源和支持,可以促进团队成员之间的合作和凝聚力。

外部竞争:外部竞争的压力和挑战也会对团队凝聚力产生影响。当团队面临共同的竞争对手或挑战时,团队成员往往会更加团结一致,以应对外部的压力。

(二) 内部因素

团队目标:明确、具有挑战性的团队目标能够激发团队成员的积极性和协作精神,提高凝聚力。

领导风格和方式:团队领导者的领导风格和方式对团队凝聚力有着重要影响。一个能够关心团队成员、善于沟通和协调、具有领导魅力的领导者,往往能够带领团队形成更强的凝聚力。

团队文化和氛围:团队内部的文化和氛围也是影响凝聚力的关键因素。一个积极向上、互相尊重、鼓励创新的团队文化和氛围,能够激发团队成员的创造力和协作精神,提高凝聚力。

团队成员间的相似性和互补性:团队成员间的相似性和互补性也会影响团队的凝聚力。具有相似背景和价值观的团队成员更容易形成共同的目标和理念,而具有互补技能和经验的团队成员则能够更好地协作和配合,共同完成任务。

激励和奖励机制:合理的激励和奖励机制能够激发团队成员的积极性和创造力,提高他们对团队的认同感和归属感,从而增强团队凝聚力。

综上所述,影响团队凝聚力的因素是多方面的,既包括外部的环境和竞争压力,也包括内部的领导风格、团队文化、成员间的相似性和互补性等。为了提高团队凝聚力,团队领导者需要综合考虑这些因素,并采取有效的措施来加强团队建设和管理。

三、如何提高团队凝聚力

提升团队的凝聚力是一项复杂的任务,它需要全面考虑多种因素并采取切实有效的策略。以下是几点建议:

(一) 明确团队目标

确保每位团队成员对团队的目标与愿景有清晰的认识,并与团队的价值观保持一致。目标应具有挑战性且可达成,足以激发成员的积极性与创新能力。

(二) 完善沟通机制

推动团队成员间的有效沟通,这包括定期会议和非正式交流等多种形式。鼓励成员分享观点、想法和信息,促进相互理解与信任的增强。

(三) 发挥领导作用

领导者需展现出良好的领导风范和方法,关怀团队成员,善于沟通与协调。领导者应以自身的行动和言辞传达团队价值观,激发成员的积极性和创造力。

(四) 培育团队文化

构建积极向上、相互尊重、鼓励创新的团队文化。鼓励成员发挥各自的特长,提供学习与成长的机遇。通过团队文化，让成员形成共同的目标和理念，从而增强凝聚力。

（五）加强互动与协作

通过团队活动、分组任务等手段，增进成员间的互动与协作。鼓励成员间的合作和协同作业，共同完成任务。协作有助于加深成员间的情感联结和信任。

（六）实施激励机制

建立公正合理的激励机制，既包括物质奖励，也包括精神鼓励，以激发成员的积极性和创造力。激励机制应当公开透明，使成员为了团队的共同目标而投入努力。

（七）及时处理冲突

及时解决团队内部的冲突和问题，防止其对凝聚力产生负面影响。鼓励成员提出问题和建议，并通过开放、诚恳的沟通来共同寻找解决方案。

（八）维护团队稳定

尽可能保持成员的稳定，避免人员频繁更迭。稳定的团队更容易培养出默契与协作精神，从而提升凝聚力。

这些方法可以帮助团队提高凝聚力，但具体的措施需要根据团队的特点和情况进行调整和实施。团队领导者和成员的积极参与和努力也是提高团队凝聚力的关键因素。

实训 2-2　打造团队凝聚力

实训形式：案例分析

实训步骤

第一步：实训前准备。要求提前阅读有关团队凝聚力内容的相关文献，了解本次实训的理论知识。

第二步：对以下案例进行分析。

突尼斯陆军少校奈赫迪回答记者提问，说道：说起凝聚力，我马上联想到中国军队团结一致的优良传统。军民团结、官兵团结带给这支军队无穷的力量。

2019年9月，我来到向往已久的中国接受军事培训。报到不久，就赶上庆祝新中国成立70周年系列活动，我所在的陆军勤务学院举办文化周，其中就有军歌歌咏大会。我们来自39个国家的128名学员与中方学员组成方阵，要用中文演唱《团结就是力量》。

"团结就是力量，这力量是铁，这力量是钢，比铁还硬，比钢还强……"在开饭前、拉歌时、列队行进中，中国军人经常会唱响这首歌。

实事求是地讲，对于这首歌，我们很好奇但并不完全了解它的创作背景和歌词的意思。通过一次次排练，我们逐渐加深了对这首歌的了解。教员告诉我们，《团结就是力量》诞生于中国人民抗日战争时期，形容人民和军队像鱼和水一样谁都离不开谁，同时，全体指战员更要紧密团结在一起才能打败侵略者。教员还一句句讲解歌词大意，而后又细致地对大家的发音进行纠正，一同演出的中方学员也一丝不苟地帮我们练习发音。

心往一处想、劲往一处使，我们所有的参演人员何尝不是团结一致，为共同的目标努力——那一刻，我忽然体会到这首歌是如此简短有力、内涵深刻。正式演出时，强劲的旋律响起，我们所有人都被气势恢宏的歌声点燃。我们做到了，我们唱响了这首团结之歌！

在缺乏凝聚力的环境里，个体的雄心壮志和聪明才干很难得到充分发挥。要想在战斗时发挥出最大的能量，就必须服从命令，上下齐心，相互配合克服个体的弱点和恐惧，从而形成巨大合力，我想这便是《团结就是力量》的深层内涵。

怎样才能真正实现军队的内部团结？中方教员曾向我讲述三湾改编和古田会议等中国人民解放军军史故事，这些故事中所体现的官兵一致原则解开了我的疑惑。军人以服从命令为天职，下级必须无条件服从上级，这是世界各国军人的共识。但我认为，官兵一致原则是让中国军队内部更加团结的核心所在——大家只有职务和分工上的差异，是为实现共同理想而集合在一起的兄弟姐妹。同时，人民支持军队、军队热爱人民，军民同心、官兵团结，才能凝聚起"比铁还硬，比钢还强"的力量。我想，这也是中国军队能在抗日战争、解放战争、抗美援朝战争中赢得最终胜利的重要原因。

正如中国古代思想家孟子所说，"天时不如地利，地利不如人和"。中国军队曾经以强大的凝聚力赢得了一次又一次辉煌的胜利，今后也必将为国家建设和民族复兴做出更大的贡献。

（突尼斯陆军少校：战斗的能量之源——中国军队强大的凝聚力 - 中国军网 http://www.81.cn/yw_208727/10168923.html）

第三步：请同学们根据案例，分析团队凝聚力的作用，并完成实训表2-2。

实训表2-2　打造团队凝聚力

小组号_____　姓名_____　学号_____　成绩_____

请同学们根据案例，分析团队凝聚力的作用，并回答以下问题。	
1. 根据案例，分析团队凝聚力的内涵包含哪些方面？	
2. 结合你们小组的实际情况，你认为应该如何提高你们小组的凝聚力？	

任务三　加强团队合作

案例导入

每年的11月11日，阿里巴巴集团都会举办规模宏大的购物狂欢节，即著名的"双11"。该活动已成为全球最大的在线购物盛事之一，吸引了亿万级消费者及众多品牌商家踊跃参与。

"双11"活动能够取得成功，关键在于团队协作。阿里巴巴团队合作的几个重点如下：

跨部门协同："双11"活动牵涉众多部门及团队的合作。技术团队负责构建稳健的电子商务平台；供应链团队确保商品备货及物流顺畅；市场团队则承担推广与营销。各团队之间紧密配合，共享信息与资源，以保证活动的顺利进展。

团队文化：阿里巴巴非常重视团队文化，认为团队的力量是无穷的。阿里巴巴的员工来自不同的背景和专业领域，但公司通过团队文化，将员工紧密地联系在一起，共同为公司的目标和愿景而努力。阿里巴巴鼓励员工之间的交流和合作，提倡开放、坦诚的沟通氛围，让每个员工都能够发挥自己的特长和才能。

领导者的作用：阿里巴巴的领导者在团队合作中发挥了重要作用。他们以身作则，传递公司的价值观和文化，促进员工之间的交流和合作。阿里巴巴的领导者鼓励员工提出问题和建议，通过开放、坦诚的沟通，共同解决问题。他们也关心员工的工作和生活，尽力解决员工面临的问题和困难。

案例分析

通过这些团队合作的策略，阿里巴巴的"双11"购物狂欢节年年斩获显著成功。团队合作使得各部门与团队行动一致，迅速应对市场变化，并持续提供卓越的购物体验，这一点对于阿里巴巴在电子商务领域保持竞争优势至关重要。

一、团队合作定义及内涵

（一）什么是团队合作

团队合作是指一群有能力、有信念的人在特定的团队中，为了一个共同的目标相互支持、合作奋斗的过程。它可以调动团队成员的所有资源和才智，并且会自动地驱除所有不和谐和不公正现象，同时会给予那些诚实、大公无私的奉献者适当的回报。如果团队合作是出于自觉自愿时，必将会产生一股强大而且持久的力量。

（二）团队合作的内涵

团队合作的内涵包括以下几个方面：

1. 共同的目标与愿景

团队合作的基本前提是成员共享目标与愿景。每位成员应深刻理解并融合团队的目标及使命于个人的追求与价值观之中，齐心协力推动团队目标的实现。

2. 成员间的互助协作

团队合作倡导的是成员间的相互支持和协同作战，即"合作共赢"的理念。团队成员须发挥各自所长，相互补充，以实现团队整体利益的最大化。

3. 高效沟通与交流

团队合作依赖高效的沟通与交流机制。成员需保持沟通的及时性、准确性和有效性，无论是口头还是书面，以确保信息畅通无误，降低误解与冲突的产生。

4. 合理分工与角色定位

团队合作需根据成员的能力和特点，进行科学的分工与明确的角色定位。每位成员应明晰自身职责与任务，担负起相应的责任，充分展现个人的专长和能力。

5. 问题解决与冲突调解

团队合作过程中不可避免地会遭遇问题与冲突。成员应具备妥善解决问题的能力，能迅速对问题进行定位与处理。同时，掌握有效的冲突调解技巧，对维护团队和谐与稳定至关重要。

6. 信任与尊重的建立

团队合作的基石是成员之间的信任与尊重。互相信赖、尊重和支持，是增强团队协同作用、发挥集体智慧的必要条件。

7. 共享价值观与文化

团队合作也需有共同的价值观和文化支撑。团队应建立积极的文化氛围，确立崇高的价值观和行为规范，以激发成员的工作热情和创造力。这样的价值观和文化是增强团队凝聚力和向心力的关键。

团队合作的内涵强调了团队成员之间的互动、合作和共同努力，以实现共同的目标。它强调团队成员之间的信任、尊重和沟通，并促进了创新、学习和成长。

二、团队合作重要性

团队合作具有重要的价值和作用，对个人、组织和项目的成功都具有积极影响。以下是团队合作的几个重要性：

（一）提高工作效率

通过分工合作，团队成员可以同时处理多个任务，并在需要时相互协助，从而提高工作效率。这种协同作用能够加快工作进度，减少完成任务所需的时间。

（二）增加创新与创造力

团队成员之间的不同经验和专业知识可以激发新的想法和创意。通过集思广益，团队能够产生更多的创新方案，并从中找到最佳的解决方案。这种集体智慧有助于团队在面对挑战时更具创造力。

（三）促进学习与发展

团队合作是一个相互学习的过程。团队成员可以通过交流与分享，学习彼此的技能和知识。这种知识共享有助于个人和整个团队的发展，并使团队成员在各自领域取得进步。

（四）增强凝聚力

团队合作可以增强团队的凝聚力，使成员之间建立深厚的信任关系。通过共同的目标和经历，团队成员更加紧密地联系在一起，形成强大的团队精神和团队认同感。

（五）提高工作满意度

在团队合作的环境中，成员之间相互支持、鼓励和合作。这种积极的氛围可以提高团队成员的工作满意度和归属感。团队成员对自己的工作感到满意，更愿意为团队的成功付出努力。

（六）达成共同目标

团队合作有助于团队成员共同努力，实现共同的目标。通过集体的力量和智慧，团队能够克服困难、应对挑战，并取得更大的成功。这种共同奋斗的精神激励着团队不断前进。

（七）提升问题解决能力

团队合作聚合了众人的智慧与经验，使得在面临难题时，具备更强的问题解决及创新能力。成员们能够集思广益，提出并共同实施解决方案，进而提升解决问题的效率。

（八）培养领导力及团队精神

团队合作有助于激发个人的领导潜能和团队精神。在合作过程中，成员需学会发挥领导作用，引领团队向既定目标迈进。同时，通过与伙伴的协作与配合，培育出团队合作精神和集体荣誉感。

总结来说，团队合作在提高工作效率、增强创新与创造力、促进学习与发展增强团队凝聚力、提高工作满意度、达成共同目标、提升问题解决能力以及培养领导力及团队精神等方面，均具有不可或缺的作用。在团队中，每名成员都应积极履行自己的职责，与其他成员齐心协力，共同实现团队目标。

三、加强团队合作的方法

加强企业团队合作的方法有很多，以下是一些常见和有效的方法：

（一）设定明确的共同目标

确保团队成员明确共同的目标和使命。这样可以使团队成员团结一致，朝着同一个方向共同努力。

（二）建立良好的沟通渠道

提供给团队成员一个畅通的沟通渠道，鼓励成员之间进行开放、真实和及时的沟通。这可以促进信息的共享、意见的交流和问题的解决。

（三）培养团队精神与合作意识

通过团队建设活动和培训，培养团队成员之间的团队精神和合作意识。这包括鼓励成员之间互相支持、尊重和信任，以及强调团队成果的重要性。

（四）分工合作与互补技能

根据团队成员的技能和专长，合理分工，让每个成员能够发挥自己的优势。同时，鼓励团队成员相互学习和共享知识，以实现技能的互补和提高整体绩效。

（五）建立有效的决策机制

确保团队有一个有效的决策机制，可以在需要时迅速做出决策。包括明确的决策流程、角色和责任的定义，以及适当的授权和委托。

（六）促进团队协作与合作

通过合作性的任务和项目，促进团队成员之间的协作和合作。可以设立团队奖励和认可机制，鼓励团队成员共同努力，取得共同成就。

（七）解决冲突与处理问题

有效处理团队内部的冲突和问题是加强团队合作的关键。鼓励开放的讨论和灵活解决冲突的技巧，帮助团队成员理解彼此的立场和利益，寻求共同的解决方案。

（八）提供持续的培训和发展机会

通过提供持续的培训和发展机会，帮助团队成员提升专业技能和团队合作能力。这可以通过内部培训、外部培训、团队建设活动等方式来实现。

（九）完善激励与奖赏机制

建立合理的激励与奖赏机制，以提高团队成员的工作积极性与创造力。根据团队与个人的绩效，给予奖金、晋升、荣誉等奖励，让成员感受到努力的价值与回报。

（十）塑造团队文化与价值观

重视团队文化与价值观的构建。通过培育积极的文化氛围，确立正确的价值观念与行为标准，激发团队成员的工作热情与归属感，提高团队合作的持久性与稳定性。

总之，加强企业团队合作需要关注目标设定、沟通渠道、团队精神、互补技能、决策机制、协作和问题解决等方面。

实训 2-3　加强团队合作

实训形式：团队游戏

实训步骤

第一步：实训前准备。要求提前阅读有关团队合作内容的相关文献，了解本次实训的理论知识。

第二步：开展团队游戏。

1. 游戏介绍：参加游戏的小组每个成员将身上的所有硬物取下，这是个检验团队创新、组织、协同能力的活动，可以根据学生的体力安排。要求每个小组用一张 A4 纸做一个圆圈，不能将纸撕成两半、撕断，规定时间里在圆圈中可站人数多的获胜。

2. 游戏方式：全班分为人数 6～8 人不等的数个小组。小组在组长带领下，分工协作、动手动脑，让全组的人员尽可能多地站在一个用 A4 纸做成的圆圈里面，规定时间里站的人数多的小组获胜，人数相同时所用时间少的小组获胜。

第三步：填写实训表 2-3。

实训表 2-3　加强团队合作

小组号_____　组名_____　组长_____　成绩_____

请同学们根据游戏结果，分析如何加强团队合作，并回答以下问题。	
1. 我们组获得第几名？	
2. 我们是否可以获得更好名次（更快时间）？为什么？	
3. 团队应该如何加强团队合作能力？	

任务四　提升团队士气

案例导入

在一家大型软件开发公司中,有一个游戏开发团队。在过去的几个月里,项目进展缓慢,团队成员之间的士气和动力逐渐下降。大家感到沮丧和失望,开始怀疑项目的成功可能性。

团队领导意识到这个问题,决定采取一些措施来提升团队士气。他组织了一个团队会议,让每个人分享他们对项目的热情和动力,以及他们所期望的结果。在会议上,每个成员都表达了他们对项目的激情和信心,以及愿意为项目的成功做出努力的决心。

团队领导还鼓励团队成员之间相互鼓励和支持。他们设立了一个"认可墙",团队成员可以在上面写下对其他成员的认可和赞扬。这个认可墙成了团队内部的一种正能量来源,团队成员之间互相鼓励和感谢,士气逐渐提升。

同时,团队领导还安排了一次团队建设活动,带领团队成员参加一次挑战性的户外团队活动。这个活动帮助团队成员彼此之间建立了更深层次的信任和合作关系,激发了他们的团队意识和团结力量。

随着这些措施的实施,团队士气逐渐提升。团队成员们重新找回了他们对项目的热情和动力,开始积极主动地解决问题和追求卓越。他们之间的合作变得更加紧密,越来越多地相互支持和帮助。最终,项目在预定时间内成功交付,团队成员们也因为他们的合作和努力而感到自豪和满足。

案例分析

这个案例告诉我们,通过团队会议、互相认可和支持,以及团队建设活动等方式,可以提升团队士气和合作意识。这些措施能够激发团队成员的热情和动力,促使他们积极投入工作,实现共同的目标。

一、团队士气定义及内涵

(一)团队士气定义

团队士气是指团队成员在工作中所展现出的精神状态和态度。它反映了团队成员对于工作的热情、积极性和信心,以及整个团队的合作氛围和工作效率。团队士气通常表现为一种积极向上、团结一致的状态,团队成员具有明确的目标、强烈的归属感和自豪感,愿意为团队的共同目标付出努力和奋斗。

团队士气对于团队的成功至关重要。一个具有高昂士气的团队通常能够更好地应对挑战和压力,更高效地完成任务,提高工作质量和效率。同时,团队士气也能够增强团队成员的自我价值和成就感,提高员工的满意度和忠诚度,有助于企业的长期发展。因此,在团队建设和管理工作中,注重培养和提高团队士气是一项重要的任务。

（二）团队士气内涵

士气高昂的团队成员往往展现出对工作的热情与积极态度，他们对于团队目标与任务抱有浓厚兴趣，并积极主动地投入及贡献。团队士气内涵如图2-2所示。

忠诚与承诺。团队士气亦反映成员对团队的忠诚度与承诺力。这些成员深刻认同团队身份及目标，愿意为团队的成功与发展竭尽全力，彰显出他们的责任心与奉献精神。

自信与自尊。团队士气还体现在成员对自身能力与价值的自信和自尊心。士气旺盛的成员对自己的工作能力与所做贡献充满信心，认为自己的劳动是有意义及价值的，这种自信与自尊有助于激发其工作激情与创造力。

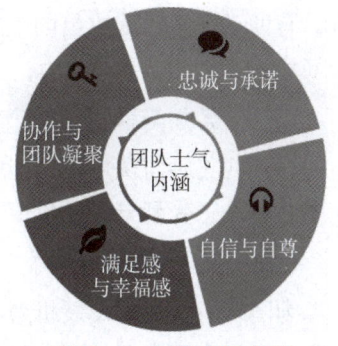

图2-2 团队士气内涵

协作与团队凝聚。团队士气还涉及成员间的协作精神与团队的凝聚力。这些成员乐于与同伴协作，共享知识与经验，互相支持与协助。他们视团队合作为实现共赢目标的关键，此种协作与凝聚力对提升团队效能与绩效大有裨益。

满足感与幸福感。团队士气也与成员对工作环境及成果的满意度和幸福感相关。士气高昂的成员对工作环境表示满意，感觉自己的付出得到了重视与认可，对工作成果感到满意及自豪。这种满足感与幸福感助力提升团队成员的工作满意度与忠诚度。

综上所述，团队士气是集成员对工作的忠诚与承诺、自信与自尊、协作和团队凝聚、满意度与幸福感于一体的综合体现。士气高涨的团队成员常展现出较强的工作动力与参与度，有力地推动团队取得成功与成就。

二、影响团队士气的因素

团队士气可以受到多种因素的影响，以下是一些常见的影响团队士气的因素：

（一）领导风格

领导者的风格与能力对团队士气具有显著影响。激励型的领导风格及高效能领导者能激发团队成员的工作积极性和参与度，进而提升士气。反之，不适宜或低效的领导风格可能会导致团队士气的降低。

（二）工作环境

优质的工作环境与氛围对团队士气有着不容忽视的影响。一个积极向上的工作环境，如良好的人际关系、合理的工作量、公正的奖励机制等，有利于提升团队成员的满意度及士气。相反，如果工作环境压力过大、存在冲突或待遇不公，可能会削弱团队成员的士气。

（三）团队目标与任务

团队目标与任务的重要性及挑战性会影响团队成员的士气，引发团队成员对具有挑战性且意义深远的目标和任务的兴趣及投入，有助于提升士气。而目标不明确或任务单调乏味可能会导致团队成员的士气低迷。

（四）团队文化与价值观

团队的文化与价值观对士气有所影响。积极的团队文化，如提倡合作、相互尊重与支持，有助于增强团队成员的士气。团队成员与团队的价值观和目标的一致性也会影响他们的士气。

（五）奖励与认可

合理的奖励与认可机制能够激励团队成员，提升士气。公平的奖励体系和及时的认可能让团队成员感受到自己的价值与被认可，从而增强工作动力和满意度。

（六）发展机遇

为团队成员提供发展机遇和培训计划能够提振士气。感知到成长与发展得到重视和支持的团队成员会更有自信，士气也会随之高涨。

（七）团队沟通与参与

积极的团队沟通与参与有助于提升团队士气。开放的沟通渠道、鼓励成员参与决策和解决问题的机会，能够增强他们的参与感和归属感，进而提升士气。

以上这些因素互相影响，共同塑造团队士气的形成与发展。团队领导者和管理者应积极关注并采取措施，以提升团队的士气。

三、提升团队士气的方法

提升团队士气是一个持续而多维的过程，领导者与管理人员需采纳多样化的策略与措施。以下建议旨在助力有效提升团队士气：

（一）确立明确目标

保证团队共同目标清晰、具体且可量化，使每位团队成员皆理解并认同该目标，体会到个人工作的价值与意义。

（二）促进良好沟通

构建开放且诚恳的沟通氛围，激励成员分享观点、提议与问题。定期召开团队会议，汇报工作进度，商讨难题与解决策略。确保信息在团队内部畅通，防止不必要的误会与隔阂。

（三）实施认可与奖赏

对团队成员的付出与成绩予以即时认可与奖赏。建立激励体系，或为物质性（如奖金、升迁），或为非物质性（如公开赞扬、评优评先）。

（四）提供支持与资源

确保团队成员具备完成任务所需的资源与工具。提供必要的培训与发展机遇，助力成员技能与能力提升。

（五）培育团队精神

组织团队建设活动，增进成员间的联系与协作。强化团队文化，提倡成员间相互尊重、支援与合作。

（六）加强参与和授权

鼓励成员参与决策，使其感受到自己的意见受重视。授予成员适当的自主性与责任，激发其在工作中的主动性。

（七）营造积极工作环境

保持工作环境整洁、舒适与安全。创造正面工作氛围，降低压力与消极情绪的影响。

（八）组织团队活动

定期组织团队活动和庆祝活动，增强团队凝聚力和归属感。这样的活动可以提供一个轻松愉快的氛围，促进团队成员之间的交流和互动。

（九）关怀员工福祉

关注成员工作与生活的平衡，确保其能得到充分休息与放松。提供具竞争力的薪资与福利，增强员工满意度与忠诚度。

（十）展现领导力

领导者应以身作则，展现积极工作态度与高标准职业伦理。以个人行为为榜样，激发团队成员的积极性与模仿动机。

实训 2-4 提升团队士气

实训形式：模拟公司晨会

实训步骤

第一步：实训前准备。要求提前阅读有关团队士气内容的相关文献，了解本次实训的理论知识。

第二步：教师组织同学们分组开展公司晨会模拟。

1. 以小组为单位，组长组织成员模拟公司晨会。

2. 晨会流程安排：总结昨天工作、明确今天工作目标和安排、组长动员讲话、晨会游戏、晨会口号展示等体现小组团队士气的相关内容。

3. 要求每个小组的晨会实施过程做到简洁、流畅、高效，凸显小组团队士气。

4. 晨会实施时间控制在 5~8 分钟。

第三步：各小组按照顺序依次模拟公司晨会。

第四步：学生和教师分别为各小组模拟公司晨会表现评分。

第五步：教师公布每个小组模拟公司晨会表现分数，并点评和总结。

项目拓展资源　　　　项目同步测试

项目三

优秀团队品质

知识目标

掌握优秀团队目标、团队角色、团队规范和团队规模的概述

了解团队目标制定的 SMART 原则

了解团队规模制定考虑的因素

能力目标

能够运用团队目标的制定原则构建团队的目标

能够运用团队品质构建团队角色

能够运用团队品质制定团队规范和确定团队规模

素质目标

培养学生树立远大理想目标

培养学生培养敢于担当勇于奉献的精神

培养学生不断进取的奋斗精神

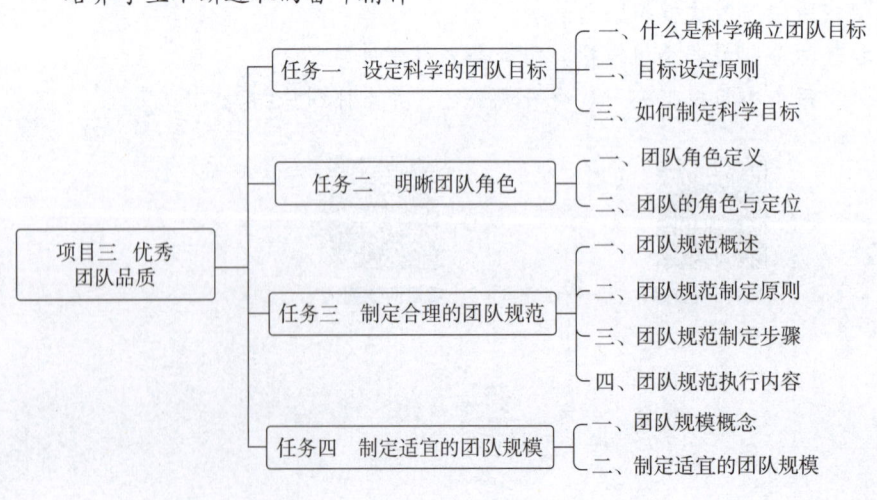

项目三 优秀团队品质
- 任务一 设定科学的团队目标
  - 一、什么是科学确立团队目标
  - 二、目标设定原则
  - 三、如何制定科学目标
- 任务二 明晰团队角色
  - 一、团队角色定义
  - 二、团队的角色与定位
- 任务三 制定合理的团队规范
  - 一、团队规范概述
  - 二、团队规范制定原则
  - 三、团队规范制定步骤
  - 四、团队规范执行内容
- 任务四 制定适宜的团队规模
  - 一、团队规模概念
  - 二、制定适宜的团队规模

团队故事与分析

任务一　设定科学的团队目标

案例导入

唐太宗贞观年间，长安城西的一家磨坊里，有一匹马和一头驴，它们是好朋友。马整天在外面拉货运粮，驴不停地在屋里拉磨。贞观三年，这匹马被玄奘大师选中，从京城出发经西域前往印度取经。17年后，这匹马驮着佛经回到长安，重新回到磨坊与驴朋友相见。老马谈起这次旅途的所见所闻：浩瀚无垠的沙漠，高耸入云的山峰，波澜壮阔的大海……那些神话般的境界，都让驴听了大感惊异。它不禁惊叹道："你见到的可真多啊！那么难走的路，我想都不敢想。""实际上，"老马说，"我和你走过的路大体上是相等的，当我西进的时候，你一步也没有停。不同的是，在玄奘大师的指点下，我找到了一个远大的目标，最终我们打开了一个广阔的世界。而你被蒙住了眼睛，一生只围着磨盘打转，所以永远也走不出这片狭隘的天地。"

案例分析

由案例可见，目标在一个人奋斗历程中的重要作用。只要心中装有明确并可行的目标，就一定可以找到实现目标的办法；有了明确可行的目标，一个人就能发挥巨大潜力向胜利的终点冲刺。

一、什么是科学确立团队目标

团队目标必须有激励作用，是团队成员利益的集中体现。确定经营指标、管理指标等团队总的目标后，管理团队对总目标进行分解，将相应的目标责任下达至部门、班级、岗位、个人，并与各岗位责任人签订岗位责任书，做到目标明确、分工明确、责任明确。

二、目标设定原则

SMART原则是一种用于设定和评估目标的工具。使用SMART原则能有效地追踪和评估计划进展，能够帮助我们更科学合理地制定目标，并有助于目标的达成。

（1）明确性（Specific，S）：明确目标内容，使用具体详细的语言描述。
（2）可衡量性（Measurable，M）：确保目标量化，能够及时衡量评估进展。
（3）可实现性（Attainable，A）：确保目标可以实现，需要具有足够的条件和能力。
（4）相关性（Relevant，R）：确保目标与长期目标、个人规划一致。
（5）时效性（Time－bound，T）：给目标设定明确的截止日期，防止拖延。

三、如何制定科学目标

（一）以书面的形式定义团队的目标

写下目标可以提高成功的可能性，会让人不得不思考达成目标需要经历的过程。提出正确问题：为什么想要实现这个目标？想要解决的根本问题是什么？让目标符合 SMART 原则：具体的、可测量的、可达成的、相关的、有时间限制的。

（二）目标拆分 5W2H 分析法

把一个大目标拆解成一个个具体的里程碑，减少对最终完成的担忧，转而把每一个小目标作为实现整体计划的必要环节来对待。通过加法将目标化整为零。按照项目大小，每一个项目都可以按照 5W2H 分析法进行分段拆分，如图 3 - 1 所示。

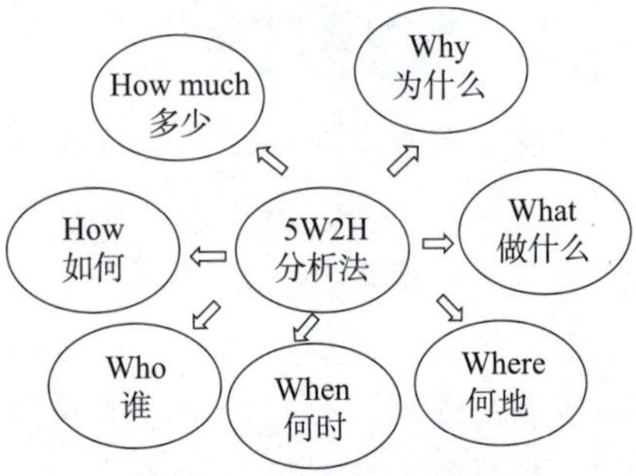

5W2H：

Why——按照项目目的和原因拆分。

What——按照项目等级拆分。

Where——根据公司规模/位置大小拆分。

When——按照时间维度拆分。

Who——从目标的执行人入手。

How——怎么做？

How much——多少？

图 3 - 1　5W2H 分析法

（三）确认所需资源

不论是个人还是团队合作，明确实施计划所需要的资源对于能否做出正确决策至关重要，资源包含人力或知识资源、技术和软件资源、财务或时间资源。

（四）确定所有相关任务的优先级并进行任务分配

一个人独立工作时，任务的优先级取决于个人的努力和任务的影响力。而在团队合作中，不仅需要对任务按优先级排序，还需要分配任务，以便跟踪进度并确保责任的分配。个人目标的优先级：根据个人追求的目标和价值观进行排序。团队目标的优先级：考虑团队成员各自的优势和劣势，以及整个团队或其中的小团体如何合作。

（五）边做边回顾、反思和完善

好的科学目标需要多次反复打磨并形成共识，制定行动计划很关键，为了保证长远的成功，保持灵活应变能力是至关重要的。要确保行动计划能够持续有效，最好的方法是定期审查计划。

实训 3 - 1　团队目标设计

实训形式：案例分析

实训步骤

第一步：实训前准备。要求提前阅读有关团队目标内容的相关文献，了解本次团队目标的理论知识。

第二步：对以下案例进行分析。

李志是某仪器设备公司华东区销售经理，负责华东区的市场开拓工作。公司经过几年的发展，产品有了较高的知名度，最近总部准备进一步拓展市场。2022年的年会上，总经理预测和分析了2023年的市场情况。总经理先对在座的各位爱将大加赞赏，称赞大家勇于开拓，敢拼敢抢。然后提出下年度的销售目标要做得更高一些，让大家先提交各自区域2023年第一季度的工作计划。各位区域经理都在心里嘀咕：还要更好，更好到什么程度啊！会议结束后，李志也犯起难来：下季度的销售目标该怎么制定呢？李志可以按照SMART原则来分析和制定让经理满意的季度销售计划，在对各要素进行考虑、分析、核算的过程中找到正确答案。

第三步：请同学们根据案例，利用SMART原则帮助李志设定科学的团队目标内容，并完成实训表3-1。

实训表3-1 销售部下季度销售目标设计

小组号_____ 姓名_____ 学号_____ 成绩_____

观察点	目标			
	目标1：_____	目标2：_____	目标3：_____	目标4：_____
描述清晰、明确 S				
目标可用数据量化或质化 M				
依据自身条件可达到 A				
与自身发展相关 R				
有明确时间限制 T				

1. 本次任务技能点评价（如表3-1-1所示）。

表3-1-1 团队目标技能点评价

序号	技能点评价	佐证	达标	未达标
1	描述清晰、明确 S	掌握SAMRT原则		
2	目标可用数据量化或质化 M			
3	依据自身条件可达到 A			
4	与自身发展相关 R			
5	有明确时间限制 T			

2. 本次任务的素质点评价（如表3-1-2所示）。

表3-1-2 团队目标素质点评价

序号	素质点评价	佐证	达标	未达标
1	自主探究	能够根据要求灵活使用SMART原则		
2	团队合作	能够根据任务要求组合团队，小组共同完成任务		

续表

序号	素质点评价	佐证	达标	未达标
3	勇于担当	能勇于完成团队任务		
4	树立人生目标	根据学习目标设定原则树立自身人生目标		
5	辩证思维	在学习过程中培养辩证思维，应用拆分法解决问题		
6	服务精神	在学习团队规范制作过程中愿意帮助其他同学解决问题		

任务二　清晰团队角色

案例导入

女排12人分工不同！朱袁张领衔　福将+气氛担当，意大利克星在列

我们一起解读下中国女排（见图3-2）这12人在队内的地位和主要作用，每个人的分工都是不同的。

队长朱婷：毫无疑问是这支中国女排队伍的主心骨，不论是赛场上还是场外，都是中国女排的核心。

张常宁：全能型主攻手，张常宁几乎没有什么短板，当然她也已经在世联赛找到了自己的最佳进攻状态。

李盈莹：进攻天才，李盈莹是中国女排公认的"朱婷接班人"，当然朱婷的年龄也不大，李盈莹将会在2021年奥运会发挥重要作用。

刘晓彤：奥运会福将，经过大赛考验，2016年巴西里约热内卢奥运会中国女排夺冠的奇兵和福将。

刘晏含：力压栗垚入选到奥运会，她的能力和前三个主攻相比有明显的差距，但2019年世联赛，带二队复仇意大利，堪称意大利克星在列。

颜妮：定军山，2021年最后一次参加奥运大赛，奥运会之后退役的北长城是绝对的核心人物。

袁心玥：小苹果袁心玥已经无须证明自己，她的火力、经验、拦网能力都是中国女排需要的。

王媛媛：虽然有失误和空气球，但不得不说王媛媛作为替补副攻，值得一张奥运会门票。

龚翔宇：2016年19岁的龚翔宇横空出世，是中国女排夺冠的功臣之一，现在的龚翔宇身体和技术均处于巅峰状态。

丁霞：中国女排的主力二传，进攻端核心之一，丁霞性格很好，她肯定也会做好所有队

员的解压工作。

姚迪：姚迪的实力和丁霞有差距，但她在队内的气氛担当还是很重要的，她和朱婷、袁心玥之间的关系相当要好。

王梦洁：小可爱王梦洁终于圆梦奥运会，2016年落选她哭了，2021年她首度参加奥运会，成为队内唯一的自由人。

图 3-2 中国女排夺冠图

（资料来源：https://baijiahao.baidu.com/s?id=1704614385403308409&wfr=spider&for=pc）

案例分析

从以上中国女排的角色分工看出这支中国女排团队每个人的分工不同，"朱袁张"朱婷、袁心玥、张常宁领衔核心阵容，一共是8名球员；另外的4名球员担任主要的替补，这些替补球员也是很关键的，其中有女排的福将、气氛担当，还有意大利克星，每一个位置都相对合理，组合起来就是强大的中国女排。

一、团队角色定义

团队角色是指一个人在团队中某一职位上应该有的行为模式。在成功的团队中应当有9种角色，有些团队成员会扮演两种以上的角色。

二、团队的角色与定位

剑桥产业培训研究部前主任贝尔宾博士和他的同事们经过多年在澳大利亚和英国的研究与实践，提出了著名的贝尔宾团队角色理论，即一支结构合理的团队应该由8种角色组成，后来修订为9种角色。贝尔宾团队角色理论的核心是高效的团队工作有赖于默契协作，团队成员必须清楚其他人所扮演的角色，了解如何相互弥补不足，发挥优势。成功的团队协作可以提高生产力，鼓舞士气，激励创新。这9种团队角色如下：

（一）实干者

角色描述：实干者非常现实、传统甚至有些保守，他们崇尚努力，计划性强，喜欢用系统的方法解决问题；实干者有很好的自控力和纪律性，对公司的忠诚度高，为公司整体利益着想而较少考虑个人利益。

典型特征：实干者性格相对内向，比较保守，但对工作有一种责任感，效率很高，守纪律。

在团队中的作用：由于其可靠性、高效率及处理具体工作的能力，实干者在企业中作用巨大；他们不是根据个人兴趣，而是根据组织需要来完成工作；好的实干者会因为出色的组织技能和完成重要任务的能力而胜任高职位。

优点：实干者最大的优点是组织能力强，非常务实，他们对于那些飘在空中的想法、不切实际的言论不感兴趣；实干者通常会把一个主意转化成一个实际的行动，并且具体去实施，他们工作努力，有良好的自律性。

缺点：实干者缺乏灵活性，对未被证实的想法不感兴趣，容易阻碍变革。

建议：当变革来临的时候应该走出去，被动地等待可能会被变革所淘汰。

（二）协调者

角色描述：在非权利性的影响力方面表现非常突出，能够引导一群不同技能和个性的人向着共同的目标努力。代表成熟、自信和信任；办事客观，不带个人偏见，除权威之外，更有一种个性的感召力，在人际交往中能很快发现每个人的优势，并在实现目标的过程中妥善运用，协调者因其开阔的视野而广受尊敬。

典型特征：代表一种冷静，不会高度情绪化，不会大发雷霆，相信自己代表这个团队中的公众势力，有很好的自控力。

在团队中的作用：协调者擅长领导一个具有各种技能和各种特征的群体，管理下属能力往往比在同级中进行协调的能力要弱。协调者善于协调各种错综复杂的关系，座右铭是"有控制的协商"，只要在控制的范围之内就好商量；喜欢平心静气地解决问题，不喜欢武斗。

优点：目标性非常强，能够整合各种人，同时兼顾人和目标两个方面。待人相对公平。

缺点：大部分情况下协调者的个人智力和创造力属中等，很难在其他方面表现出特别出众的优点和成绩。当团队目标实现的时候，协调者容易把团队的成果据为己有。

（三）推进者

角色描述：推进者是一个说干就干，办事效率非常高的人，他们的自发性非常强，目的非常明确，有高度的工作热情和成就感；在推进过程中，如果遇到问题和困难，总能找到解决问题的办法。推进者大多性格比较外向，干劲十足，在人际关系方面比较喜欢挑战别人，喜欢争辩，而且在争论中不赢不罢休。推进者往往以自我为中心，缺乏相互理解。

典型特征：富有挑战性，喜欢挑战别人，没有结果誓不罢休。另外，他们喜欢交际，对新观点接受更快，富有激情，工作中总可以看到他们风风火火的劲头。

在团队中的作用：推进者常常是行动的发起者，在团队中活力四射，尤其在压力下工作时精力旺盛；推进者一般是高效的管理者，敢于面对困难并且义无反顾地加快速度，敢于独自做决定而不介意别人反对不反对。推进者是团队快速行动的最有效成员，这是推进者对团队重要的贡献。

优点：推进者随时愿意挑战传统，厌恶低效率，厌恶慢吞吞地做事。讨厌自满和欺骗行为，有什么说什么，不管会不会得罪别人。

缺点：喜欢挑衅，容易发火，耐心不够；明知自己犯了错误，自己的做法不对，也不会用幽默和道歉的方式来缓和局势。

建议：推进者应该尽可能在关注任务的同时也关注到人际沟通技巧。在团队中一旦人际关系有了冲突和矛盾，推进者往往陷入其中，关注人的因素对推进者来说将是扮演一个好的团队角色最重要的一点。当然灵活一些可以减少在人际方面的摩擦。

（四）创新者

角色描述：创新者拥有高度的创造力，思路开阔，观念新，富有想象力，是"点子型的人才"；他们爱出主意，是否高明则另当别论，其想法往往十分偏激和缺乏实际；创新者不受条条框框约束，不拘小节，难守规则；他们大多性格内向，以奇异的方式工作，与人打交道是他们的弱项。他们喜欢按照自己的方式生活和工作，更喜欢穿牛仔裤、休闲服上班，他们代表着那些个性和其他的成员不太一样的新潮人士。

典型特征：有创造力，他们可以不断出新点子，但有时比较个人主义，总是从自己的想法、个人的思维出发，不太考虑周围人的感受，也不太考虑这个点子是否适合企业、适合团队。

在团队中的作用：创新者在团队中常常提出一些新想法，这对企业或团队开拓新的思路很有帮助。通常在一个项目刚刚启动的时候，或团队陷入困境不知怎么办的时候，创新者显得非常重要。创新者通常会成为一个公司的创始人，也容易成为一个新产品的发明者。

优点：有天分，富有想象力，通常代表智慧、博学。

缺点：创新者往往好高骛远，有时他们的主意和想法，会无视实际工作中的细节和计划，他们不太关心工作细节如何实施，常常点子多，成效少；对创新者来说，最困难的是跟别人合作，过分强调自己的观点，反而会降低推进速度。

建议：创新者非常宝贵，往往在外企中创新者相对较多，但在国有企业、民营家族企业中相对较少，在团队的建立过程中，应该主张个性的张扬，如果把员工的性格磨平，让他们遵守既有规则，创新者的优点也就很难体现出来；有时从外界吸引一些创新者加入团队时，会带来一种文化的冲突、思维的革命，管理上叫"鲶鱼效应"。企业也需要从外面引进这样一条"鲶鱼"，要改变一些既有规则，给既有文化带来一些新的创意和思考。作为团队的领导者和团队的成员，应该用别人的长处，容忍别人的短处，能够尊重创新者，同时尽量把创新者的负面作用降到最低程度。

（五）信息者

角色描述：信息者是对外界信息非常敏感的人，最早知道外界的变化；他们通常在自己的座位上坐不住，要不断到别的地方去看看，收集一下团队、组织中的信息；信息者的手机或电话响的频率比较高；信息者经常表现出高度的热忱，是反应非常敏捷、性格相对外向的人；他们是天生的交流家，喜欢聚会和交友，在交往中获取信息，并不断加深朋友间的友谊。

典型特征：信息者外向、热情，对什么事都好奇、都想了解，善于人际交往。

在团队中的作用：调查团队内外的意见，调查某件事情的进展。适合做的工作是外联和持续性的谈判工作，谈判时他们可以随时知道对方的底牌、条件砝码、优点、漏洞，了解从哪儿下手，信息者通常具备从自身角度出发获取信息的能力。

优点：信息者与别人交往时，有一种发现新事物的能力，通常能够跟创新者成为好朋友，他们善于迎接新的挑战。

缺点：当最初的兴奋消失以后，信息者容易对工作失去兴趣，注意力容易转移到新事物上；信息者也有一个令人不能容忍的缺点，就是喜新厌旧。

（六）监督者

角色描述：监督者通常比较严肃、严谨、理智，他们很冷静，常常具有冷血气质，天生就不会过分热情。他们很少表扬下属，并不是不认可他们，只是从外表表现出一种冷冰冰的感觉，这是个性使然。监督者不太容易情绪化，常常跟同类之间保持一定的距离，他们总是退守到一角，开会的时候坐在离主持人最远的地方，培训的时候总是坐在一个角落不声不响，也很少参与讨论。如果一个人讲一段笑话，所有的人都笑得前仰后合，监督者顶多会抿嘴一笑，绝不可能跟别人一样高兴地跳起来。监督者有很强的批判性，凡事都要找出一点问题，他们做决定的时候非常谨慎，思前想后，综合考虑各方面的因素，一个好的监督者几乎永远不会出错。

典型特征：冷静，不会头脑发热，不太容易激动；每做一件事情都要谨慎思考和判断，能够精确判断；有时比较喜欢挑刺，喜欢找毛病，批判色彩很浓。

在团队中的作用：善于分析和评价，善于权衡利弊，选择方案。很多监督者处于企业的战略性位置上，往往在关键性决策上从不出错，最终获得成功。

优点：冷静、判断、辨别能力非常强。

缺点：缺乏鼓舞他人的能力和热情，监督者不可容忍的缺点是有时会毫无逻辑地挖苦和讽刺别人。

建议：监督者的强项在于对方案的选择，适合做精算师一类的工作。但监督者需要加强人际交往，不能总是游离于群体和团队之外，这样不太容易跟团队一起形成合力，时间长了会被团队忘记，或很难融入群体的氛围中去，这样就不太容易发挥作用。对监督者来说，需要从人际方面改善。

（七）凝聚者

角色描述：凝聚者是团队中很积极的成员，他们温文尔雅，善于跟别人打交道，最可贵的地方是他们善解人意，总能够关心、理解、同情和支持别人。他们通常处事非常灵活，把自己同化到群体中去，让自己去适应别人的观念和想法。有人说凝聚者是自我牺牲型的人。

典型特征：合作性非常强，信守"以和为贵"；性情温和、敏感，对于任何人提出的建议都会很在意，同样也很在意自己的行为会给别人带来什么样的影响。

在团队中的作用：善于调和各种人际关系，只要有通透的环境，凝聚者就是一个很起作用的人；他们的社交和理解能力会成为化解矛盾和冲突的资本，有凝聚者在的时候人们能够协作得更好，团队的士气也更高，是团队的润滑剂。

优点：随机应变，善于化解各种矛盾，促进团队精神。

缺点：在危机时刻往往显得优柔寡断，做决定的时候果断性不够。把做决定看作一件冒风险的事情、可能影响人际关系的事；有时不愿意承担工作的压力，有推卸责任的嫌疑。

建议：在人际关系方面表现出出众的能力，这是他们的最强项。但怎样才能更多地关注目标？要敢说、敢做、敢提建议。有可能他们的观点本身就是很好的，于是就更不能因为主张以和为贵，而把好的观点、建议埋没在自己的心里。

（八）完美者

角色描述：完美者具有一种持之以恒的毅力，做事非常注重细节，力求完美，追求卓越。

完美者通常性格内向，工作动力源于内心的渴望，他们几乎不需要外界的刺激就能主动、自发地去做事情。他们不太可能去做没有把握的事情。完美者有120%的把握时才会说："这事儿咱们可以实施了。"他们不打无把握之仗。完美者对工作的要求很高，对下属也是同样，通常下属跟他一起工作的时候会觉得很辛苦。完美者非常细致，对于工作的标准要求很高，总是担心授权下属去完成任务会达不到他们所期望的结果，喜欢事必躬亲，不太愿意授权。他们无法忍受那些做事随随便便的人，很难跟这种人在一起配合。

典型特征：埋头苦干，守秩序，尽职尽责；有的时候比较容易焦虑，事事追求精益求精，对任何小的缺点都不放过。

在团队中的作用：首先对于重要的、高难度或高准确性的任务，完美者起着不可估量的作用；他们善于按时间表一步步完成任务，能培养一种紧迫感；在管理方面，他们崇尚标准、注重准确、关注细节，因为坚持不懈而比别人更胜一筹。

优点：坚持不懈、精益求精。

缺点：容易为小事焦虑，不太愿意放手，有时吹毛求疵。

（九）技术专家

角色描述：技术专家对团队来说是奉献的人，他们热衷于自己的本职专业，甘心奉献，他们为自己所拥有的专业和技能自豪。他们的工作就是要维护一种标准，而不能降低这个标准；他们陶醉在自己的专业中，一般对其他人、其他事不太容易感兴趣。最终技术专家会变成在某个狭窄领域里的绝对权威。

典型特征：诚心诚意、主动性很强、甘于奉献。

在团队中的作用：为团队的产品和服务提供专业的支持；作为技术专家，由于在专业领域知道的比其他任何人都多，所以要求别人能服从和支持他。缺乏在管理方面的经验。

优点：有奉献精神，有丰富的专业技能和知识，致力于维护专业的标准。

缺点：局限于狭窄的领导，专注于技术而忽略整个大局。令人不能容忍的缺点或影响他发展的缺点是忽视能力之外的一些因素。

每个人都可以不断进步，但没有人能达到完美。团队可以通过不同角色的组合达到最优，如图3-3所示，团队中的每个角色都是优点缺点相伴相生，领导要学会用人之长、容人之短，尊重角色差异，发挥个性特征。角色并无好坏之分，关键是要找到与角色特征相契合的工作内容或任务。

完美团队	行动派	社交派	思考派
	·实干者 ·完美者 ·推进者	·协调者 ·凝聚者 ·信息者	·创新者 ·监督者 ·技术专家
	团队的执行推动力	团队的共情沟通力	团队的创造判断力

利用个人的行为优势创造一个和谐的团队,可以极大地提升团队和个人绩效;这个世界上没有完美的个人,但有完美的团队

图3-3 通过不同角色组合成完美团队

实训3-2 团队角色设计

实训形式:角色分工

实训步骤

第一步:实训前准备。要求提前阅读有关明晰团队角色内容的相关文献,了解本次内容的理论知识。

第二步:对以下任务进行角色分配。

任务情境:学校开展"文明宿舍创建评比"活动,每个宿舍都要参加。

任务要求:1. 分解、细化任务要项;2. 讨论人员分工;3. 运用角色分工理论制定宿舍角色分工方案。

第三步:请同学们根据任务情境,利用明晰团队成员角色的内容完成宿舍角色分工,并完成实训表3-2。

实训表3-2 团队角色设计

小组号_____ 姓名_____ 学号_____ 成绩_____

请同学们根据任务情境,设计文明宿舍评比角色分工方案,要求分点介绍宿舍成员特点和担任的团队角色。

人员一:	特点:_____	属于贝尔宾团队角色:_____
人员二:	特点:_____	属于贝尔宾团队角色:_____
人员三:	特点:_____	属于贝尔宾团队角色:_____
人员四:	特点:_____	属于贝尔宾团队角色:_____

续表

| 人员五：_____ | 特点：_____ | 属于贝尔宾团队角色：_____ |
| 人员六：_____ | 特点：_____ | 属于贝尔宾团队角色：_____ |

1. 本次任务技能点评价（如表 3-2-1 所示）。

表 3-2-1　团队角色技能点评价

序号	技能点评价（维度）	佐证	达标	未达标
1	任务分解	掌握团队每种角色的特质		
2	人员特点分析			
3	人员、角色匹配			
4	人、事匹配			

2. 本次任务的素质点评价（如表 3-2-2 所示）。

表 3-2-2　团队角色素质点评价

序号	素质点评价	佐证	达标	未达标
1	自主探究	能够根据要求撰写团队的组建过程		
2	团队合作	能够根据任务要求组合团队，小组共同完成任务		
3	协作精神	能够与团队成员协商完成实训任务		
4	创新意识	能够在团队角色分析中融入具有新意的方法和内容		
5	社会责任感	在分析确定团队角色中勇于承担自身角色的责任与义务		
6	民族自豪感	在团队任务中有正确的价值取向		

任务三　制定合理的团队规范

案例导入

日本著名企业伊藤洋华堂集团的创始人伊藤雅俊（出生于日本东京，1956 年任洋华堂社长，立志于连锁店经营，1958 年成立株式会社洋华堂。2022 年福布斯全球亿万富豪榜排名第 8 位，财富值为 43.5 亿美元）曾说："秩序和纪律是我企业的生命，也是我管理下属的法宝。一定要从重处理不守纪律的人，无论他是谁，无论他为企业做过多大的贡献，即便是企业会因此而减少战斗力也要在所不惜。"团队的健康发展与员工的遵守规则是离不开的。

案例分析

伊藤雅俊手中的大棒并不只是一种道具，它时刻在警示企业所有管理者，必须要以纪律和秩序为基础，该赏的一定要赏，该罚的一定要罚，使全体员工和部门领导信服。只有这样，才能确保公司的正常经营，才能凝聚强大的力量，让公司以不可阻挡之势发展下去。

一、团队规范概述

团队规范，即成员对于整个团队该如何表现、如何运作和协作所达成的共识。

要想凭借个人的自觉和良心维护团队的公正通常是靠不住的；特权和利益更是有着无限的诱惑力；那些即便是拍着胸脯拿人格做担保的人，也会出于私欲或碍于交情而失去原则。同时，虽然监督和制约能保证公正，但很可能会因过高的监督成本而导致低效。所以建立团队规范是非常重要的。

只有建立完善的制度和规则，才能成为管理工作的一颗长期定心丸。在团队中，管理者可将需要员工遵守的行为明确地写进制度之中，意义在于：

- 明文规定，保证员工有效执行。
- 约束和规范员工的行为，增强自律意识。
- 有利于团队文化的建设。
- 制度化是进行规范管理的前提，弥补"硬制度"的不足。

团队管理者要利用好团队规范，建立并维护良好的团队秩序。

二、团队规范制定原则

（一）整体约定性

整体约定性指在团队整体自愿的基础上，制定相关规范法，指导员工该做什么、怎样去做。

（二）长期稳定性

长期稳定性指一定要从长期适用性去考虑规范的制定，不可以漫无边际、随意更改。

（三）科学性

规范制定必须保证科学性，因为规范完成后会成为员工约束自身行为的一种准则，制定过程中必须遵循齐全、准确的原则，避免"空白"状况的产生。

（四）民主监督性

规范制定后会起到道德规范的作用，不仅要求员工以规范为准则严格规范自己的行为，还应在此基础上互相民主监督、共同进步。

（五）自我约束性

规范不同于管理制度，虽然也具有一定的强制性，但它展现给员工的是一种"以德服人"的软约束力，是通过员工自觉的自我约束去实现的。

三、团队规范制定步骤

（一）明确团队宗旨

明确团队工作的宗旨，将规范的制定围绕这一重心编制并执行，当规范与团队宗旨不相符合时，应及时做出相应调整。

（二）进一步与员工沟通

通过进一步与员工交流，了解员工对各项工作的态度，如有与工作整体目标不符的情况，应及时做出处理，使其思想回归到团队目标上来。

（三）明确规定权限

必须明确规定任务由谁去完成以及权限与责任的范围，避免"乱权"的现象出现。

（四）重视并维护规范

团队管理者要以身作则，严格按照规范要求约束自己，以示对规范制度的重视与维护，并建立完善的监督体系，以保证规范的顺畅实施。合理的制度可以提升团队竞争力，产生优秀的团队文化。团队规范化管理，充分体现出尊重与强制的完美结合，为团队构建集融洽与竞争于一体的管理模式。

四、团队规范执行内容

课前案例导入

在《史记·孙子吴起列传》中有这样的一个故事。

春秋末年，吴国的国王看了齐国的孙武写的《孙子兵法》后，十分欣赏他的军事才能，便派人请孙武来到了宫中。

吴王很想考验一下孙武的能力，便问他："你能用你的兵法来操练宫中的女子吗？"孙武点了点头说："可以。"于是，吴王就下令从宫中选出了180名女子，让孙武指挥。

孙武将这些女子分成了两队，并任命吴王的两个爱妃当队长。在进行正式训练之前，孙武就详细交代了基本动作的做法、队列的训练要求以及触犯纪律将要受到哪些惩罚。这些女子从未经历过这种新鲜的事情，即使是看到满脸严肃的孙武下达命令时，也只当作玩笑，根本没把号令当成一回事。

孙武暂停了训练，义正词严地说："如果你们对规定和军令不了解，那么这是我的过错，我现在再讲一遍。"可在孙武重新讲了一遍之后，那些女子笑得更厉害了，吴王的那两个爱妃甚至还学起了孙武的模样。孙武说："号令不明是将帅的责任，但号令已明，尔若不服从，则是队长的过失了。依照军令，斩！"他派人把铡刀搬过来，下令要立即将那两个爱妃处死。

吴王见孙武真要杀掉两个爱妃，急忙说："我已经知道你善于用兵打仗了，请你放过她们吧！"孙武坚决地说："既然我是将帅，就应有权杀掉不听命令的士兵。"说罢，就下令将那两个妃子杀了，又重新选择了两名宫女当队长。

当孙武再次发号施令时，宫女们都老老实实地按照规定操练了。吴王很佩服孙武的才能，任命他为吴国大将。

从这个故事可以看出，如果团队空有一个好的制度，却无法严格执行，那么再好的制度也终究只是一纸空文。在海信集团有这样的一句话："不理解也要执行，在执行中理解。"严格执行纪律，不仅实现了制度存在的意义，也为团队的稳步发展提供了保障。管理者可以从孙武训练宫女的故事中总结出严格执行规范的几个要点。

（一）事先明确标准和制度

孙武在正式训练那些宫中女子之前，先申明了训练的标准动作、基本要求，以及一旦触犯规则将要受到哪些处罚。也就是说，管理者在严格执行规则之前，首先应建立一个明确的标准和制度，以"方"治"圆"。

（二）执行过程中不断强调

在孙武第一次向宫女们申明训练要领后，她们并没有将训练当回事，孙武也没有立刻采取处罚的措施，而是先将错误揽到自己身上，认为这种情况的发生，是由于自己没有讲明白制度而造成的，随后他又耐心地重复了一次。这种"三令五申"的做法是在执行规则制度中的一个必经过程，让员工在不断强调中加深对制度的记忆。

（三）适当地处罚违反的人

即便所有的宫女都没有按照规定操练，孙武也只是对两位担当队长的吴王爱妃进行了处罚。虽然没有惩罚其他人，但也达到了警示所有参加训练的宫女的目的。

团队管理中也常常会出现一些问题，如果管理者处罚的力度不当，或是不分轻重地一概而论，只会增加团队内部的负面情绪。因此，在出现问题时应及时找到主要的负责人，并按照制度给予相应的处罚，不仅不会动摇人心，还能起到威慑的作用，确保规则能被严格执行。

（四）一视同仁地要求队员

两位"挑事先锋"的队长虽是吴王的爱妃，但孙武还是按照他的原则，坚决处死了她们，吴王的确会深感心痛，但同时也会钦佩孙武对原则的坚持。

人们在工作中是否因与某个队员在私下的关系甚好，而在处罚他的时候手下留情呢？是否曾因某个队员能力强业绩突出，就对他们违反制度的行为睁一只眼闭一只眼呢？是否刚要惩罚某个队员，团队中其他人就为他说情，因此感到心软了呢？

联想公司规定，在开20人以上的会议时，如果有人迟到就要被罚站一分钟。第一个被罚的人竟然是柳传志原来的上司，在罚站的时候，他和柳传志都很紧张，但是既然立了规矩就要执行。团队规范是针对团队中所有成员的，没有人拥有违反规范的特权。只有一视同仁，才能建立起规范的权威性。

（五）执行相应的奖惩制度

孙武在正式训练前，就制定了相应的奖惩措施，如果触犯了纪律会受到惩罚。当吴王的两个爱妃触犯了纪律时，孙武严格地执行了惩罚制度。

在团队规范的实施过程中，一大难点就在于无法严格执行奖惩制度。如果管理者碍于私下的关系或者个人情面而影响了奖惩的公正执行，就会让规范化制度存在的意义和作用大打折扣。管理者应该在处罚员工的同时，也让员工认识到处分的本身并不仅仅是为了惩罚，而是作为一种负激励让员工在今后的工作中有所警惕和进步。此外，在员工为团队做出了贡献时应及时给予其相应的奖励，这不仅是对其努力的肯定，也是对其今后的激励。但要在同时提醒员工，业绩只能说明过去，而不能将它视为一种资本。只有坚持原则，严格地按照制度办事，不怕"得罪人"，才能在团队中严格执行规则。

实训 3-3　制定合理的团队规范内容设计

实训形式：案例分析

实训步骤

第一步：实训前准备。要求提前阅读有关团队规范内容的相关文献，了解本次制定团队规范的理论知识。

第二步：对以下案例进行分析。

行动准则我来签

美国维斯考西提石油公司的客户服务团队，其成员不仅制定了行动准则，还集体签名张贴出来。其内容如下：

第一，同事之间出现分歧，应当面讲清，妥善解决。

第二，不要指责别人。

第三，不要背后害人，不要背后说人坏话。

第四，找你解决的问题，不要推卸给别人。

第五，对待工作，始终报以微笑的态度，始终保持愉快的心情，投入到工作之中。

第三步：请同学们根据案例，利用制定团队规范的内容设计自己小组的团队规范内容，并完成实训表 3-3。

实训表 3-3　团队规范内容设计

小组号_____　姓名_____　学号_____　成绩_____

请同学们根据案例，结合团队实际情况，介绍团队规范的具体内容。	
规范一：_____	团队规范的具体内容：
规范二：_____	团队规范的具体内容：
规范三：_____	团队规范的具体内容：

续表

规范四：_____	团队规范的具体内容：
规范五：_____	团队规范的具体内容：

1. 本次任务技能点评价（如表 3-3-1 所示）。

表 3-3-1　团队规范技能点评价

序号	技能点评价	佐证	达标	未达标
1	团队规范定义	能够熟练掌握团队规范定义		
2	能够熟练掌握团队规范的内容			
3	掌握如何制定团队规范			

2. 本次任务的素质点评价（如表 3-3-2 所示）。

表 3-3-2　团队规范素质点评价

序号	素质点评价	佐证	达标	未达标
1	自主探究	能够根据要求撰写团队的组建过程		
2	团队合作	能够根据任务要求组合团队，小组共同完成任务		
3	认同感	能够认同团队成员的看法，友好相处		
4	遵纪守法	在规范制定过程中要遵纪守法		
5	公正平等	在团队规范制定过程中公平公正对待所有的团队成员		
6	服务精神	在学习团队规范制作过程中愿意帮助其他同学解决问题		

任务四　制定适宜的团队规模

案例导入

在非洲的草原上如果见到羚羊在奔跑，那一定是狮子来了；如果见到狮子在躲避，那就是象群发怒了；如果见到成百上千的狮子和大象集体逃命的壮观景象，那是什么来了？

那一定是蚂蚁军团来了（见图 3-4）……

那一定是蚂蚁
军团来了……

图 3-4　蚂蚁军团

案例分析

启示一：蚂蚁是何等渺小微弱的动物，任何人都可以随意处置它，但它的团队，就连兽中之王，也要退避三舍。

启示二：个体弱小，没有关系，与伙伴精诚协作，就能变成巨人。

启示三：蚂蚁的精神值得我们永远铭记学习。蚂蚁是最勤劳、勇敢、无私、有团队精神的动物。势如卷席，勇不可当，团结奋进，无坚不摧——这就是由一个个弱小生命构成的团队力量！

启示四：蚂蚁只是小小的低级动物，其团队尚且如此威猛无敌，作为万物之灵的人呢？可用一句话来形容："一人拼命，百夫难挡，万人必死，横行天下！"

一、团队规模概念

团队规模是指一个团队中成员的数量以及团队所能承担的任务和项目的大小。这个数量的大小与团队的规模和任务紧密相关。一个小型团队可能只需要数人，而复杂的大型项目可能需要数百人的团队。

团队规模对团队工作的效率和生产力有重要的影响。团队规模太小，可能会缺乏必要的专业技能和资源。团队规模太大，则可能会降低协作和沟通的效率，并使决策和执行变得困难。因此，团队规模的选择需要考虑项目的时限和预算、团队成员的能力和背景、公司和团队的目标以及其他因素。总之，团队规模是一个重要的因素，直接影响到团队的表现和效率。选择适当的规模对于实现团队目标和项目成功至关重要。随着社会的发展和工作方式的改变，团队规模的概念变得越来越重要。无论是在企业组织还是在社会团体中，团队规模的大小和合理性都对团队的效率和成果产生着重要影响。

二、制定适宜的团队规模

为了确定合适的团队规模，需要综合考虑以下几个因素：

（一）任务的性质

不同性质的任务需要不同规模的团队。对于较为简单的任务，小团队可能更加适宜；而对于复杂的项目，可能需要更大规模的团队。

（二）参与人员的能力

需要评估参与团队的人员的能力和技能水平。合适的团队规模应该能充分利用参与团队的人员的专业知识和技能。

（三）组织资源的限制

需要考虑团队所能获得的资源，包括经费、技术设备以及管理支持等。团队规模不能超过组织能够提供的资源范围。

（四）时间和进度要求

任务或项目的时间和进度要求也会对团队规模产生影响。如果要求快速完成，可能需要较小规模的团队。

（五）团队人员数量

一个团队应该有多少成员？什么样的团队规模是最佳的？究竟多大的团队才能发挥最优绩效？在组建团队时，这些问题经常被忽视，然而它们却会大大影响团队的表现。下面一起来看看贝尔宾对此的解读：

（1）贝尔宾博士对由 10 或 11 名成员（参加学习研究的管理者）组成的团队进行了实验，发现在制定计划和商议策略以进行决策的圆桌讨论中，这种规模的小组会达到极限：要在讨论中给每个人足够的"发言时间"，而又不过度延长决策过程或降低效率，变得很困难。

（2）于是贝尔宾博士开始尝试将团队变小，变成 8 人的中等团队。然而他发现，即使是 8 人的团队，往往也由 2 个、3 个或 4 个成员主导，另有一两个人在外围工作，其余的人则不愿意参与或不满意。即使找到了适合 8 种角色的 8 个人，也很难保证他们之间有足够的默契能够按照理论上的理想方式来互动。

（3）当研究人员将团队人数减少到 6 人时，团队变得更加稳定。一个 6 人团队足可以涵盖广泛的技术技能和团队角色，而且每个人都有"双重"角色。因此，在正确组合下，它是很平衡的。由于我们大多数人都有一个以上的团队角色优势，因此这样的组队方式可以发挥出良好的效果，对真正的团队来说也是更现实和可实现的。

（4）如果数字越小越好，那么 4 人团队与 6 人团队相比，情况如何？贝尔宾博士在研究中使用了另一个互动——"团队大富翁"。这是一个大富翁的变种互动游戏，财产只能通过拍卖、投标或谈判的结果来转手。研究人员通过将每个团队限制在 4 个成员而不是 6 个成员来增加他们的压力。结果是 4 人团队在亲密程度、参与度和投入度方面是 6 人小组所无法比拟的。

（5）不要使团队规模变得太小。在 4 人或以上的团队中，团队有自己的"生命"。成员可以改变而不威胁到团队的完整性或结构。然而，在一个 3 人团队中，情况就不是这样了。个性对决策有更大的影响。团队更加脆弱，因为即使是小的变化也可能影响其凝聚力。

根据贝尔宾对团队规模的解读，以下是推导参考：

例如，当团队有 N 个成员（数字 N 为上文提及的 3~11）。

$N=3$，单打独斗型，成员个性特征不确定因素被放大，风险较大且脆弱。

$N=4$，人情味浓厚紧密的团队，有高度参与感和兴奋度。

$N=5$，总体运作良好，若团队成员足够优秀可以有很好的表现。

$N=6$，更容易取得平衡稳定，在棘手问题讨论上有更多想法注入。

$N=7$，个体贡献资源出现了富足重叠，会有林格曼社会性惰化效应产生。

$N=8~9$，几个人主导，其他人"吃瓜"，需要有精心挑选的决策人和成员才可能发挥出应有潜力，且互相比较难找到足够的默契。

$N=10~11$，适合存在于运作顺畅的指挥机制内，而不适合商业实践模式，其决策过程及效率会降低。

强调规模的重要性，与团队竞赛中的要求是一样的。每个竞赛团队都有适当的人数，限制人员的数量是为了使每个成员在团队中扮演一定的角色。Team Leader（团队领导者）要确保每个团队成员处于一个最有机会发挥其个人优势、能最大化个体贡献的岗位上，并根据企业现状和团队目标，定期对成员团队角色（Team Role）进行评估、盘点，确保团队在任何时期都是健康、均衡、可持续发展的。

实训 3-4　制定适宜的团队规模设计

实训形式：案例分析

实训步骤

第一步：实训前准备。要求提前阅读有关团队规模内容的相关文献，了解本次设计团队规模的理论知识。

第二步：对以下案例进行分析。

最近越来越多的外贸公司、工厂开始转型，想走品牌路线，但是品牌路线道阻且长，在重产品轻营销的传统企业里，想要转型并不是一时三刻的事，一个专业的团队是好的开始。

第三步：请同学们根据案例，利用制定适宜的团队规模的内容设计一个专业的品牌营销团队规模，并完成实训表 3-4。

实训表 3-4　团队规模内容设计

小组号_____　姓名_____　学号_____　成绩_____

请同学们根据案例，结合企业规模大小设计团队的规模，要求介绍职位职责的具体内容。	
职位一：_____	职位一的职责具体内容：
职位二：_____	职位二的职责具体内容：

续表

职位三：_____	职位三的职责具体内容：
职位四：_____	职位四的职责具体内容：
职位五：_____	职位五的职责具体内容：

第四步：实训3-4任务评价。

1. 本次任务技能点评价（如表3-4-1所示）。

表3-4-1　团队规模技能点评价

序号	技能点评价	佐证	达标	未达标
1	团队规模定义	能够熟练掌握团队规模定义		
2	了解规模制定的影响因素			
3	清楚不同人数规模的团队的利弊			

2. 本次任务的素质点评价（如表3-4-2所示）。

表3-4-2　团队规模素质点评价

序号	素质点评价	佐证	达标	未达标
1	自主探究	能够根据项目要求掌握组建团队规模人数的要求		
2	团队合作	能够根据任务要求组合团队，小组共同完成任务		
3	认同感	能够认同团队成员的能力，友好相处		
4	发展观	在团队经营过程中定期对团队成员进行评估，保持团队健康可持续发展		
5	辩证思维	能结合团队成员的优缺点确定团队规模人数		
6	服务精神	在学习团队规模制定过程中愿意帮助其他同学解决问题		

项目拓展资源　　　　　　　　　项目同步测试

综合实训一

企业团队问题诊断

综合实训 1-1　团队问题诊断报告（学生用表）

封面：

　　　　班级_____　小组号_____

　　　　　　　《团队建设与管理实务》课程实训
　　　　　　　　　　——××企业团队建设诊断分析报告

　　　　　　小组长　　　　　　　　学号

　　　　姓名_____　学号_____　分工_____
　　　　姓名_____　学号_____　分工_____
　　　　姓名_____　学号_____　分工_____
　　　　姓名_____　学号_____　分工_____
　　　　姓名_____　学号_____　分工_____
　　　　姓名_____　学号_____　分工_____
　　　　姓名_____　学号_____　分工_____
　　　　姓名_____　学号_____　分工_____
　　　　姓名_____　学号_____　分工_____

　　　　指导教师_____

　　　　成　　绩_____

目　录

一、引言

二、××企业（部门）现状

三、××企业（部门）团队建设现状及问题

（一）××企业（部门）团队所处阶段评估

（二）××企业（部门）团队类型界定

（三）××企业（部门）团队精神的主观评价

（四）××企业（部门）优秀团队品质的评估

四、总结

五、实训照片（4张或以上）

■ 格式要求

字体要求：宋体

字间距设置为"标准"。报告的各级标题依次为一、（字体为小二加粗）；（一）（字体为四号加粗）；1.（字体为小四加粗）；（1）（字体为小四）。行距为1.5倍。

综合实训1-2　团队建设问题诊断报告评分标准（教师用表1）

结构指标	单项指标	评判分值及评价要点
企业选择及准备（10%）	1. 企业或部门选择的合理性	
	2. 企业或部门选择的科学性	
	3. 查阅相关文献等相关准备工作	
企业调研（10%）	1. 去企业调研两次或以上	
	2. 有多种调研方法	
	3. 调研内容全面、科学	
报告撰写（60%）	1. 报告结构合理	
	2. 融入团队建设相关理论知识	
	3. 问题分析科学、深入	
	4. 问题表述清楚	
	5. 分析结论有借鉴意义	
	6. 文本语言规范、科学	
	7. 文本格式规范	
企业评价（10%）	1. 调研态度认真	
	2. 问题诊断科学	
团队合作性（10%）	1. 团队成员分工合理	
	2. 团队成员相互配合	
	3. 团队整体状态佳	
	4. 培训学员学习状态佳	
总分值及评价		

综合实训1-3　团队建设诊断报告演示视频评分标准（教师用表2）

结构指标	单项指标	评判分值及评价要点
拍摄演示视频态度（10%）	1. 视频物料准备到位	
	2. 视频演示认真	
	3. 熟悉方案内容，准备充分	

续表

结构指标	单项指标	评判分值及评价要点
视频内容（25%）	1. 内容紧扣团队诊断内容，丰富充实，组织合理	
	2. 概念准确，分析透彻	
	3. 重点突出，阐明疑点，举例恰当	
	4. 逻辑性强，思路清晰	
视频制作（15%）	1. 视频制作简单、大方	
	2. 视频制作清晰、符合主题	
	3. 数字应用充分、科学	
视频演示方式或方法（20%）	1. 语言流畅、清晰	
	2. 视频生动形象	
	3. 有互动，现场反应快	
	4. 演示时精神风貌佳	
	5. 能多样化演示手段配合使用	
团队合作性（20%）	1. 团队成员分工合理	
	2. 团队成员相互配合	
	3. 团队整体状态佳	
视频效果（10%）	1. 视频吸引力良好	
	2. 视频背景音乐、字幕状态佳	
总分值及评价		

综合实训1-4　团队建设诊断各小组汇总表（教师用表3）

	第一小组	第二小组	第三小组	第四小组	第五小组	第六小组
诊断报告（60%）						
诊断演示视频的团队形象、表现力和应变力（40%）						
总分						

项目四

团队组建

知识目标

掌握团队组建的定义、组建过程
掌握团队组建目标来源、团队目标的确立
掌握团队组建人员的原则及角色
掌握如何进行团队的规划发展
掌握团队资源整合的分类及内容

能力目标

能够运用所学内容进行团队组建
能够对团队的资源进行分析并整合

素质目标

培养学生的团队精神
培养学生的团队管理意识

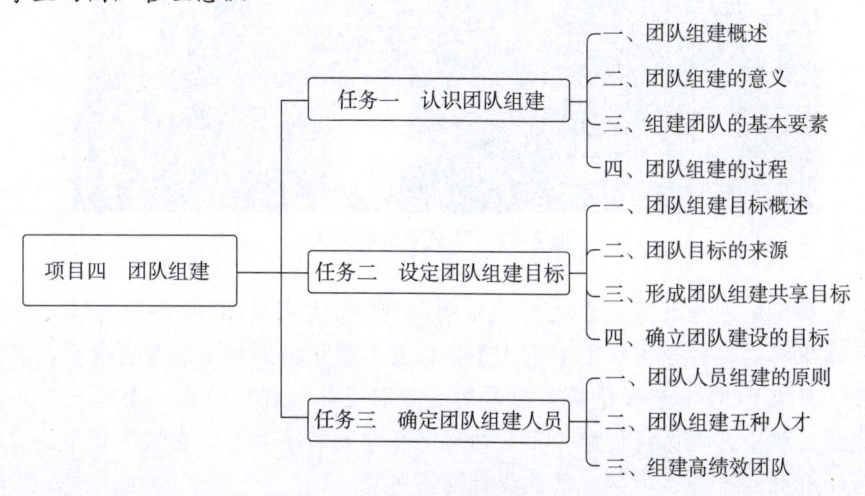

```
项目四 团队组建 ──┬── 任务一 认识团队组建 ──┬── 一、团队组建概述
                │                        ├── 二、团队组建的意义
                │                        ├── 三、组建团队的基本要素
                │                        └── 四、团队组建的过程
                │
                ├── 任务二 设定团队组建目标 ──┬── 一、团队组建目标概述
                │                          ├── 二、团队目标的来源
                │                          ├── 三、形成团队组建共享目标
                │                          └── 四、确立团队建设的目标
                │
                └── 任务三 确定团队组建人员 ──┬── 一、团队人员组建的原则
                                            ├── 二、团队组建五种人才
                                            └── 三、组建高绩效团队
```

团队建设与管理

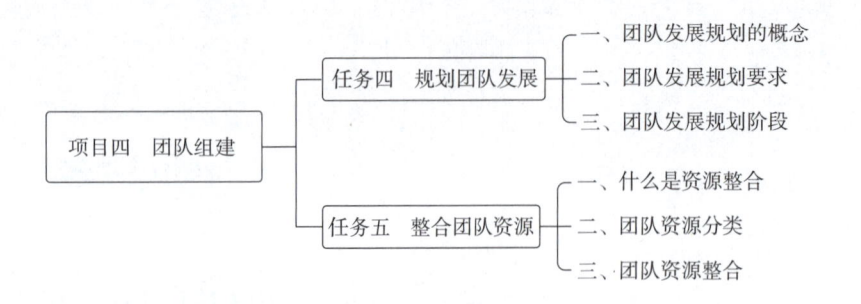

```
项目四 团队组建 ─┬─ 任务四 规划团队发展 ─┬─ 一、团队发展规划的概念
                │                        ├─ 二、团队发展规划要求
                │                        └─ 三、团队发展规划阶段
                └─ 任务五 整合团队资源 ─┬─ 一、什么是资源整合
                                         ├─ 二、团队资源分类
                                         └─ 三、团队资源整合
```

团队故事与分析

任务一　认识团队组建

案例导入

1998年的那个秋天，马化腾与他的同学张志东"合资"注册了深圳腾讯计算机系统有限公司。之后又吸纳了三位股东：曾李青、许晨晔、陈一丹。这五个创始人（见图4-1）的QQ号，据说是从10001到10005。为避免彼此争夺权力，马化腾在创立腾讯之初就和四个伙伴约定清楚：各展所长、各管一摊。马化腾是CEO（首席执行官），张志东是CTO（首席技术官），曾李青是COO（首席运营官），许晨晔是CIO（首席信息官），陈一丹是CAO（首席行政官）。

图4-1　腾讯五位创始人

之所以将腾讯的创业五兄弟称之为"难得"，是因为直到2005年的时候，这五人的创始团队还基本保持这样的合作阵形，不离不弃。直到腾讯做到如今的帝国局面，其中四个还在公司一线，只有COO曾李青挂着终身顾问的虚职退休。都说一山不容二虎，尤其是在企业迅速壮大的过程中，要保持创始人团队的稳定合作尤其不容易。在这个背后，工程师出身的马化腾从一开始对于合作框架的理性设计功不可没。

· 68 ·

（资料来源：腾讯难得的五人创业团队 https：//jiameng.baidu.com/content/detail/1139065970？from=search 2023）

案例分析

如果说，其他几位合作者都只是"搭档级人物"的话，只有曾李青是腾讯五位创始人中开放、富有激情和感召力的一个，与温和的马化腾、爱好技术的张志东相比，他是另一个类型，其大开大合的性格，也比马化腾更具备攻击性，更像拿主意的人。

在中国的民营企业中，能够像马化腾这样既包容又拉拢，选择性格不同、各有特长的人组成一个创业团队，并在成功开拓局面后，还能依旧保持着长期默契合作，是很少见的。而马化腾的成功之处，就在于从一开始就很好地设计了创业团队的责、权、利。能力越大，责任越大，权力越大，收益也就越大。

一、团队组建概述

团队组建是指聚集具有不同需要、背景和专业的个人，把他们变成一个整体、一个有效的工作单元的过程。

二、团队组建的意义

团队建设就是有计划、有组织地增强团队成员之间的沟通交流，增进彼此的了解与信赖，在分工合作中行动默契，对团队目标认同更统一明确，完成团队工作更为高效快捷，围绕这一目标所从事的所有工作都称为团队建设。无论对团队这个组织还是对团队成员而言，组建一个高效团队都意义重大。

（一）对组织而言

(1) 鼓舞士气，增强向心力，增加凝聚力，提高战斗力。
(2) 实现资源、方法、知识和时间的共享，达到效益最大化。
(3) 实现有效互赖性，达成最终目标。
(4) 使管理层有时间进行战略思考，尽快制定出科学合理的发展计划。

（二）对个人而言

(1) 让目标具体化、视觉化、数量化，既分工明确，又锻炼个人成长。
(2) 增强个人的参与感，提高自身的成就感，意识到自己的重要性，增强奋斗的动力。
(3) 使个人满足对精神、职业归属感的心理需求，缓解工作压力。
(4) 实现利益、能力、人际关系的多面丰收。

三、组建团队的基本要素

组建团队的基本要素包括团队的目标、人员、定位、权限、计划。

（一）目标

团队组建首先应该具有一个既定的目标。没有目标，团队就没有存在的价值。尽管每个团队的目标各不相同，但任何团队都有一个自己的目标，这个目标把相互依存、相互联系的人们维系在一起，使他们以一种更加有效的合作方式来达成个人和组织的目标。

（二）人员

人员是组建团队最核心的力量，三个或三个以上的人就可以组建团队。人员的选择是团队非常重要的一个部分。在一个团队中可能需要有人出谋划策，有人制定计划，有人具体实施，有人协调不同的人共同完成工作，还有人去监督团队工作的进展，评价团队最终的贡献，不同的人通过分工来共同实现团队的目标。

（三）定位

团队的定位包含以下两层意思：一是团队的定位：团队在企业中处于什么地位，由谁选择和决定团队的成员，团队最终应对谁负责，团队采取什么方式激励成员等；二是个体的定位：作为成员在团队中扮演何种角色，是负责制定计划还是具体实施或进行评估。

（四）权限

团队当中领导者权力的大小与团队的发展阶段相关。一般来说，团队越成熟，领导者所拥有的权力越小。在团队发展的初始阶段，领导权相对比较集中。团队权限包括整体团队在组织中拥有哪些决定权和组织的基本特征。

（五）计划

计划具有以下两层含义：一是目标的最终实现有赖于一系列切实可行的行动方案，可以把计划理解为实现目标的具体工作程序；二是按计划实施可以保证团队工作的进度。只有按步骤完成每一项计划，团队才会一步步接近目标，从而实现目标。

四、团队组建的过程

从团队创建和发展的历程来看，团队会经历组建、磨合、规范化、高效和变革五个发展阶段。

（一）组建阶段

特征：团队成员由不同动机、需求与特性的人组成，此阶段缺乏共同的目标，彼此之间的关系也尚未建立起来，人与人的了解与信赖不足，尚在磨合之中，整个团队还没建立规范或者对于规矩尚未形成共同看法，这时矛盾很多，内耗很多，意见一致的时候很少，花很多力气，也产生不了效果。

目标：立即掌握团队，快速让成员进入状态，降低不稳定的风险，确保事情的顺利进行。

方法：此阶段的领导风格要采取控制型，不能放任，目标由领导者设立（但要合理），清晰直接地告知团队成员领导的想法与目的，不能让成员自己想象或猜测，否则容易走样。关系方面要强调互相支持、互相帮忙，此时期人与人之间的关系尚未稳定，因此不能太过坦诚，要快速建立必要的规范，不需要完美，但需要尽快让团队进入轨道，规定不能太多、太烦琐，否则不易理解，又会导致团队成员束手束脚。

（二）磨合阶段

当团队初步组建完成后，团队成员之间开始互相熟悉，并慢慢表现出各自的观念差

特征：经过一段时间的努力，团队成员逐渐了解领导者的想法与组织的目标，互相之间也经由熟悉而产生默契，对于组织规矩也渐渐了解，违规事项逐渐减少。日常事务都能正常运作，领导者不必特别费心，也能维持一定的生产力。但是组织对领导者的依赖很重，主要的决策与问题，需要领导者的指示才能进行，领导者一般非常辛苦，如果其他事务繁忙，极有可能耽误决策的进度。

目标：挑选核心成员，培养核心成员的能力，建立更广泛的授权与更清晰的权责划分。

方法：此时期的领导重点是在可掌握的情况下，对于较为短期的目标与日常事务，可以授权部属直接执行，只要定期检查，维持必要的监督即可。在成员能接受的范围内，提出善意的建议，如果有新人进入，必须尽快使其融入团队之中，部分成员可以参与决策。但在逐渐授权的过程中，要同时维持控制，不能一下子放太多，否则，回收权力时会导致士气受挫，配合培训是此时期很重要的一件事情。

（三）规范化阶段

特质：这一阶段是团队文化建设最有利的时期，可进一步培养成员互助合作、敬业奉献的精神。

目标：增强对团队的归属感，提升团队的凝聚力，促进团队共同价值观的形成，并鼓励团队成员为共同承诺的团队目标而努力。

方法：领导者必须参与创造环境，以身作则。

（四）高效阶段

团队成员具有一定的决策权，自由分享团队的信息。

特征：借由领导者的努力，建立开放的氛围，允许成员提出不同的意见与看法，甚至鼓励建设性的冲突，此时期团队成员成为一体，愿意为团队奉献，智慧与创意源源不断。

目标：建立愿景，形成自主化团队，调和差异，运用创造力。

方法：容许差异与不同的声音，初期会有混乱，许多领导者害怕混乱，又重新加以控制，会导致不良的后果，此时期是否转型成功，是组织长远发展的关键。

（五）变革阶段

随着工作任务的完成，加上受环境因素的影响，团队都会进入变革阶段。

特征：借由过去的努力，组织形成强而有力的团队，所有人都有强烈的一体感，组织迸发出前所未有的潜能，创造出非凡的成果，并且能以合理的成本，高度满足客户的需求。

目标：保持成长的动力，避免老化。

方法：运用系统思维，综观全局，并保持危机意识，持续学习，持续成长。

实训 4-1　认识团队组建设计

实训形式：案例分析

实训步骤

第一步：实训前准备。要求提前阅读有关团队组建内容的相关文献，了解本次团队组建的理论知识。

第二步：对以下案例进行分析。

中国合伙人：俞敏洪创业团队

最近很火的东方甄选是新东方旗下唯一农产品品牌，在中国提起教育培训，就不得不提新东方，就不得不说俞敏洪。有人说他是中国最成功的老师，有人说他是一个纯粹的商人，俞敏洪把这两个角色结合在一起，走出了一条不一样的路。1991年9月，俞敏洪从北京大学辞职，开始了自己的创业生涯。1993年，他创办了新东方英语培训学校。在新东方创办之前，北京已经有三四所同类学校，新东方能做到的，其他学校也能做到，如何先人一步，取得自己的竞争优势呢？俞敏洪认识到英语培训行业必须要具备一流的师资，所以他需要找合作伙伴。这个合作伙伴不仅要有过硬的专业知识和能力，更要和俞敏洪本人有共同的办学理念。

这时他遇到了杜子华。1994年，在北京做培训的杜子华接到了俞敏洪的电话，几天后，两个同样钟爱教育并有着共同梦想的"教育家"会面了，谈话中，俞敏洪讲述了新东方的创业和发展、未来的构想、自己的理想、对人才的渴望……这次会面后，杜子华决定在新东方实现自己的追求和梦想。1995年，俞敏洪来到加拿大温哥华，找到曾在北京大学共事的朋友徐小平，这时的徐小平已经来到温哥华10年之久，生活稳定而富足。俞敏洪不经意地讲述自己创办新东方的经历，文雅而富有激情的徐小平突然激动起来："敏洪，你真是创造了一个奇迹啊！就冲你那1 000人的大课堂，我也要回国做点事！"随后，俞敏洪又来到美国，找到当时已经进入贝尔实验室工作的同学王强。王强陪着俞敏洪参观普林斯顿大学时，让他震惊的是只要碰上一个黑头发的中国留学生，都会对俞敏洪叫一声"俞老师"，这里可是世界著名的大学啊！王强后来谈到这件事时说自己当时很震惊，受到了很大的刺激。俞敏洪对他说，你不妨回来吧，回国做点自己想做的事情。就这样，徐小平和王强都站在了新东方的讲台上。1997年，俞敏洪的另一个同学包凡一也从加拿大赶回来加入了新东方。这群在不同土地上为了实现价值洗过盘子、贴过广告、做过推销、当过保姆的年轻人，终于找到一个突破口，年轻人身上积蓄的能量在新东方得到了充分释放。就这样，从1994年到2000年，杜子华、徐小平、王强、胡敏、包凡一、何庆权、钱永强、江博、周成刚等人陆续被俞敏洪网罗到了新东方的门下。徐小平、王强、包凡一、钱永强等人，分别在出国咨询、基础英语、出版、网络等领域各尽所能，为新东方搭起了一条顺畅的产品链。徐小平开设的"美国签证哲学"课程，把出国留学过程中大家关心的重要程序问题，上升到一种人生哲学的高度，让学员在会心大笑中思路大开；王强开创的"美语思维"训练法，突破了一对一的口语训练模式；杜子华的"电影视听培训法"，已经成为国内外语教学培训极有影响力的教学方法。新东方的很多老师都根据自己教学中的经验和心得著书立说，并形成了自身独有的特色，让新东方成为一个有思想、有创造力的地方。

第三步：请同学们根据案例，利用团队组建的内容设计新东方团队的组建过程，并完成实训表4-1。

实训表 4-1　认识团队组建设计

小组号_____　姓名_____　学号_____　成绩_____

请同学们根据案例，结合团队组建的过程，要求介绍团队组建每个过程的具体内容。	
阶段一：_____	该阶段团队组建具体内容：
阶段二：_____	该阶段团队组建具体内容：
阶段三：_____	该阶段团队组建具体内容：
阶段四：_____	该阶段团队组建具体内容：
阶段五：_____	该阶段团队组建具体内容：

第四步：实训 4-1 任务评价。

1. 本次任务技能点评价（如表 4-1-1 所示）。

表 4-1-1　团队组建技能点评价

序号	技能点评价	佐证	达标	未达标
1	团队组建概述	能够熟练掌握团队组建概述		
2	能够熟练掌握团队组建过程			
3	了解团队组建意义			

2. 本次任务的素质点评价（如表 4-1-2 所示）。

表 4-1-2　团队组建素质点评价

序号	素质点评价	佐证	达标	未达标
1	自主探究	能够根据要求撰写团队的组建过程		
2	团队合作	能够根据任务要求组建团队，小组共同完成任务		
3	协作精神	能够与团队成员协商完成实训任务		
4	吃苦耐劳	在团队组建过程中克服各种困难		

续表

序号	素质点评价	佐证	达标	未达标
5	大局意识	在团队组建或团队协作过程中以团队任务为第一要务		
6	服务精神	在学习团队组建过程中愿意帮助其他同学解决问题		

任务二　设定团队组建目标

案例导入

给员工一个激动人心的目标

一个农夫有一匹马和一头驴。一次外出，他让驴驮的货物多一些，让马驮的货物少一些。在途中，驴累得筋疲力尽，就对马说："老马，你能帮我分担点货物吗？我累得受不了啦！"马说："凭什么帮你驮，我不帮。"没过多久，驴因为超负荷累倒了，主人见状，只好把驴身上的货物全部放在马背上。这一下，轮到马吃尽苦头了，当马累倒时才后悔之前没帮驴分担货物。

案例分析

这个案例充分说明一点：团队成员不能自私自利，各自为政，而应该为了实现共同的目标，为了共同的利益，紧密团结在一起，互帮互助、互相支援。只有这样，团队才是一个有效整体，才能攻克难关，赢得更大的胜利。

一、组建团队目标概述

团队目标是一个有意识地选择并能表达出来的方向，它运用团队成员的才华和能力，促进组织的发展，使团队成员有成就感。

二、团队目标的来源

首先，目标来自团队的愿景，人因梦想而伟大，团队亦然。愿景是勾勒团队未来的一幅蓝图，是明日的美梦与机会。它告诉团队"将来会怎么样"。具有挑战性的愿景可能永远也无法实现，但它会激励团队成员勇往直前的斗志。再重要的任务也只能维系团队数日、数月的合作，而愿景则持续不断。好的愿景能振奋人心，启发智慧。但如果没有目标配合完成，愿景只能是一堆空话。目标是根据愿景制定的行动纲领，也是达成愿景的手段。

三、形成团队组建共享目标

团队目标是一个有意识地选择并能表达出来的方向，它运用团队成员的才华和能力，促进组织的发展，使团队成员有一种成就感。因此，团队目标表明了团队存在的理由，能够为团队运行过程中的决策提供参照物，同时能成为判断团队进步的可行标准，为团队成员提供一个合作和共担责任的焦点。

要将团队目标灌输于团队成员并取得共识——责任共担的团队目标。要形成团队共享目标，应从以下几个方面着手：

（一）对团队进行摸底

对团队进行摸底就是向团队成员咨询对团队整体目标的意见，这非常重要，一方面可以让成员参与进来，使他们觉得这是自己的目标，而不是别人的目标；另一方面可以获取成员对目标的认识，即团队目标能为组织做出什么别人不能做出的贡献，团队成员在未来应重点关注什么事情，团队成员能够从团队中得到什么，以及团队成员个人的特长是否能在团队目标达成过程中得到有利发挥等。通过意见征询广泛地获取成员对团队目标的相关信息。

（二）对获取的信息进行深入加工

在对团队进行摸底并收集到相关信息以后，不要马上确定团队目标，应就成员提出的各种观点进行思考，留下一个空间——给团队和自己一个机会，回头考虑这些提出的观点，以缓解匆忙决定带来的不利影响。正如那句管理名言所说：做正确的事永远胜于正确地做事！

（三）与团队成员讨论目标表述

团队目标与其他目标一样也需要满足 SMART 原则：具体的（Specific）、可以衡量的（Measurable）、可以达到的（Attainable）、具有相关的（Relevant）、具有明确的截止期限（Time-based）。与团队成员讨论目标表述是将其作为一个起点，以成员的参与而形成最终的定稿，以使获得团队成员对目标的承诺。虽然很难，但这一步却是不能省略的，因此，团队领导应运用一定的方法和技巧，如头脑风暴法，确保成员的所有观点都能讲出来，找出不同意见的共同之处，辨识出隐藏在争议背后的合理建议，从而达成团队目标共享的双赢局面。

（四）确定团队目标

通过对团队的摸底和讨论，修改团队目标表述内容以反映团队的目标责任感；虽然，很难让所有成员都同意目标表述的内容，但求同存异地形成一个成员认可的、可接受的目标是非常重要的，只有这样才能获得成员对团队目标的真实承诺。

四、确立团队建设的目标

团队建设的目标是提高团队协作能力、增强团队凝聚力、优化团队沟通效果、提升团队成员的个人能力、提高团队适应变化的能力以及促进创新思维。通过实现上述目标，可以促进团队成员之间的相互了解、信任和合作，提高团队的工作效率和绩效。

（一）提高团队协作能力

团队建设的主要目标之一是提高团队成员的协作能力。这包括促进成员之间的沟通和交流，培养良好的合作关系，以及鼓励团队成员共同努力，共同完成任务。通过建立有效的协作机制和团队文化，团队成员可以更好地合作，充分发挥各自的优势，实现协同工作的效果。

（二）增强团队凝聚力

团队凝聚力是团队成员之间的黏合力、向心力和归属感。增强团队凝聚力是团队建设的首要目标。强大的团队凝聚力可以帮助团队成员更好地协作，共同为实现团队目标而努力。为了提高团队凝聚力，企业和组织可以通过举办团建活动、培训和座谈会等形式，增进团队成员之间的了解与信任。

（三）优化团队沟通效果

沟通是团队协作的基础。有效的沟通可以确保信息的准确传递，降低误解和冲突的可能性，提高团队的工作效率。团队建设旨在优化团队成员之间的沟通效果，包括表达能力、倾听能力和解读能力。为了达到这一目标，组织可以通过沟通培训、角色扮演等方式，帮助团队成员提升沟通技巧。

（四）提升团队成员的个人能力

团队成员的个人能力是团队整体实力的基础。提升团队成员的个人能力有助于提高团队的整体竞争力。为了实现这一目标，企业和组织可以通过培训、技能竞赛等形式，帮助团队成员提高专业技能、拓宽知识领域。此外，还可以关注团队成员的心理健康，提供心理辅导，培养良好的心态。

（五）提高团队适应变化能力

在当今快速发展的社会环境中，团队面临着不断变化的挑战。提高团队适应变化的能力，有助于团队在面临变革时能够迅速调整，顺利应对挑战。为了提高团队适应变化的能力，组织可以通过举办培训课程、模拟实战演练等方式，帮助团队成员提高分析问题、解决问题的能力。同时，培养团队成员的创新意识和变革意识，使其能够积极应对变化。

（六）促进创新思维

创新是推动团队和组织发展的动力。团队建设的目标之一是促进团队成员的创新思维，鼓励团队成员在工作中敢于尝试，勇于创新。为了实现这一目标，组织可以通过举办创新竞赛、确立激励机制等方式，激发团队成员的创新热情。此外，还可以提供一个宽松、开放的创新环境，鼓励团队成员进行跨界合作，分享创新经验和观点。

综合上述内容，通过实施有效的团队建设活动和策略，组织可以帮助团队成员更好地协作，提高团队的整体竞争力，为团队和组织创造更大的价值。企业和组织应根据自身发展需求和团队特点，有针对性地设计团队建设方案，以实现团队建设的目标。

实训 4-2　团队目标设定设计

实训形式：案例分析

实训步骤

第一步：实训前准备。要求提前阅读有关组建团队目标内容的相关文献，了解团队目标的理论知识。

第二步：对以下案例进行分析。

案例一：从 5 月 15 日开始，用一个月的时间在小红书获得 100 粉丝，每周更新 2 篇职场类笔记。

案例二：赵刚说要 5 年内实现财富自由，实现 100 万元存款，并实现年收益 4% 以上。

目前赵刚的月薪是 3 万元,先保证每个月存 2 万元,生活上的其他开支和妻子一起承担。

案例三:李丽在早上 6:00—6:30 读《自卑与超越》P2~P9,读完后画一个简单的提纲,通过读书丰盈自身克服困难的力量和超越自卑的坚强。

第三步:请同学们根据所学知识,根据 SMART 法则,完成实训表 4-2。

实训表 4-2 团队目标设定设计

小组号_____ 姓名_____ 学号_____ 成绩_____

请同学们分析以上案例,要求介绍案例中体现 SMART 原则的具体内容。

SMART 原则	案例一	案例二	案例三
S-具体化			
M-可衡量			
A-可达到			
R-相关性			
T-时限性			

第四步:实训 4-2 任务评价。

1. 本次任务技能点评价(如表 4-2-1 所示)。

表 4-2-1 团队目标设定技能点评价

序号	技能点评价	佐证	达标	未达标
1	描述清晰、明确 S	能够对 S 的掌握与理解		
2	目标可用数据量化或质化 M			
3	依据自身条件可达到 A			
4	与自身发展相关 R			
5	有明确时间限制 T			

2. 本次任务的素质点评价(如表 4-2-2 所示)。

表 4-2-2 团队目标设定素质点评价

序号	素质点评价	佐证	达标	未达标
1	自主探究	能够根据要求分析从而确定团队目标		
2	团队合作	能够根据任务要求组合团队,小组共同完成任务		
3	树立理想	在学习过程中确立目标		
4	吃苦耐劳	在团队目标确立过程中克服各种困难		

续表

序号	素质点评价	佐证	达标	未达标
5	奋斗精神	在团队目标设定的学习过程中要求自己为实现目标而努力奋斗		
6	服务精神	在学习团队目标确立过程中愿意帮助其他同学解决问题		

任务三　确定团队组建人员

案例导入

由西天取经团队引发的思考——如何组建团队人员

一、故事情景

唐太宗为了节约成本，在西天取经团队中，必须裁掉一个人。

二、故事背景

为了完成西天取经任务，组成取经团队，成员有唐僧、孙悟空、猪八戒、沙和尚、白龙马。其中，唐僧是项目经理；孙悟空是技术核心；猪八戒和沙和尚是普通团员；白龙马是老板座驾。这个团队的高层领导是观音。

三、故事成员

（一）唐僧

唐僧作为项目经理有很坚韧的品性和极高的原则性，不达目的不罢休，又很得上司支持和赏识。直接得到唐太宗的任命，既给袈裟，又给金碗；又得到以观音为首的各路神仙的广泛支持和帮助。

（二）沙和尚

沙和尚言语不多，任劳任怨，承担了项目中挑担这项粗笨无聊的工作。

（三）猪八戒

猪八戒这个成员，看起来好吃懒做，贪财好色，又不肯干活，最多牵下马，好像留在团队里没有什么用处。其实，他的存在还是有很大用处的。因为他性格开朗，能够接受任何批评而毫无负担压力，在项目组中，承担了润滑油的作用。

（四）孙悟空

孙悟空是这个取经团队里的核心，但是他的性格有点极端，回想他那大闹天宫的历史，恐怕作为普通人来说，没有人会让这种人待在团队里。

（五）白龙马

白龙马是唐僧办公用的座驾，身份地位的象征。

请分析：该裁掉谁呢？并说明你的理由。

案例分析

唐僧，直接得到唐太宗（总裁）的任命书，既给袈裟，又给金碗，他就相当于我们现实公司中的副总一样。没有他，就不可能完成总裁的任务——取经。他是项目团队中最为关键的人物，总舵手。

孙悟空，法力高强，技术精通，业务能手（打怪），可谓是技术攻关队长，碰到困难（妖怪），一路排除，保驾护航，确保师父生命安全，取经道路顺畅。况且神魔两界都有关系户，各路神魔也要让他三分，相当于外交、销售这个角色，在现代企业中，获取资源的渠道广泛、有大量的关系户等非常重要。有句话说得好：朋友多了路好走。虽然他有大闹天宫的前科，但是在五指山下反省和历练，为人处世及脾气有所改善。创业之路，虽然多次被师父错怪，且时常发脾气，可是最后还是回到师父身边，共渡难关。俗话说"人非圣贤，孰能无过"。若想成就大业，唐僧必须要用长远眼光看问题，取舍就在一念之间。有能力的人肯定是有个性的人，看领导怎样去用好他，扬长避短，把特长发挥到极致。

猪八戒，他原本是天蓬元帅，因贪色毁掉前途。他能当上元帅，肯定有他的过人之处，魅力和沟通能力都强，而且他性格开朗，充满活力，特讨女人喜欢，受尽孙悟空的欺负，经常背黑锅，能够接受任何批评，且毫无负担压力，心态特别好，一直能保持开心并做好本职工作。这种角色在项目组中，承担了润滑油的作用。一个团队如果没有"开心果"，只是一股沉闷的氛围，没有活力和欢乐，想必后果会很严重，团队成员会被逼疯。让大家欢快地工作，才能有好的绩效。

沙和尚，他相当于单位中的辅助工、搬运工，任劳任怨，埋头苦干，没有技术含量，可替代性高，但他十分认同团队的价值观，属于牛类员工。

白龙马，他是唐僧的座驾，身份地位的象征，如今企业哪位高层出差、办事、接客都需要豪车。同时，白龙马对唐僧来说，也大大提高了他的工作效率。

一、团队人员组建的原则

（一）经济效益原则

团队人员的组建要以团队需要为依据，以保证经济效益的提高为前提。既不是盲目地扩大团队人员队伍，也不是单纯组队为了解决当前业务，而是为了保证团队整体效益的提高。

（二）互补原则

团队与一般群体的重要差别在于团队能更好地实现技能互补，提高团队合力效果。为此，团队应当遵循技能差异化互补原则来甄选、培训其成员，从而构建更为健全、综合能力更强的高效团队。

（三）任人唯贤原则

在人员选聘方面，应大公无私、实事求是地发现人才和爱护人才，本着求贤若渴的精神，重视和选用确有真才实学的人。这是团队不断发展壮大、走向成功的关键。

（四）因事择人原则

因事择人是指员工的选聘应以职位的空缺和实际工作的要求为出发点，以职位对人员的实际要求为标准，选拔、录用各类人员。

（五）量才适用原则

量才适用是指根据每个人的能力大小而安排合适的岗位，人员之间的差异是客观存在的，一个人只有处在最能发挥其才能的岗位上，才能干得最好。

（六）程序化和规范化原则

团队人员的选拔必须遵循一定的标准和程序。科学合理地确定团队人员的选拔标准和聘任程序，是团队能够聘任优秀成员的重要保证。只有严格按照规定的程序和标准办事，才能选聘出真正愿为团队的发展做出贡献的人才。

二、团队组建五种人才

一个团队中，五种人才不可或缺：镇山的虎，远见的鹰，善战的狼，敏捷的豹，忠诚的狗。

（一）镇山的虎

镇山的虎杀伐果断，决策有力。首先，一个团队中不可或缺的是镇山之虎。我们都知道，虎象征着勇猛、力量和独立。雄虎额头的"王"字，象征其老大的身份。在中国古代的部落中，虎作为图腾，是权力和力量的代表，象征着无畏的勇气和决策的决心。一位优秀的"镇山虎"，必须具备以下三个特质：

1. 虎性与虎威

虎性代表强烈的野心和成功的渴望，他们敢于冒险，勇于承担责任，具有强大的魄力和积极的个性。然而，他们有时可能脾气较大，略显固执。他们散发出强烈的人格魅力，控制欲强，总是寻求掌控全局，发号施令。他们不满足于维持现状，勇于变革，一旦确定目标，就会全力以赴。为了长远的收效，他们愿意牺牲短期的利益。简而言之，团队中的领导者必须具备虎性及虎威。

2. 追求与信念

作为领导者，他们拥有远大的目标追求和坚定的信念，这样才能引领团队，始终保持组织的激情和信念。只要信念在，组织就在。只要领导者在，信念和目标就在，团队就不会解散。镇山之虎，"镇"的是整个团队的军心！

3. 整合与协调

作为团队的领导者，山中之虎必须具备良好的资源整合和协调能力。他们能够全面考虑问题，有效地调动团队资源，协调各方利益，确保团队顺利运作并实现目标。

（二）远见的鹰

远见的鹰善于洞察形势，发现并把握商机，协助企业制定经营计划与执行方案。

（三）善战的狼

善战的狼行动力、执行力超强，擅长开拓市场、商业公关、谈判。

（四）敏捷的豹

敏捷的豹能够快速响应市场及客户需求，及时制定相应策略及方案，助力组织价值最大化。

（五）忠诚的狗

忠诚的狗忠诚于公司、客户、事业及职业。对离经叛道的行为和事宜是很好的执法者，是组织良好操守、规则的捍卫者。

这五种人才聚在一起，在商业模式、运营模式及赢利模式的策划、行动方案与内部管理等方面均有相应的应对策略与制约，彼此相互赋能、相互制约，从而实现凝聚有序、执行有助、运维有督。

三、组建高绩效团队

要组建一支成功的、高绩效的团队，作为组织领导者，需要注意以下问题：

（一）角色齐

唯有角色齐全，才能实现功能齐全。正如贝尔宾博士所说的那样，用我的理论不能断言某个群体一定会成功，但可以预测某个群体一定会失败。因此，一个成功的团队首先应该是智多星、审议员、专业师、执行者、完成者、鞭策者、协调者、凝聚者和外交家这9种角色的综合平衡。

（二）用人之长，容人之短

知人善任是每一个管理者都应具备的基本素质。管理者在组建团队时，应充分认识到各个角色的基本特征，容人短处，用人所长。在实践中，真正成功的管理者，对下属人员的秉性特征的了解都是很透彻的，而且只有在此基础上组建的团队，才能真正实现气质结构上的优化，成为高绩效的团队。

（三）尊重差异，实现互补

对于一份给定的工作，完全合乎标准的理想人选几乎不存在，即没有一个人能满足所有要求。但是，一个由个体组成的团队却可以做到完美无缺，因为它并非是单个人的简单罗列组合，而是在团队角色上，也就是团队的气质结构上实现了互补。也正是这种在系统上的异质性、多样性，才使整个团队生机勃勃，充满活力。

（四）增强弹性，主动补位

要组建一支成功的团队，必须在团队成员中形成集体决策、相互负责、民主管理、自我督导的氛围，这是团队区别于传统组织及一般群体的关键所在。除此之外，从团队角色理论的角度出发，还应特别注重培养团队成员的主动补位意识，即当一个团队在上述9种团队角色出现欠缺时，其成员应在条件许可的情况下，灵活应对，主动实现团队角色的转换，使团队的气质结构从整体上趋于合理，以便更好地达成团队共同的绩效目标。事实上，由于多数人在个性、禀赋上存在着双重甚至多重性，这使团队角色的转换成为可能。

实训 4-3　确定团队组建人员设计

实训形式：案例分析

实训步骤

第一步：实训前准备。要求提前阅读有关团队组建人员内容的相关文献，了解有关团队组建人员的理论知识。

第二步：对以下案例进行分析。

唐僧师徒四人路过白虎岭，被告知会有白骨精出现。唐僧将如何根据徒弟们的特点组建团队来识别并消灭白骨精呢？

第三步：请同学们根据案例，组建团队消灭白骨精，完成任务的标准是打探妖精的住处、识别妖精的类型、摸清妖精的作息规律，任务时间期限是一天，并完成实训表 4-3。

实训表 4-3　团队组建人员设计

小组号_____　姓名_____　学号_____　成绩_____

请同学们根据案例，替唐僧设计组建消灭白骨精的团队，要求介绍针对这个任务组建的每一个成员角色的特质。	
成员一：_____	成员角色特质：
成员二：_____	成员角色特质：
成员三：_____	成员角色特质：
成员四：_____	成员角色特质：
成员五：_____	成员角色特质：

第四步：实训 4-3 任务评价。

1. 本次任务技能点评价（如表 4-3-1 所示）。

表 4-3-1　团队组建人员技能点评价

序号	技能点评价	佐证	达标	未达标
1	团队角色认知	掌握团队人员组建的原则		
2	团队人员组建原则			
3	人、事匹配			

2. 本次任务的素质点评价（如表 4-3-2 所示）。

表 4-2-2　团队人员组建素质点评价

序号	素质点评价	佐证	达标	未达标
1	自主探究	能够根据团队不同成员性格特质分析确定团队人员		
2	团队合作	能够根据任务要求组合团队，小组共同完成任务		
3	协作精神	能够与团队成员协商完成实训任务		
4	吃苦耐劳	在确定团队人员过程中克服各种困难		
5	大局意识	在确定团队人员或团队协作过程中以团队任务为第一要务		
6	服务精神	在学习确定团队人员过程中愿意帮助其他同学解决问题		

任务四　规划团队发展

案例导入

前端 Leader 如何做好团队规划？

"行成于思，毁于随"——韩愈

一位团队负责人的感悟：在阿里从一线前端工程师做到技术 TL（Team Leader）也三年有余了，最重要最难的就是做规划，可能会遇到如下几个问题：

业务压力巨大，前端是瓶颈，如何做合适的规划？

如何提高规划的成功率？

规划的雷区是什么？

如何寻找规划的线索？

一、先从团队特征说起

做规划，先要定义清晰自己团队的特征与发展的阶段。因为特征与发展阶段不同，规划的选择也会截然不同。

二、寻找规划线索

寻找规划线索是最耗时间的阶段。

三、规划推导

规划推导分正推：从线索→本质痛点或问题→解决方案→目标，反推：从目标→解决方案→本质痛点或问题→线索。

四、规划落锤

（一）长期规划

通过价值聚焦发现可做的事很多，这是好事，可以试图做下长期规划，比如三年规划、两年规划，不是非得一年建设完所有体系。"罗马不是一天建成的"，画张三年大图，给自己以指引。

明确团队技术体系的演进方向，穷尽所有高价值的事，每个季度复盘调整这张大图，让团队有共同的目标。

（二）勇气与吸引力法则

吸引力法则（你关注什么，就会将什么吸引进你的生活）告诉我们，有勇气去要求，笃定你的判断；有策略地执行，周围自然会发生你所希望的变化。所以关注对的事，别被困难吓倒。

（资料来源：前端 Leader 如何做好团队规划？阿里内部培训总结公开 http://www.hzhcontrols.com/new-60195.html 2024-01-29）

一、团队发展规划的概念

团队发展规划是团队在激烈的市场竞争中，为了求得生存和发展所制定的总体谋略及具体规划。进行团队发展规划的过程，就是团队的最高决策者根据团队发展的宗旨，分析团队内部条件和外部环境，确定发展目标和方向，制定、实施和评价总体谋划的全过程。

如果一个团队没有发展规划，无异于盲人骑瞎马。联想集团创始人柳传志曾经提出发展团队的"三要素"：一是搭班子，二是定战略，三是带队伍。这是柳传志先生在市场经济的惊涛骇浪中总结出的经验之谈。其中的第二条就是定战略。中国有60%~70%的企业团队，特别是中小企业团队，没有自己的发展战略规划，这是中国企业面临的一种尴尬现实。现在，越来越多的企业团队领导者开始认识到团队发展规划的重要意义。

二、团队发展规划要求

（一）环境适应性

环境适应性是指制定发展规划的时候要考虑团队与外界环境的关系。外界环境对团队有很大影响，要解决团队与外界环境对接和适应的问题。要先对环境进行分析，了解当前外界环境的特点；再研究外界环境给团队所带来的影响，团队可以根据这些影响来决定其发展规划将如何适应外界环境。

（二）资源适应性

资源适应性是指团队在做发展规划的时候要清晰识别出团队的外部资源，如投资分配、人员招聘和选用、资金规模等，并实现团队发展规划与内外部资源的科学匹配，提高发展规划对资源的适应性。

（三）全局性

发展规划涉及团队的全局，影响着团队各成员及团队整体的发展。从团队目标、团队方向，到团队内部结构、人员配置、团队活动、活动规模、人员组织方式、管理人员、日常决策等，都与团队发展规划息息相关。

（四）长远性

团队发展规划涉及团队的长远发展问题，因此，团队发展规划设计要具有前瞻性和弹性。前瞻性要求团队发展规划设计中尽可能预见未来发展的各项问题，提早谋划各项计划；弹性则要求团队的规划设计不能过于死板，需要有一些替代方案，以应对未来发展的不确定性。

三、团队发展规划阶段

（一）规划阶段

规划阶段是第一个阶段规划发展是团队未来发展的总体设计阶段，涉及团队使命、团队发展总目标、团队发展阶段性目标、团队发展执行体系、团队发展保障体系等内容。规划阶段分为环境分析和规划制定两个具体阶段。

1. 环境分析

（1）团队外部及行业环境分析。

（2）团队内部环境分析。

2. 规划制定

（1）确定团队使命，确定团队的核心价值观、团队的发展愿景，以体现团队终极价值，形成一种精神导向，这些都影响着团队的其他规划。

（2）明确团队发展目标，包括团队发展总目标和阶段性目标，这是团队愿景的具体化和阶段性成果。

（3）设计团队发展执行体系，即实现团队目标、完成团队使命的具体执行方案，包括目标执行主体、执行路径、执行方式等。

（4）设计团队发展保障体系，即确保团队发展规划执行的条件保障，如团队内外部资源、条件等。

除此之外，团队也要制定出备选方案，以做临时应变规划。

（二）实施阶段

第二个阶段是实施阶段，是在树立年度目标、调整团队结构、制定配套规章制度、培育团队文化等方面做出决策并予以执行。

1. 树立年度目标

按照团队发展规划确定年度目标，如团队规划要在第五年实现一个目标，那么第一年完成需达到五分之一，第二年完成需达到五分之二，第三年完成需达到五分之三，第四年完成需达到五分之四，即把整体目标分解成年度目标。

2. 调整团队结构

在实施团队规划的过程中，要按照团队发展方向和团队所处阶段不断调整团队结构，以实现团队内部结构与发展规划的匹配。

3. 制定配套规章制度

规章制度是实施规划的一种保障，调整好团队结构后，为确定流程和管理标准，就需要按照规范化体系，制定一系列配套的规章制度。

4. 培育团队文化

团队文化是团队内在的精神元素，体现了团队的核心价值观，是驱动团队发展的重要因素。为此，团队可以通过团队项目的开展，通过有效的团队合作，提高团队凝聚力和战斗力，培育良好的团队文化，为团队规划的有效实施提供支撑。

（三）评估阶段

第三个阶段是评估阶段。在发展规划经过一段时间的推动和实施以后，团队需要总结在实施过程中出现的各种问题和不足，从而及时纠正团队错误，以便调整团队偏差行为，确保团队实施好发展规划。

1. 检查发展规划基础

在实施规划的过程中要不断地检查原来的分析是否正确，如果原本的计划或目标没有发生变化则说明发展规划是相对正确的。

2. 检查团队绩效

发展规划正确与否的唯一检验标准是团队的绩效，绩效是评估发展最重要的指标。

3. 采取纠正措施

根据绩效检查的结果，团队需要对局部的一些问题采取相应的纠正措施。如五年发展规划在实施了一年后，若发现有问题，在第二年就要及时进行修正。

实训 4-4　规划团队发展设计

实训形式：案例分析

实训步骤

第一步：实训前准备。要求提前阅读有关规划团队发展的相关文献，了解本次团队规划发展的理论知识。

第二步：对以下案例进行分析。

企业团队如何制定战略十年？

十年对年轻人来说，仿佛非常遥远，大多数人都是走一步算一步。实则，弹指一挥间，十年只是一转眼的工夫，恍如昨日。没有规划的人生不容你掌控，因此我们要拒绝向"将就"妥协！

不问年龄，不问来处，从现在出发，十年后你想成为怎样的人？年龄不重要，规划才重要，在时间轴上尽情浇灌你的梦想！

企业经营要有战略，人生何尝不是如此。

企业制定了十年战略，团队如何开启十年战略呢？

2020年，智诚灵动公司提出"战略十年"发展规划（见图4-2），"生根-发芽-开花-结果"，公司制定了战略十年（见图4-3），员工们也做了自己的战略十年规划（见图4-4）。

项目四　团队组建

十年战略路线图

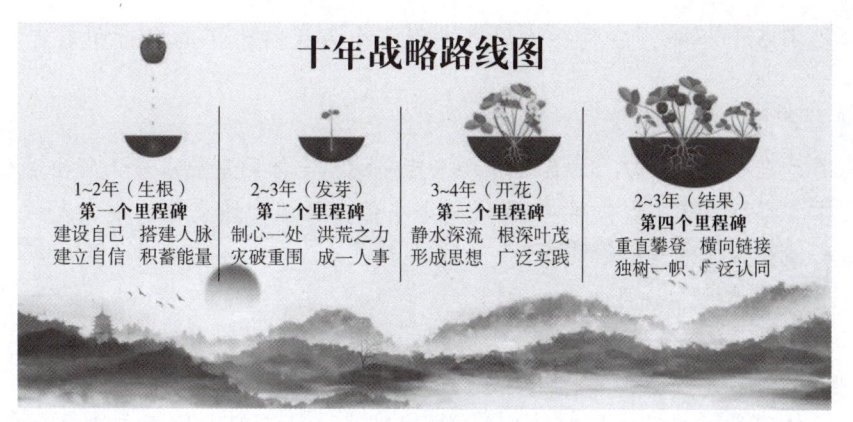

时间	阶段	描述
1~2年（生根）	第一个里程碑	建设自己、搭建人脉　建立自信、积蓄能量
2~3年（发芽）	第二个里程碑	制心一处、洪荒之力　灾破重围、成一人事
3~4年（开花）	第三个里程碑	静水深流、根深叶茂　形成思想、广泛实践
2~3年（结果）	第四个里程碑	垂直攀登、横向链接　独树一帜、广泛认同

图 4-2　十年战略路线图

智诚灵动的战略10年

时间	内容和机制	原理原则
生根	深入学习中华文化，展开3.0战略建设和落地的研究和实践 ①全员学习阳明学②心学堂-3.0企业家课堂③青岛/山东3.0战略小组一周二课堂④3.0私董会一周六⑤3.0践行1小时视频答疑一周四⑥3.0教材	建设自己，搭建人脉； 建立自信，积蓄能量。
发芽	5个一：一个方案、一支队伍、一套工具、一本指导书、一个论坛 ①一个产品，3.0战略解决方案②中华文化+西方工具武装的咨询专家队伍100人③一套工具，3.0战略建设及落地工具箱④一本指导书，3.0战略建设及落地实践汇编⑤3.0战略高峰论坛	制心一处，洪荒之力； 成就一件，非凡之事。
开花	一套体系一本书，一个论坛实训营，进入企业商学院 ①一套完备的专业+实践的3.0建设和落地体系②出版一本3.0战略理论+实践的专业书籍③扩大3.0战略高峰论坛的影响④开展3.0战略落地实训营	静水流深，根深叶茂； 形成思想，广泛实践。
结果	成为中国最顶级的战略咨询公司，助100家公司成为领军企业 一套体系一本教材，进入高校，培养1万名商科大学生	垂直攀登，横向链接； 刮目相看，意见领袖。

图 4-3　智诚灵动的战略 10 年

我的战略10年

时间	内容和机制	原理原则
生根	深入学习中华文化和战略专业，展开3.0战略建设和落地研究实践 ①深度学习阳明学和中华优秀文化，成为阳明学的专家；②深度研究和实践3.0战略建设和落地，成为名副其实的专家；③深入学习和实践战略和经营的世界顶级专家的专著，融入专业服务中④做3.0战略落地志愿者，积累能量和资源	建设自己，搭建人脉； 建立自信，积蓄能量。
发芽	开展3个一：一个体系、一支队伍、一个论坛 ①一个3.0战略解决方案体系②带领一支中华文化+西方工具武装的咨询专家队伍100人③发起一个3.0战略高峰论坛	制心一处，洪荒之力； 成就一件，非凡之事。
开花	成为国内一流的战略咨询顾问，壮大队伍 ①一套完备的专业+实践的3.0建设和落地体系②出版一本3.0战略理论+实践的专业书籍③扩大3.0战略高峰论坛的影响④开展3.0战略落地实训营	静水流深，根深叶茂； 形成思想，广泛实践。
结果	走向国际，带领公司成为中国最顶级的战略咨询公司，助100家公司成为领军企业，3.0战略专业进入高校，培养万名商科学生	垂直攀登，横向链接； 刮目相看，意见领袖。

图 4-4　我的战略 10 年

2021年2月5日下午，公司全体同事进行了个人战略十年的探讨和确定。开展步骤如下：

1. 营造一个场。

能量是通过人和人、心与心的连接和场来传递的，全体同事要求着正装出席会议，在明亮整洁的心学堂举行。员工们按照4~5人一个小组，真诚沟通交流，不说大话，不说负能量的话，诚心诚意接受他人给予的建议，真心利益他人。

2. 企业家分享自己和公司的十年战略。

董事长就是企业的心，董事长的个人使命决定了企业的使命和高度。

3. 明确个人十年的愿景和目标。

会议中全体同事观看了电影《秘密》。心想事成，员工们大胆想象未来十年的个人愿景，以及想成为一个什么样的人，并坦诚地写下自己十年后的工作、家庭、生活、心灵成长等愿景和目标。每个人根据愿景思考其实现的里程碑标志、具体的行动计划、时间节点等。战略不会自动实现，战略最终要落实在十年每个阶段的行动里，敢于实现目标，一个行动接一个行动地付出，一个目标接一个目标地达成。

4. 智慧连接：团队小组和跨小组讨论。

团队小组讨论后再跨小组讨论，相互赋能和给予建议，完善自己的十年战略。责人则明，恕己则昏。发挥团队的智慧，身边人对自己看得会更清楚，彼此给出真诚的建议和赋能，完善自己的战略。

5. 成果共创，修订并发表十年战略。

心与心的交流，智慧与智慧的碰撞，每个人根据连接到的智慧和建议，修订自己的十年战略，并选出对主题有价值且在未来六个月内可以落地执行的三条行动计划，填入成果共创区。

第三步：请同学们根据案例，利用发展规划的内容制定团队与个人本学期的发展规划，并完成实训表4-4。

实训表4-4 规划团队发展设计

小组号_____ 姓名_____ 学号_____ 成绩_____

请同学们根据案例，完成本小组本学期团队的发展规划，并要求分点介绍每个规划的具体内容。	
规划一：	具体规划内容：
规划二：	具体规划内容：
规划三：	具体规划内容：
规划四：	具体规划内容：
规划五：	具体规划内容：

续表

请同学们根据案例，完成本小组本学期个人的发展规划，并要求分点介绍每个规划的具体内容。	
规划一：_____	具体规划内容：
规划二：_____	具体规划内容：
规划三：_____	具体规划内容：
规划四：_____	具体规划内容：
规划五：_____	具体规划内容：

第四步：实训 4-4 任务评价。

1. 本次任务技能点评价（如表 4-4-1 所示）。

表 4-4-1　规划团队发展技能点评价

序号	技能点评价	佐证	达标	未达标
1	规划团队发展概述	掌握规划团队发展概念		
2	规划团队发展要求			
3	规划团队发展阶段			

2. 本次任务的素质点评价（如表 4-4-2 所示）。

表 4-4-2　规划团队发展素质点评价

序号	素质点评价	佐证	达标	未达标
1	自主探究	大家讨论探究规划团队的发展		
2	团队合作	能够根据任务要求组合团队，小组共同完成任务		
3	协作精神	能够与团队成员协商完成实训任务		
4	吃苦耐劳	在规划团队发展过程中克服各种困难		
5	大局意识	在确定团队人员或团队协作过程中以团队任务为第一要务		
6	服务精神	在团队发展规划过程中愿意帮助其他同学解决问题		

任务五　整合团队资源

案例导入

一头猪和一只母鸡是一对刚认识不久却无话不说的好朋友,有事没事总会待在一起喝喝茶,聊聊天,谈天说地。

这天,母鸡提了一个建议,它对猪说,猪老兄你看我们也认识这么长时间了,彼此又很谈得来,不如我们一起合作,做个项目,看能不能发家。

猪说,好啊,好啊,我也正有此意。

母鸡接着建议说,我想一下,咱们就发挥各自优势,合作加工鸡蛋火腿肠吧,你觉得怎么样?

猪说,好啊,好啊,这个建议好啊。

然后,母鸡和猪就签了一份协议,还专门到公证处进行了公正。

很明显,母鸡与猪的这次合作,代表着母鸡只要干好下蛋的工作就好了,而猪却要付出生命。

案例分析

资源整合,应该是建立在合作双赢、互惠互利的基础上,要能有利于长久发展。上面这个案例中,母鸡和猪合作,结果是母鸡得利,猪却要为此付出生命的代价,这种合作显然不是双赢互利的,这样的资源整合就是失败的,注定无法持久。做生意赚钱,生意人或者创业者在整合资源的时候,一定要能站在双方的角度思考问题,而不是自私自利地只考虑自己,更不能用杀鸡取卵的方式,把对方置于死地来为自己谋利,这就不是资源整合,而是阴谋陷害了!

一、什么是资源整合

资源整合是指对不同来源、不同层次、不同结构、不同内容的资源,进行识别与选择、汲取与配置、激活与有机融合,使其具有较强的柔性、条理性、系统性和价值性,并创造出新的资源的一个复杂动态过程。

资源整合是战略调整的手段,也是经营管理的日常工作。整合就是要优化资源配置,要获得整体的最优解。

二、团队资源分类

团队最基本的资源是人员、资金和团队项目,除此之外,还包含了技术支持、咨询机构、潜在公众,甚至政府机构等各种各样的资源。

(一)"归属权"角度

从"归属权"的角度来看,团队资源可以分为内部资源和外部资源。

1. 内部资源

内部资源是团队自己所"拥有"的,能够自由配置和使用的各种资源,如土地、厂房、机器设备、材料、资金、技术等，也可以包括团队领导及成员。

2. 外部资源

外部资源是团队自己并不具有"归属权"，但通过某些利益共同点而可能在一定程度上加以配置和利用的各种资源。常见的外部资源有技术支持者、咨询机构、潜在公众、相关政府部门等。

（二）"认知度"角度

从"认知度"的角度来看，团队资源可分为现实资源、潜力资源和潜在资源。

1. 现实资源

现实资源是已经完全被成员们认识到其作用的团队资源，如机器设备、原材料、厂房、资金等。

2. 潜力资源

潜力资源是已经被团队所关注，但成员可能还没有完全认识其作用的团队资源，如新加入的人员就是一种典型的潜力资源。

3. 潜在资源

潜在资源是团队成员可以利用但还没有发现的团队资源。从某种意义上说，这种资源所占的比例可能是最大的，但其作用的不确定性往往也是很大的。

（三）"支撑点"角度

从"支撑点"的角度来看，团队资源可分为效益型资源、声誉型资源和决策型资源。

1. 效益型资源

效益型资源是能够直接影响团队经济效益的资源，即通过配置和利用这些资源，能够达到降低成本或者增加团队效益的目的。

2. 声誉型资源

声誉型资源是能够为团队带来知名度等无形资产的团队资源。

3. 决策型资源

决策型资源是能够为团队的各种决策提供相关信息的团队资源。因为决策型资源是通过团队领导或者决策者来起作用的，所以也可以称之为间接型团队资源。

（四）"有效性"角度

从"有效性"的角度来看，团队资源可分为有利要素和负资源。

前面所阐述的团队资源都是对团队发展有利的要素。而现实当中，还存在许多对团队发展不利的要素，从资源"有效性"的角度可以将这些要素称为"负资源"。从某种角度说，"负资源"的有效处理也是非常重要的，因为避免损失也可以看作一种收益的方式。

三、团队资源整合

团队资源整合就是寻找并有效利用各种团队资源的过程。这一过程应当具备两个基本点：一是尽量多地发现有利的团队资源；二是以效率最高的方式来配置、开发和使用这些团队资源。

(一) 团队资源整合原则

1. 渐进原则

对任何一个团队来说，有利的团队资源有时候是很难完全发掘、配置和利用的。因此，团队必须遵循渐进原则，需要综合考虑团队对资源的需求程度、资源开发和利用的成本收益以及不确定性，逐步寻找和利用各种团队资源。也就是说，对于每一种团队资源，都应当选择一个适当的整合时机，以降低资源的维护成本。

2. 双赢原则

实际上，我们所发掘和应用的每一种团队资源往往也是一个相对独立的利益体。因此，在开发和使用这些资源的时候，就不能仅仅考虑团队自身的利益，而是要坚持双赢原则。尤其是需要长期使用的团队资源，更要重视对方的既得利益。

3. 量力原则

团队不仅是对不同的资源需要渐进地开发和使用，对于同一种团队资源，也需要逐步开发。尤其在团队组建初期，资源开发的能力和经验都相对较弱，因此，就更需要坚持量力而行的原则，逐步开发和使用团队资源。

(二) 团队资源整合阶段

1. 整合的初级阶段：1 + 1 = 2

管理大师彼得·圣吉做过一个调查，得到的结果是：一个团队里面，如果团队成员的平均智商是120，组合在一起，团队的智商却只有62。这是因为，在团队合作中，1 + 1 在很多时候要小于2。我们举个例子：一个人做事做得很好，两个人一起做或者两个企业一起做就做不下去了，就扯皮了，摩擦也便由此产生了。1 + 1 是一种整合，如果能做到 1 + 1 = 2，就进入整合的初级阶段了。

2. 整合的中级阶段：1 + 1 > 2

系统论当中有一个著名的问题：1 + 1 等于几？答案是：在一个适合的系统中，整体必定会大于部分之和，也就是 1 + 1 > 2。在资源整合中，就是能够让 1 + 1 迸发出大于 2 的能量。

为了更好地理解 1 + 1 > 2，我们可以从下面这个小故事里获得启发：

两个饥饿的人得到一位智者的恩赐：一根鱼竿和一篓鱼。一个人要了一篓鱼，另一个人要了一根鱼竿。得到鱼的人用干柴搭起篝火煮起了鱼，不久，他饿死在空空的鱼篓旁。得到鱼竿的人则提着鱼竿忍饥挨饿，还没到河边，就已经饿死了。另外两个人同样得到了智者恩赐的一根鱼竿和一篓鱼。不同的是，他们互相合作，每次只煮一条鱼，然后用鱼竿钓鱼。两个人经过跋涉来到河边，吃鱼的同时不断钓鱼，从此再也没有饥饿（见图 4 - 5）。

图4-5 "授鱼"和"授渔"整合

同样是得到一根鱼竿、一篓鱼，懂不懂得整合，创造出截然不同的命运！把"授鱼"和"授渔"整合，才更能适应这个社会的需要。

3. 整合的高级阶段：1+1=11

如果两个合作伙伴有共同的目标，又有不同的渠道，"1+1"就成了"11"。现代奥运会就是一种高级阶段的整合，它将奥运精神和体育竞技以"1+1=11"的共赢模式来实现。奥林匹克运动包含4场公平竞争的比赛，即运动员、媒体、举办城市和赞助商，任何一场比赛的参与者都能享受另外3场比赛为其带来的巨大收益。所以，在奥林匹克模式中几乎没有输家，所有坚持完成比赛的参与者都是赢家。

由此可见，方向相同、定位不同的两个"1"相加，可以获得更佳的结果，即"11"，最终实现合作伙伴各自利益的满足，并获得共同成长的机会，从而营造一个共同成长与和谐发展的环境。

4. 整合的顶级阶段：1+1=王

秦国的秦孝公与商鞅，格力的朱江洪与董明珠，他们都成就了各自的政权王国与商业王国，他们的整合就是"1+1=王"的绝佳佐证。

经济学家厉以宁曾经讲过"新龟兔赛跑"的故事：龟兔第一次赛跑，兔子输了，要求赛第二次。第二次赛跑，兔子吸取经验，不再睡觉，一口气跑到终点。兔子赢了，乌龟又不服气，要求赛第三次，并说前两次都是兔子指定路线，这次得由它指定路线跑。结果兔子又跑到前面，快到终点了，一条河把路挡住，兔子过不去，乌龟慢慢跑到了终点，第三次乌龟赢了。于是两个就商量赛第四次。不久，森林里举办跑步比赛，这时乌龟说："咱们老竞争干吗？咱们合作吧。"于是，陆地上兔子驮着乌龟跑，过河时乌龟驮着兔子游，它们两个最先抵达终点。

从资源整合的角度看，第四次乌龟赛跑就是整合的顶级阶段。整合对方的资源，是利益最大化的手段。很多时候，对手不仅仅只是对手，正如矛盾双方可以转化一样，对手也可以整合为助手和盟友。

（三）内部资源整合

团队的内部资源基本上可以概括为人、财、物和技术四种资源。

1. 目标和原则

团队内部资源具有很强的明确性,因此,内部资源整合的最根本目标就是要能够有效地配置和使用这些资源。基于团队内部资源的特点,在其整合的过程中应遵循以下基本原则。

(1) 公平原则。

对于具有相对独立的利益主体特征的资源,在整合过程中要体现不同资源主体之间的公平原则,尤其是对于内部的"人"的资源。由于团队成员间有着频繁的业务往来,也存在一定竞争,内部不公平现象很容易产生,所以需要建立保障公平的机制来整合内部资源。

(2) 长远利益原则。

团队资源整合的根本目的是实现团队利益的最大化,在团队内部资源整合的过程中要充分协调好当前利益与长远利益之间的冲突。任何基于当前利益而对团队资源的过度开发,都会给团队的长远发展带来隐患,因此,要基于长远利益原则开发团队内部资源。

(3) 缓冲原则。

遭遇困难和挫折是团队常有的事情,而应对这些困难和挫折通常需要依靠团队的自有资源,因为任何一个利益主体都不会愿意冒太大的风险去帮助外部团队。因此,在对内部资源整合的过程中一定要留有余地,以备不时之需。如在资金方面,适当地储备资金是十分必要的,因为团队在处于困境情况下的二次融资是非常困难的。

2. 基本思路和方法

(1) 对内部"人"的资源整合。

在团队中,成员作为相互独立的利益主体能够集合在一起是因为大家拥有一些共同的目标和需求。但不可忽视的是,团队中的每个人又有着一些自身的独特需求和目标。这种独特的需求和目标既为整合提供了可能,同时也对整合提出了挑战。基于个体的趋利性,对人的整合就必须与激励机制结合起来,在适度控制成本的前提下使得所有成员的利益（不一定是经济利益）总和最大化是对内部"人"的资源整合的根本要求。除了经济利益以外,团队及成员的发展前景和团队文化的渲染也都是整合资源的有效措施。此外,给成员以展示的机会和场合,也是实现对"人"的资源整合的有效方式。

(2) 对内部资产性资源的整合。

资产性资源是团队内部的固定资产、流动资产和资金等。与"人"的资源不同,资产性资源不具备利益主体的特性,且具有很强的可度量性。因此,强化财务管理是实现对资产性资源有效整合的重要手段。具体来说,就是要建立起完善的财务管理和决策的体系与制度,对资产性资源的配置和使用进行财务核算。

(3) 注重时间对资源整合的影响。

时间也可以看作一种重要的团队内部资源。时间的效益主要是通过影响其他资源的配置来实现的。以机器设备为例,很多技术含量较高的生产设备,其报废可能不是因为物理磨损,而是技术磨损。也就是说,这些机器设备尽管还可以运转,但由于其技术水平已经落后,最终被新的机器设备所取代。团队可以通过加强这些机器设备的连续运转来尽量降低技术进步带来的风险,这也体现了时间对资源整合的影响。

(四)外部资源整合

与内部资源相比,外部资源就更为复杂。外部资源是相对独立的利益主体,与团队的关系更加复杂,团队对这些资源开发、配置和使用的难度也就更大;同时,很多外部资源不是现成的,而是需要去寻找、发掘或选择的,因此,具有相当的不确定性。

1. 目标和原则

由于团队对外部资源缺乏控制权和支配权,所以团队外部资源整合要难于内部资源的整合。换句话说,对内部资源进行整合的目的是为了提高效率,不存在是否可以使用的问题;而在外部资源整合方面,基本的目标则是确保团队可以使用这些外部资源。团队在进行外部资源整合时应当遵循以下三个基本原则:

(1) 比选原则。

外部资源具有多样性,因此某一团队的外部资源可能会有多个,使用每个外部资源都将会有不同的收益、成本和不确定性。团队领导者要根据团队目标发展的需要、自身实力以及外部资源的特点,选择最适合团队目前发展阶段的外部资源。

(2) 信用原则。

与外部团队资源打交道,实际上就是在与人打交道。因此,在外部资源的整合过程中,团队的信用和信誉是决定能否长期利用这些外部资源的关键。

(3) 提前原则。

由于外部资源整合的难度较大、进展相对较慢,并且外部资源的发掘也需要一定的时间和过程,所以团队不能等到需要的时候再去考虑外部资源的整合,而应当具有前瞻性,提前规划外部资源,提前启动外部资源的整合。

2. 基本思路和方法

(1) 重视信息对资源的引流作用。

由于外部资源的不可控性,团队应充分利用信息的作用,及时、有效地寻找到外部资源。一方面,需要团队尽快明确对外部资源的需求,并对需求进行分解,以形成有效、清晰的资源清单;另一方面,团队要借助资源清单,及时搜寻对应的资源。

(2) 强化团队外部资源关系网络。

有价值资源的稀缺是一种常态,团队要想及时获取有价值的外部资源,就要建立广泛、多结点的外部资源关系网络。外部资源关系网络的建设要做到多维度、多主体:多维度是关系维度的多样性,即要寻求不同方面的资源,以实现互补;多主体是参与决策主体的多样性,以确保资源的丰富性。

(3) 注重成本分析和不确定性分析。

外部资源的整合无论在效果上还是在成本上,都存在着很强的不确定性。如何看待和处理这些不确定性将是影响外部资源整合的重要因素。

实训 4-5　团队资源整合设计

实训形式：案例分析

实训步骤

第一步：实训前准备。要求提前阅读有关团队资源内容的相关文献，了解资源整合的理论知识。

第二步：对以下案例进行分析。

配置就是把一切资源（包括人力、物力、财力、信息等）都运用于不同的领域。近期，有一家珠宝公司拟推出一种适合上班族的双环钻戒。为此，管理者筹划如何用最少的投资做一次宣传，并力求使得结果是成功的。

第三步：请同学们根据案例，利用团队资源配置的内容帮助次珠宝公司设计一些方法，用最小的成本收获最好的效果，并完成实训表 4-5。

实训表 4-5　团队资源配置方法设计

小组号_____　姓名_____　学号_____　成绩_____

请同学们根据案例，设计珠宝公司如何利用资源配置方法对新品做最好宣传，要求分点介绍每一个方法或者措施的具体内容。	
资源配置方法一：_____	资源配置方法的具体内容：
资源配置方法二：_____	资源配置方法的具体内容：
资源配置方法三：_____	资源配置方法的具体内容：
资源配置方法四：_____	资源配置方法的具体内容：

第四步：实训 4-5 任务评价。

1. 本次任务技能点评价（如表 4-5-1 所示）。

表 4-5-1　团队资源配置技能点评价

序号	技能点评价	佐证	达标	未达标
1	团队资源定义	了解团队资源的分类		
2	团队资源类型			
3	资源整合思路方法			

2. 本次任务的素质点评价（如表 4-5-2 所示）。

表 4-5-2　团队资源配置素质点评价

序号	素质点评价	佐证	达标	未达标
1	创新精神	能够在资源整合分析中根据现有资源情况融入具有新意的方法和内容		
2	团队合作	能够根据任务要求整合团队资源，小组共同完成任务		
3	服务意识	在学习确定团队人员过程中愿意帮助其他同学解决问题		
4	资源的整合能力	能够对相关资源进行查找和整合		
5	大局战略意识	在整合团队资源或团队协作过程中以团队任务为第一要务		
6	社会责任感	在分析、整合团队资源过程中勇于承担自身角色的责任与义务		

项目拓展资源　　　　　　　项目同步测试

项目五

团队培训

知识目标

认识团队培训的内涵、内容和作用
了解团队培训需求的概念和类型
掌握培训的风险和分类

能力目标

能够对团队培训需求进行流程分析
能够对培训场地进行桌椅的摆放和配备背景音乐
能够对员工培训进行培训协议的签订和培训风险的预防

素质目标

培养学生的团队精神
培养学生的团队管理意识
培训学生对中华传统文化的热爱情怀

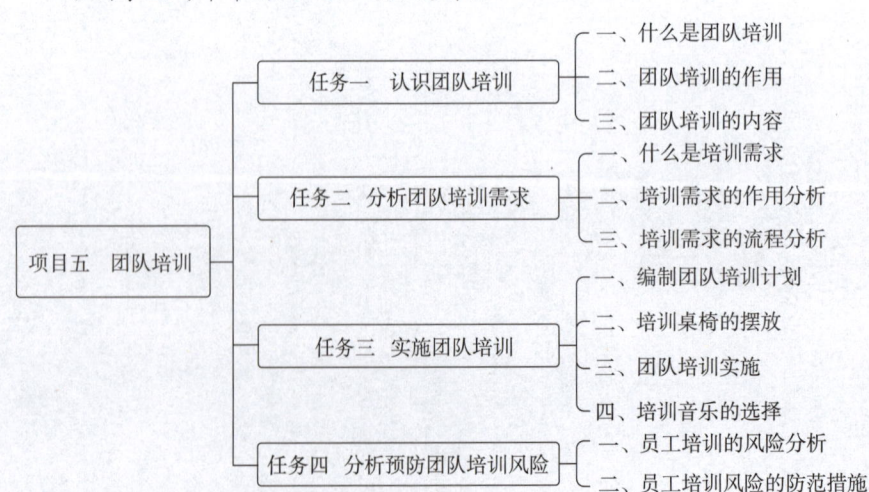

```
                             ┌─ 一、什么是团队培训
              ┌ 任务一 认识团队培训 ─┼─ 二、团队培训的作用
              │              └─ 三、团队培训的内容
              │              ┌─ 一、什么是培训需求
              ├ 任务二 分析团队培训需求 ┼─ 二、培训需求的作用分析
项目五 团队培训 ─┤              └─ 三、培训需求的流程分析
              │              ┌─ 一、编制团队培训计划
              │              ├─ 二、培训桌椅的摆放
              ├ 任务三 实施团队培训 ─┼─ 三、团队培训实施
              │              └─ 四、培训音乐的选择
              │              ┌─ 一、员工培训的风险分析
              └ 任务四 分析预防团队培训风险 ┴─ 二、员工培训风险的防范措施
```

团队故事与分析

项目五 团队培训

任务一 认识团队培训

案例导入

王鹏是企业管理专业的硕士研究生。毕业以后，他就进入了三瑞制造公司，这是一家大型国企，除了总公司以外，下属8个分厂，分别从事各类制造和装配业务。王鹏进入公司以后，就在人力资源部担任培训师。

1年后，王鹏被调往公司最大的一个机械分厂担任专门负责员工培训和开发的人事经理助理。2年后，王鹏被提升为人事经理。在这一职位上，他干了整整4年。任期结束，王鹏将被调往公司总部，在那里他会担任总公司的员工培训与开发经理助理。现在的经理再过25个月即将退休。王鹏希望能够在2年后接替他的位置。王鹏深知，这个愿望实现与否的关键在于他在目前这个职位上的工作表现。

三瑞制造公司计划在16个月内开设一家新的分厂。新分厂大约在3年内要雇用4 000名员工。在新分厂开业的时候，大约只能雇到1/8的员工，即还有7/8的员工只能在开业后的3年内招募。由于这个分厂的规模与王鹏原来工作过的分厂不相上下，因此，总公司要求他提交一份新分厂员工培训方案。他有4个月的时间去做这件事。

根据总公司高层的决策，新分厂所有中层和高层的管理人员，将从其他8个分厂的员工中选拔，对这些人来说，这将是一次提升。此外，这些管理人员都要由总公司进行培训。在新分厂开业的时候，这些管理人员必须到位。这些管理人员的培训由王鹏负责。

此时，王鹏有点不知所措。因为，这么大规模的公司内部培训，以前他从来没有负责过，从公司的历史看，这也是第一次用这种方法来建立新的分厂，并用这种方法来配备员工。因此，王鹏没有任何先例可循。他决定首先要明确他应该解决的主要问题究竟有哪些。

案例分析

企业的快速发展，最需要的是人才和相应的岗位，企业只有通过培训让员工得到相应的技能和素质提高，才能为企业的发展做出贡献。如果没有培训，员工没有相应的技能和素质是不可能留下来的，即便是留下来了，企业和个人也都不会有所发展。因此，只有卓有成效的培训才能提升员工的竞争力，进而提升企业竞争力，可以说投资培训对员工个人和企业都是一种"双赢"。这就是为何王鹏要为新建分厂的新员工开展培训，同时针对列入接班人计划的老员工开展培训。

一、什么是团队培训

无论在国企还是在私营企业中，员工的工作都是由所在群体或者所在班组共同完成的。成功的绩效取决于在决策执行活动中的相互协调能力，以及处理潜在危险情况的思想准备。团队培训作为一种很大众化的培训方式，仍然是当代企业管理中的基本培训方式。它可协调团队成员之间的关系，促进成员之间的合作，从而更好、更快地在达到团队目标方面发挥不可替代的作用。

团队培训是指通过讲授、角色扮演、案例分析和游戏等各种方法以提高团队成员个体及整体能力，进而提升团队整体绩效的过程。团队培训重在为达成共同目标而使努力工作的不同个人之间更好地协调合作、各个成员间更好更快地进行信息分享，以及个人的行为将会更快促进团队的整体绩效实现。

二、团队培训的作用

（一）抱团发展，打造优质高效团队

团队培训是为了成员的优势互补、配合默契、提高效率、提高质量，在竞争中胜出，以便获得生存和发展。既然组建了团队，就要持续努力把团队建设好，以实现组建团队之目的——获得更大的"存"、更长远的"利"。

（二）团结一致，融合团队成员力量

公司作为一个团队，竞争对手越来越多且越来越强大，光靠一个人的决策无法改变公司的命运。可能一些高层人员拥有很好的想法，能够给公司带来一定的商业转机。但是只有让整个公司更好地团结在一起，大家都一心想为公司出力，才能让公司变得更加强大。毕竟一个人的力量是有限的。团队在培训的过程中，能够通过一些活动让很多同事融合在一起。这样能够帮助这些同事增加互相之间的感情，以后在工作中也就能更团结一致。

（三）提高技能，团队沟通合作无障碍

如果一个团队能够很好地发挥每个人的作用，那么团结的力量会非常强大。团队培训能够促使团队成员掌握本职工作所需技能，提升成员解决问题的能力、沟通和团队合作技巧等，增强成员的适应力和归属感。能让每一个部门的员工都团结在一起，整个公司的前途才会更加光明。

课堂延申案例：复盘东方
甄选团建培训

三、团队培训的内容

一般来说，按照内容的性质，培训内容可以分为三个部分：

（一）应知应会的知识

知识培训的主要任务是对团队员工所拥有的知识进行更新，其主要目标是要解决"知"的问题。

现代社会是一个知识爆炸的社会，各种知识随着时间的推移同步更新。人是知识的载体，企业要在这个不断改变的社会中求生存，团队员工就必须不断更新已有的知识。团队成员知识老化的速度超过更新的速度时，团队就会落伍于时代，甚至会出现团队解散现象；只有团队成员知识更新的速度超过老化的速度时，团队才能保持在行业中领先的地位。因此，

"终身学习"被现代社会所认同和提倡。

员工要了解企业的发展战略、企业愿景、规章制度、企业文化、市场前景及竞争；员工的岗位职责及本职工作的基础知识和技能；如何节约成本，控制支出，提高效益；如何处理工作中发生的一些问题，特别是安全问题和品质事故等。

这类的课程应由人力资源部和部门主管共同完成，分工协作并相互督促。对于有些规章制度和企业文化，则要求全体员工能理解、能认同和能遵守。就像蒙牛一样，员工若没有良好的行为规范，企业凭什么高速发展？

（二）技能技巧

技能是指为满足工作需要所必备的能力，而技巧是要通过不断练习才能得到的，熟能生巧，就像打字，越练越有技巧。企业高层干部必须具备的技能是战略目标的制定与实施，是领导力方面的训练；企业中层干部的管理技能是目标管理、时间管理、有效沟通、计划实施、团队合作、品质管理、营销管理等，也就是执行力的训练；基层员工是按计划、按流程、按标准等操作实施，是完成任务必备能力的训练。

另外，随着时代的进步，各行各业都会有新的技术和能力要求。随着现代产业结构的不断调整，大量的旧行业和岗位消失，新行业兴起，团队员工需要学习新的技能才能完成企业或组织所赋予团队的各种使命和任务。

（三）态度培训

态度决定一切！没有良好的态度，即使能力再好也没有用。员工的态度决定其敬业精神、团队合作、人际关系和个人职业生涯发展，决定其能不能建立正确的人生观和价值观，塑造职业化精神。这方面的培训，大部分企业做得是很不够的。

培训大师余世维认为：中西方企业最大的差异是我们的员工不够职业化。企业对员工职业化方面的培训也少得可怜，我们很多企业的高管都不够职业化，中基层员工就更不用说了，员工的职业化程度较低严重制约着企业的发展。

员工的工作态度要用正确的观念去引导，良好的企业文化去熏陶，合理的制度去激励；赏识员工的进步，使他们建立强大的自信心；正确地看待自己和企业，根据他们的特长安排工作，才能创造良好的绩效。帮助员工实现自我价值，企业和员工才能共同成长。

员工通过培训习得对人、对事、对己的反应倾向，会影响员工对特定对象做出一定的行为选择。售后服务部门员工必须接受相关的业务培训，如要热情、周到地对待客户的咨询与投诉，并在24小时内回复来电或来函。

实训5-1 培训内容设计

实训形式：案例分析

实训步骤

第一步：实训前准备。要求提前阅读有关团队培训内容的相关文献，了解本次培训的理论知识。

第二步：对以下案例进行分析。

安岩公司里一些新来的会计在结算每天的账目时遇到了技术问题,于是公司请某高校财会系的吴教授开发了一门培训课程。该课程设计良好,而且完全适合该公司近三分之一需要在这方面提高技能的财会人员,公司总经理对此很满意,于是他决定:"既然有如此好的培训课程,那就让财务部所有人员参加,这对他们没有坏处。"但是培训主管却反对这一决定,他说:"即使是简单培训也需要详尽的培训内容规划。"在听完培训主管的详细陈述后,总经理要求培训主管尽快制定出公司的培训内容规划。

第三步:请同学们根据案例,帮助培训主管设计针对会计部门员工的培训内容,并完成实训表 5-1。

实训表 5-1 会计部培训内容设计

小组号_____ 姓名_____ 学号_____ 成绩_____

请同学们根据案例,设计会计部培训内容,要求分点介绍每个模块的具体培训内容。	
培训内容一:_____培训	具体培训内容:
培训内容二:_____培训	具体培训内容:
培训内容三:_____培训	具体培训内容:
培训内容四:_____培训	具体培训内容:

第四步:实训 5-1 任务评价。

1. 本次任务技能点评价(如表 5-1-1 所示)。

表 5-1-1 培训设计内容技能点评价

序号	技能点评价	佐证	达标	未达标
1	团队培训的概念	能够熟练掌握团队培训的概念		
2	能够熟练掌握团队培训内容的 3 种类型			
3	能够对培训案例中所要用到的策略进行分析和分类			

2. 本次任务的素质点评价(如表 5-1-2 所示)

表 5-1-2　培训设计内容素质点评价

序号	素质点评价	佐证	达标	未达标
1	创新意识	能够在团队培训的内容里安排满足团队需求的同时，融入具有新意的主题和内容		
2	协作精神	能够和团队成员协商合作共同完成实训		
3	资源的查找、整合能力	能够进行相关资源的查找和整合		
4	职业道德、法律意识	能够掌握相应的团队规则和团队管理规范		
5	严谨的工匠精神	能够在团队培训案例中做出精确分析		
6	自我学习能力	能够运用团队培训的相关知识和技能		

任务二　分析团队培训需求

案例导入

张某是某知名软件公司开发部的高级工程师，自××年进入公司以来，表现十分出色，每每接到任务时总能在规定时间内按要求完成，并时常受到客户方的表扬。在项目进行时还常常主动提出建议，调整计划，缩短开发周期，节约开发成本。但在最近的几个月里情况发生了变化，他不再精神饱满地接受任务了，负责开发的几个项目也均未能按客户要求完成，工作绩效明显下降。

开发部新任经理方某根据经验判断导致张某业绩下降的原因是知识结构老化，不再能胜任现在的工作岗位了。于是方某立即向人力资源部提交了《关于部门人员培训需求的申请》，希望人力资源部能尽快安排张某参加相关的业务知识培训，让他开阔一下思路。人力资源部门接到申请后，在当月即安排张某参加了一个为期一周的关于编程方面的培训、研讨会。培训结束张某回到公司后，情况没有出现任何改变。

案例分析

人力资源部主动与张某进行面对面的沟通，发现了问题的根源。张某工作绩效下降的关键是对新上任的方经理的领导方法不满意，同时认为自己是公司的老员工，不论是工作能力还是技术能力都可以胜任部门经理的工作，但公司却没有给他晋升的机会。原来导致张某工作绩效下降的真正原因，一是与新任经理的关系不太融洽；二是他认为自己没有得到晋升的机会，而不是因为知识结构的老化。

做培训之前，一定要知道被培训员工的培训需求是什么，只有知道员工的培训需求后，才能针对培训需求，实施有针对性的员工培训。

一、什么是培训需求

（一）培训需求的概念

培训需求：通过收集组织及其成员现有绩效的有关信息，确定现有绩效水平与应有绩效水平的差距，从而进一步找出组织及其成员在知识、技术和能力方面的差距，为培训活动提供依据。

团队培训需求：团队、员工或培训师对培训的现实状况与各主体对培训的期望状况之间的差距，就是团队成员所需要的培训或所需提高的部分。

（二）培训需求分析的分类

培训需求的产生不仅来源于企业中各个层次的员工个人的需要，还来源于企业中各个特定职能部门群体的需要，甚至企业作为一个组织整体都有可能产生培训需求（见图5-1）。这就导致了培训内容和形式的多种多样，特点也各不相同。

图5-1 培训需求分类

1. 员工个人的培训需求

某些培训的需求是来源于企业或团队中的成员的。例如，当企业的生存和发展取决于其领导者和手下员工对变化是否具有积极应对的意愿时，或者当企业转入一个新的行业中时，相关培训需求的产生是普遍的。

2. 企业中各个职能部门的培训需求

源于企业中特定群体或团队的培训需求。这些群体或团队可能是一个具体的单位、部门或者机构，比如财务部门、人事部门；也可能是居于一个特定层次的职能，比如监督；还可能是一个项目团队，或者仅仅是从事一项特殊任务的机构，如清洁部门和安全保卫部门。

3. 企业整体的培训需求

源于企业整体的培训需求包括：企业转入新的经营领域所进行的准备；员工为新工作所做的调整和预备；员工和组织的各种自我发展和提高的活动；规范培训或对不达标行为的指导以及培训手段的现代化。

二、培训需求的作用分析

培训需求分析作为现代培训活动的首要环节，在培训中具有重大作用。具体表现为以下六个方面，如图5-2所示。

图 5-2　培训需求分析的作用

（一）充分认识现状与目的差距

培训需求分析的基本目标就是确认差距（见图 5-3），即确认绩效的应有状况同现实状况之间的差距。绩效差距的确认一般包含三个环节：一是必须对所需要的知识、技能、能力进行分析，即理想的知识、技能、能力的标准或模式是什么；二是必须对现实实践中的或现实缺少的知识、技能、能力进行分析，三是必须对理想的或所需要的知识、技能、能力，与现有的知识、技能、能力之间的差距进行分析。这三个环节应独立有序地进行，以保证分析的有效性。

图 5-3　培训需求作用分析之差距

有时需求分析并非如此简单，每个环节都有可能面临各种挑战。很多资源被用来确认所需要的知识、技能、能力，但这些资源相互之间可能发生冲突，这就要求组织内部必须能够做出相互调解。

现代知识、技能、能力的范围可能相当宽泛，或者一项不可接受的实践可能不会经常发生，但是当它确实发生时又会产生严重的问题。当变革在组织标准和工作人员职位方面都发生时，需求分析并不仅仅是简单的任务确定，还要求在变化的环境和对象中做出决策。

（二）促进人事管理工作和员工培训工作的有效结合

当需求分析考虑到培训和开发时，需求分析的另一个重要作用便是能促进人事分类系统向人事开发系统的转换。包括现代企业在内的一般组织之中，大部分都有自己的人事分类系统。

人事分类系统作为一个资料基地，在做出关于补偿金、员工福利、新员工录用、预算等的决策方面非常重要，但在工作人员开发计划、员工培训和解决实际工作中的问题等方面用处很小。

如果一个人事分类系统不能够帮助人力资源部门的工作人员确定企业员工缺少什么技能以及如何获得这些技能，员工们就不可能在一个层级较高的工作岗位上开发和承担责任。如果这种系统不能包括培训的详细、特殊的需要，那么它对员工培训部门是没有用的。当人事管理工作和员工培训工作密切结合在一起时，这种系统就会变得更加具有综合性，同时也具备了人力资源开发的功能。

因此，把两项工作有机结合在一起（见图5-4），更有利于企业节约成本，提高培训工作和人事管理工作的效率。

图5-4 培训需求分析作用结合

（三）提供解决工作中实际问题的方法

这是进行培训需求分析的重要原因之一。可供选择的方法可能是一些与培训无关的选项，如组织新设与撤销、某些岗位的人员变动、新员工吸收，或者是几个方法的综合。

比较常见的一个方法选择是对已经工作在组织中的工程人员进行再培训，另一个可能是雇佣已经获得高薪的、非常有资格的工程专家，或者是组织雇佣一些低薪的、缺乏相关技能的员工，然后对他们进行大规模培训。

所有这些方法都有一定的可行性，但最好的方法还是把几种可供选择的方法综合起来，使其包含多层次的培训策略。这样有利于节约成本，还能较好地实现目标。

（四）能够得出大量员工培训的相关成果

培训需求分析能够形成一个规划开发与评估的研究基地。一个好的需求分析能够得出一系列的研究成果，确定培训内容，指出最有效的培训战略，安排最有效的培训课程。同时，在培训之前，通过研究这些资料，建立起一个标准，然后用这个标准来评估所进行的培训项目的有效性。

（五）决定培训的价值和成本

如果进行了好的培训需求分析，并且找到了存在的问题，管理人员就能够把成本因素引入培训需求分析中。这时如果需要培训人员不进行培训的损失大于培训的成本，那么培训就是必然的、可行的。反之，如果不进行培训的损失小于培训的成本，则说明当前还不需要或不具备条件进行培训。

（六）能够获得各个方面的协助

工作人员对必要的工作程序的忽视，并不能排除组织对工作人员承担的责任。如果一个组织能够证明信息和技能被系统地传授，就可以避免或减少不利条件的制约。同时，高层管理部门在对规划投入时间和金钱之前，会对一些支持性的资料很感兴趣。中层管理部门和受影响的工作人员通常支持建立在客观的需求分析基础之上的培训规划，因为他们参与了培训需求的分析过程。

无论是组织内部还是外部，需求分析提供了选择适当指导方法与执行策略的大量信息，这为获得各方面的支持提供了条件。

三、培训需求的流程分析

培训需求的流程分析（见图 5-5）有以下几点：

- 做好培训前期的准备工作
- 制定培训需求调查计划
- 实施培训需求调查工作
- 分析与输出培训需求结果

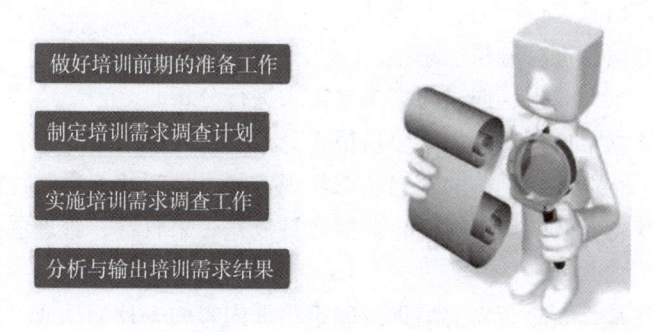

图 5-5　培训需求流程分析

（一）做好培训前期的准备工作

建立员工背景档案：培训档案，俗称培训台账，可以随时增添内容。

同各部门人员保持密切联系（与各部门访谈）。

向主管领导反映情况：采用设立信箱的形式收集需求并反馈（个人需求—收集—向上汇报，或主动与公司高级管理人员访谈，如生产副总、安全副总等，落实下一步的培训发展战略）。

准备培训需求调查（将上述资料汇总后，列出公司战略层级的培训方向与部门经理商谈，部门经理再落实给员工等）。

（二）制定培训需求调查计划

培训需求调查工作的行动计划—各工作的时间进度（一般情况下公司每年的培训计划将在年初 1 月份左右发布实施，因此培训需求计划在上年的 10 月份开始进行）。

确定培训需求调查工作的目标。尽量提高可信度（由于存在自下而上的收集程序，主管因素较大）。

选择合适的培训需求调查方法：某些能力点具体讲解；繁忙企业不宜面谈；专业技术企业不可用观察，但可采用问卷调查或个别会谈的方法。

确定培训需求调查的内容要注意不要太宽泛，要多角度进行，要便于取证，否则浪费时间和金钱。例如，培训预算表头应有项目、培训对象、内容、基本预算等。

（三）实施培训需求调查工作

提出培训需求建议或愿望。分层级采集，例如，可以开会将公司层面的培训发展战略布置给各部门领导。

调查、申报、汇总需求建议。报告给培训负责人，同时编制培训预算初稿，对培训项目进行分类，如管理类、技术类、市场营销类、外语类、重点培训项目类等。

分析培训需求。关注员工现状、存在问题、期望。共同协商，根据公司层级、组织部门层级、个人需求三个方面进行沟通访谈。

汇总培训需求意见，确认培训需求。初步计划和预算方案以及需要经过修改后的进一步培训计划与预算。

（四）分析与输出培训需求结果（主要以分析报告为结果）

对培训需求调查信息进行归类、整理。

对培训需求调查信息进行分析、总结。

根据紧急程度，个别需求，或当前、未来需求进行分析。

以调查信息为依据，撰写培训需求分析报告。

培训需求反映了企业要求具备的理想状态与现实状态之间的差距，这个差距就是培训需求。一个企业要想获得有效的培训，为企业的经济效益带来收益，管理层必须加强对培训需求分析的重视程度。

培训需求分析就是判断是否需要培训及确定培训内容的一种活动或过程，它对企业的培训工作至关重要，是真正有效地实施培训的前提条件，是使培训工作实现准确、及时和有效的重要保证。

因此，企业的领导应协同人力资源部经常与员工沟通并进行培训需求调查，科学地把握不同学历、不同年龄层员工对培训各方面的需求，确定员工需要进行哪些方面的培训，哪些员工需要培训，培训的内容和方式是什么，培训真正见效所需要的时间，培训的成本如何。

只有针对员工真实的需求进行培训，才能切实达到培训的目的，取得良好的培训效果，从而实现培训目标。

实训 5-2　培训需求设计

实训形式：案例分析

实训步骤

第一步：实训前准备。要求提前阅读有关团队培训需求分析的相关文献，了解培训需求分析的理论知识。

第二步：对以下案例进行分析。

赵先生是某家酒店的行政主管，本来做得还不错，因为新来了一位副手，并且从一开始就觊觎他的位置，感到了压力的他开始考虑充电，以图甩开对方。他选择了学习更深的计算机知识，甚至连编程都认真地学，同时还把大学时曾经选修过的法语也重新捡了起来。结果在他终于把自己勉强变成了一个初级程序员，法语也重新有了点感觉的时候，对手已经重重地把他击倒在地，坐上了行政总监的位置。

赵先生为什么要自学（培训方式的一种）？——培训需求的原因分析：由于人员变化而产生的培训需求。

赵先生自学为什么没有达到目标（被竞争对手抢先一步坐上行政总监位置）？——培训需求的内容分析：员工培训必须结合企业的战略经营目标与所处的战略环境进行详细的调查和分析，从组织、工作和员工三个层面上进行培训需求的分析以确定培训内容。

第三步：请同学们根据案例，帮助行政主管赵先生设计培训需求分析内容，并完成实训表 5-2。

实训表 5-2　赵先生培训需求分析内容设计

小组号_____　姓名_____　学号_____　成绩_____

请同学们根据案例，设计赵先生培训需求分析内容，要求分点介绍每个模块的具体培训内容。	
培训需求分析内容一： _____培训	具体培训需求分析内容：
培训需求分析内容二： _____培训	具体培训需求分析内容：
培训需求分析内容三： _____培训	具体培训需求分析内容：
培训需求分析内容四： _____培训	具体培训需求分析内容：

第四步：实训 5-2 任务评价。

1. 本次任务技能点评价（如表 5-2-1 所示）。

表 5-2-1　培训需求分析技能点评价

序号	技能点评价	佐证	达标	未达标
1	培训需求分析的概念	能够熟练掌握培训需求分析的概念		
2	能够熟练掌握培训需求分析的流程			
3	能够对培训案例中的失误进行分析和分类			

2. 本次任务的素质点评价（如表 5-2-2 所示）。

表 5-2-2 培训需求分析素质点评价

序号	素质点评价	佐证	达标	未达标
1	创新意识	能够在培训需求分析中安排满足团队需求分析内容的同时，融入具有新意的方法和内容		
2	协作精神	能够和团队成员协商合作共，同完成实训		
3	资源的查找、整合能力	能够进行相关资源的查找和整合		
4	传统文化意识	能够应用培训需求知识分析相应的传统文化团队的培训需求		
5	严谨的工匠精神	能够对团队培训需求分析案例做出精确分析		
6	自我学习能力	能够运用培训需求分析的相关知识和技能		

任务三　实施团队培训

案例导入

RB 制造公司是一家位于华中某省的皮鞋制造公司，拥有近 400 名工人。有段时间，公司因产品有过多的缺陷而失去了两个较大的客户。RB 制造公司领导研究了这个问题之后，一致认为：公司的基本工程技术还是很可靠的，问题出在生产线的工人上，质量检查员以及管理部门疏忽大意、缺乏质量管理意识。于是 RB 制造公司决定通过开设一套质量管理课程来解决这个问题。

质量管理课程的授课时间被安排在工作时间之后，每周五晚上 7：00—9：00，历时 10 周，公司不付给来听课的员工额外的薪水，员工可以自愿听课，但是公司的主管表示，如果员工积极地参加培训，那么这段经历将被记录到其个人档案里，以后在涉及加薪或提职时，公司将予以考虑。

课程由质量监控部门的李工程师主讲。主要包括各种讲座，有时会放映有关质量管理的录像片；一些专题讲座，内容包括质量管理的必要性、影响质量的客观条件、质量检验标准、检查的程序和方法、抽样检查以及程序控制等。公司所有对此感兴趣的员工，包括监管人员，都可以去听课。

课程刚开始时，听课人数平均在 60 人左右。在课程快要结束时，听课人数已经下降到 30 人左右。而且，因为课程安排在周五晚上，所以听课的人员都显得心不在焉，有一部分离家远的人员课听到一半就提前回家了。

在总结这一课程培训的时候，人力资源部经理说："李工程师的课讲得不错，内容充实,知识系统,而且他很幽默,使得培训引人入胜。听课人数的减少并不是他的过错。"

案例分析

进行培训需求分析之后,编制团队培训计划非常关键。编制培训计划需要确定好培训目标、了解团队状况、确定合适的培训师、选择合适的培训方法、制定具体的行动计划及派合适的人选对培训的全过程进行监控,及时发现问题、解决问题;培训结束时,对受训人员进行培训考核,以了解培训工作的效果,对培训的全过程以及结果进行总结,保留优点,剔除问题和缺点,为下一次培训积累经验。

一、编制团队培训计划

(一)确定团队培训内容

根据各职位所应担负的职责(Key Responsibilities)、主要工作成果(Key Results Area, KRA)、所需工作技能(Skill-Required)及绩效(Performance),同团队领导访谈确认各职位在职期间各阶段的训练需求(到职3个月、到职12个月、到职24个月),设定团队工作个人训练需求定义的基础(各职位职责、主要工作成果及应具备的工作技能)。

职位训练课程设计,应同时考虑管理系统和特定客户要求。由教育训练委员会依照训练需求,设计开发训练课程,确定训练课程内容,并培养内部讲师。

团队领导从员工所处职位的功能及训练需求出发,根据员工的个人能力特点及绩效表现,给员工设定个人训练发展计划,生成员工的个人训练课表,包含个人应上课程、研修方式(必修/必选/选修/免修)及课程到期时间(新进、3个月、12个月、24个月等)。

(二)制定培训计划的步骤

1. 确认培训与人力发展预算

制定培训计划工作的最佳起点是确认团队将有多少预算分配于培训和人力发展。在不确定是否有足够经费支持的情况下,制定任何综合培训计划都是没有意义的。通常培训预算都是由公司决策层决定的,但是HR应该通过向决策层呈现针对培训投资的"建议书",说明公司为什么应该花钱培训,公司将得到什么回报。在不同行业,公司培训预算的差异可能很大,但通常外资企业的培训预算占营业额的1%~1.5%。HR需要管理的是如何有效地使用培训预算,并给公司带来效益。

2. 分析员工评价数据

公司的评价体系应该鼓励经理和员工讨论他们个人的培训需求。如果做不到这一点,说明公司的评价体系不够科学,需要加以改善。这是关于"谁还需要培训什么"的主要信息来源。当然,培训有时也可能会被公司指定,如为了实施新的质量或生产系统而进行全员培训。HR的职责是负责收集所有的培训需求,有时可能会被部门经理要求给些建议,指出目前有什么类型的培训最适合其下属员工。

3. 制定课程需求单

根据培训需求,列出一个单子,上面列明用来匹配培训需求的所有种类的培训课程。这可能是一个很长的清单，既包含针对团队少数员工的个性化的培训需求（甚至是单独个人的），也包含许多人都想参加的共性化的培训需求。

4. 修订符合预算的清单

企业经常会遇到的情况是总培训需求量超出培训预算。在这种情况下，我们需要进行先后排序，并决定哪些培训将会进行、哪些不会进行。最好的办法是咨询部门经理，给他们一个机会说明哪些培训是最重要的。培训专家何守中认为，基本的考虑是使培训投入为公司达到最佳绩效产出。哪些培训课程可能对参训员工绩效产生最积极的影响，进而提升公司的总体绩效。如果某些有需求的培训无法安排，提出该需求的员工应该得到回应。HR 应考虑是否有任何其他方式来满足需求，如通过岗位传帮带或者轮岗去完成知识传递。

5. 确定培训的供应方

当有了最终版的培训课程清单，接下来我们需要决定如何去寻找这些培训的供应方。首先是决定使用内部讲师还是聘请外部讲师。内部讲师的好处是成本较低，而且有时比外部讲师优秀（因为内部讲师更了解组织现状和流程）。然而，有时内部无法找到讲授某个培训课程的专家，就必须寻找外部讲师。另外，对于许多类型的管理培训（尤其是高管培训），外部讲师比内部讲师往往有更高的可信度，这就是我们通常说的"外来的和尚好念经"。这样说并不一定合理，但确实存在这种现象。

6. 制定和分发开课时间表

人力资源部应该制定一份包含所有计划运营培训的开课时间表，列明开课的时间和地点。一种通常的做法是制作一本包含相关信息的小册子，如课程描述。这本小册子将被分发给所有的部门作为一份参考文件（某些组织会将之复制给所有员工）。

7. 为培训安排后勤保障

培训的后勤保障需要确保：确保有地方运营培训课程（不管在内部还是外部）、学员住宿和相关的设备、设施，如活动挂图、记号笔、投影仪等，还要确保教材的复印件可提供给每个参训者。这听起来很平常，但出错的往往就是这些方面。最好的做法是假定会出差错，并二次确认后勤安排，特别是使用酒店或其他一些企业外的地点进行培训时。

8. 安排课程对应的参训人员

即使安排课程对应的参训人员看起来像一个简单的任务，有时可能也会有困难。要告知参训人员预订的培训地点，送他们参加培训，告诉他们去哪儿、什么时候到，或许还要建议他们带计算器或在培训前完成一份问卷。公司通常提前两、三个月通知培训报名，以便参训人可以安排好他们的时间，以便在培训日可以参加。但很常见的情况是，会有一些参训者在最后一刻取消报名（通常是由于工作的原因），所以要有备选学员可以候补空余的培训名额。

9. 分析课后评估，并据此采取行动

企业都希望培训投资尽可能有效。就像任何其他的投资，我们应该评估取得的结果。最明了的方式是让参训者上完每门课程后都填写课程评估表，这些评估表可作为 HR 对讲师授课质量的检查。有持续好评就代表这门课程取得了成果；如果有持续劣评的课程，就要利用

这些数据来决定需要改变什么（内容、持续时间或主持人等），并尽快采取行动加以改变以令课程优化、提升。还有其他的课程评价方法，如可以要求一线经理让参训人员在每个培训之后举行一个培训小结会，参训人员在课后反馈他们将如何运用所学去工作。这是一个非常有效的方法，但 HR 需要说服一线经理来具体实施。

二、培训桌椅的摆放

（一）团队型（小组竞赛型）

团队型（小组竞赛型）桌椅摆放，如图 5-6 所示，这是小型培训中最常见的桌椅摆放式样，适合培训人数较少并以小组为单位进行竞赛性学习的情况。

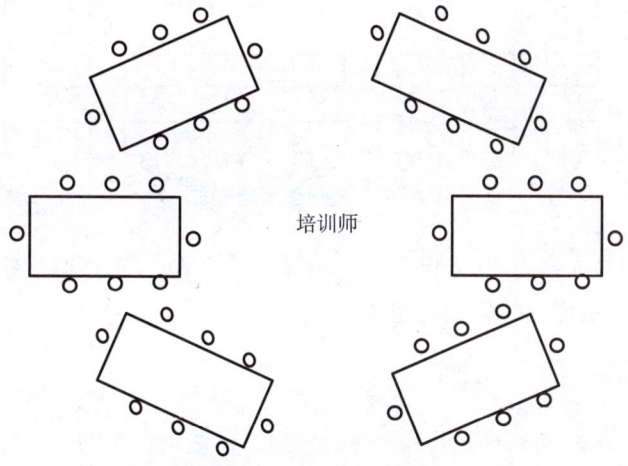

图 5-6 团队型桌椅摆放

摆放要求：培训总人数最好为 20~36 人，分 4~6 组，每组人数以 5~6 人为宜。人数太多不能保证各团队有足够的时间展示自己的风采，且组内成员可能意见相左、争论不休，培训师也不能有效地与学员互动；人数太少则场面冷清、学习的气氛不浓，也很难选拔到合格的队长。

（二）扇型（半圆型）

扇型（半圆型）桌椅摆放，如图 5-7 所示，这是中型培训中较常见的桌椅摆放式样，对于人数较多、培训室面积狭长、要求团队学习、师生之间保持较密切沟通的情况比较适宜。

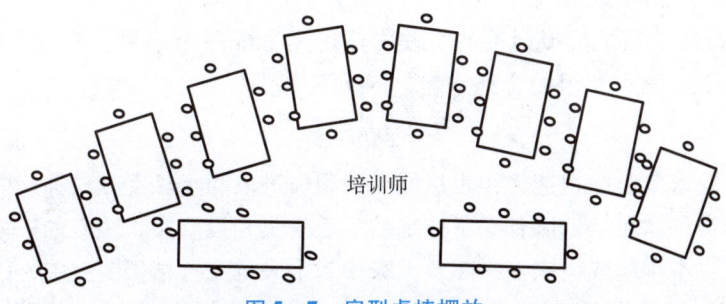

图 5-7 扇型桌椅摆放

摆放要求：培训总人数以 40~70 人为最佳，分成 8~10 组，每组人数以 5~7 人为宜。人太多，师生难以沟通，活动场面难以控制。

（三）马蹄型（鱼缸型）

马蹄型（鱼缸型）桌椅摆放，如图 5-8 所示，在中小型培训中，对于师生沟通交流有一定要求，但对学员之间的沟通交流不做要求，此种情况适合用马蹄型摆放桌椅。

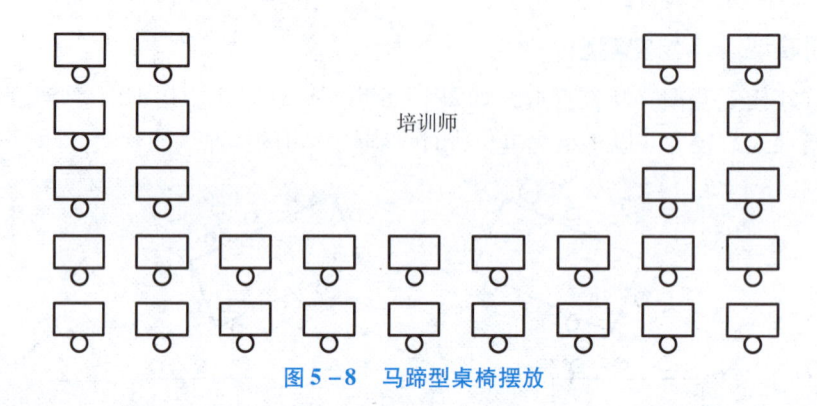

图 5-8 马蹄型桌椅摆放

摆放要求：培训总人数为 80 人以下，一般是一人一位，不分组，学员很少走动。如果总人数超过 80 人，可用传统的影院型摆放。

三、团队培训实施

在团队培训中，为了增强本小组学员的凝聚力、营造培训中的热烈气氛、提高学员参与的积极性，往往会采用分小组进行学习竞赛的形式。在组织培训活动时，每个小组会选队长、起队名、起口号、进行魅力展示等，一些重要培训或有时间准备的培训甚至还会提前定制队标、队旗。

（一）分小组

在分组时采用随机抽取组合的方式，除了特殊情况，最好男女按比例搭配。

"领袖（你）好"分组法：分别在男队和女队中进行"脱口秀"和"表演秀"。首先，每位学员依次循环口念"领""袖""好"，一人只能念一个字；念"领"的学员将右手放在左边的衣服领子上，念"袖"的学员将右手放在左边的衣服袖口上，念"好"的学员将右手放在胸口上。然后将念"领"的男女学员分成第一组、念"袖"的男女学员分成第二组、念"好"的男女学员分成第三组。

"字母"定位法：在学员报到签名时预先给每人分配一个字母，写在他们的代表证上。将所有 A 组的合到一起，B 组的合到一起，依此类推。

（二）选队长

对于队长，要求其有组织能力、表达能力、积极进取和无私奉献精神，同时，还要得到本组绝大多数队员的认可。选队长除了传统的举手表决和投票法，还有如下方法：

万众归一法：本小组成员围坐一圈，大家举起手来将大拇指指向空中，由一人或大家一起喊"1，2，3"，然后将自己的大拇指指向自己心目中的队长，谁被指得多，谁当选队长。

此法适用于小组成员比较少的情况。

马首是瞻法：由几个毛遂自荐的学员作为候选人，然后候选人一字排开站好，由本组成员站在自己心目中的队长后面，谁后面站的队员多，谁就当选队长。本法适用于小组成员人数较多的情况。

（三）起队名与口号

队名要求个性化、具有激励性；口号要简单、响亮，朗朗上口。队名与口号内容最好相关，这样效果会更好。

（四）魅力展示

分完小组后，每个小组的成员选出每组队长，然后队长组织本组队员起队名、口号，接着每组队员以各种不同的方式高呼本队的队名和口号。呼口号时，要求整齐、洪亮、有气势，这样能够激励本队队员、威慑对手。在这种组织方式的带动下，后续的培训课程将变得生动而精彩。

四、培训音乐的选择

音乐在培训中能够起到渲染环境气氛、引发生理及心理"共鸣"、引发联想及思考、增进彼此感情、陶冶情操、增加行动的欲望等作用。如果培训音乐使用得当，会起到事半功倍的效果。

入场签到和中场休息音乐：培训活动开场之前通常会进行签到和发名牌，同时学员在开场的等待时间会进行初步交流。在培训活动当中还会有若干次中场休息，这个时间通常是吃点心、喝饮料、学员之间进行交流等。这时的音乐应以舒缓、轻柔、亲切、温馨为主，如《春郊试马》《娱乐升平》或其他轻柔的小提琴曲、钢琴曲等。

上、下场音乐：政府官员、企业高管参加的培训通常比较严肃、庄重，尽可能使用进行曲之类的音乐。普通学员可以选择休闲、活泼的音乐。

培训中的背景音乐：培训过程中可以穿插一些符合主题的音乐，以起到推波助澜、引导情绪、锦上添花的良好效果。

音乐主要分为五类：

激励型：培训过程中涉及高潮、转折、激励内容和学员亲身参与的活动时，可以配上一些富有节奏感和催人奋发的音乐，如《我真的很不错》《烈火青春》《壮志在我胸》等。

团队型：如果进行的是一场关于团队合作的培训，可以穿插一些以团结互助、众志成城为主题的音乐，如《朋友》《相亲相爱一家人》《众人划桨开大船》等。

煽情型：通过设置一个感人的场景，配以煽情的音乐和必要的灯光，培训师引导学员走进对方的心灵世界，让他们领悟感受其中的道理。听众感同身受，非常容易产生共鸣，达到良好的视听感觉效果，如《感恩的心》《辛德勒名单》《在你面前好想流泪》《暗香》等。

交流型：这是为了增加学员之间的感情，配合培训师的话音，使之声色圆润，并且拉近与受众之间的感情，如《秋日私语》等。

活动型：在培训游戏和团队互动活动过程中，通常会配以轻松、欢快、节奏感强的音乐，以期达到更好的活动效果，如《西班牙斗牛士》等。

颁证、颁奖音乐：培训结束后，紧接着或过一段时间会当场颁发培训证书，这时候的音乐应以喜庆欢快为主，如民乐《喜洋洋》《万宝路进行曲》等。

实训 5-3　团队培训实施方案设计

实训形式：方案设计

实训步骤

第一步：实训前准备。要求阅读有关实施团队培训的相关文献，了解本次实施团队培训的理论知识。

第二步：根据本任务所学内容，结合任务 2 实训 5-2 "赵先生培训需求分析内容设计"，按照实训表 5-3 设计赵先生的培训实施方案。

实训表 5-3　培训实施方案

假设赵先生所在的行政部将在 11 月 12 日至 13 日组织培训，请结合任务 2 实训《赵先生培训需求分析内容设计》中的内容，完成培训实施方案表。

培训日期	培训对象	培训内容	培训师	培训方式	培训场地	注意事项
11月12日						
11月13日						

第三步：抽取小组代表发言。

第四步：教师点评小组代表发言，进一步讲解团队培训实施的相关理论。

第五步：实训 5-3 任务评价。

1. 本次任务技能点评价（如表 5-3-1 所示）。

表 5-3-1　培训方案技能点评价

序号	技能点评价	佐证	达标	未达标
1	团队培训计划的概念	能够熟练掌握团队培训计划的概念		
2	能够熟练掌握培训场地布置的 3 种类型			
3	能够对培训案例的具体方案所要用到的策略进行分析和实施			

2. 本次任务的素质点评价（如表 5-3-2 所示）。

表 5-3-2 培训方案素质点评价

序号	素质点评价	佐证	达标	未达标
1	创新意识	能够在团队培训的计划中安排满足团队需求的内容，同时融入具有新意的主题和内容		
2	协作精神	能够和团队成员协商合作，共同完成实训		
3	资源的查找、整合能力	能够进行相关资源的查找和整合		
4	职业道德、法律意识	能够掌握相应的团队规则和团队管理规范		
5	严谨的工匠精神	能够在团队培训案例中做出精确分析		
6	自我学习能力	能够运用团队培训实施的相关知识和技能		

任务四　　分析预防团队培训风险

案例导入

一外商投资企业某电气有限公司与员工叶某于2018年6月23日签订一份《劳动（聘用）合同书》，聘用期限为1年。合同约定：双方签订的培训协议作为《劳动合同书》的补充附件，与《劳动合同书》具有同等法律效力。2019年4月8日，该公司与叶某签订一份《出国培训协议》，由公司出资，选派叶某去美国培训，培训约定了服务期限和违约赔偿方式。后来，公司又根据项目建设调整情况，延长了叶某在美国的培训期限。但不久，叶某在美国"不辞而别"且去向不明。为此，电气有限公司申请劳动争议仲裁，要求叶某赔偿在美国的培训费用。仲裁委员会经调查认为，双方当事人签订的《劳动合同书》和《出国培训协议书》合法有效，电气有限公司提出叶某应按双方约定的培训协议支付培训费用，符合《中华人民共和国劳动法》第102条及原劳动部《贯彻执行〈中华人民共和国劳动法〉若干问题的意见》第33条的规定。因此，仲裁委员会裁决，解除双方劳动合同关系，叶某应支付在美国的教育培训费4万美元（以支付日外汇牌价折成人民币支付）。

案例分析

电气有限公司虽然胜诉，但叶某已下落不明，叶某需支付的培训费也没有着落。员工跳槽频率较高等原因引发的员工与用人单位的培训争议事件有不断攀升的趋势。培训存在风险是毋庸置疑的，但培训仍然是必要和必须的，不能因为培训存在风险就不进行团队培训。收益与风险同在，既要看到培训带来巨大收益，也应做好有效防范培训风险的准备，采取一系列积极主动的防范措施，尽量减少风险发生的概率。

一、员工培训的风险分析

员工培训对企业而言是一项重要的人力资本投资，与其他投资一样，既有效益也有风险。员工培训风险主要是指企业在进行员工培训的整个过程中，由于观念、技术、环境等诸多方面影响对企业造成直接或潜在损失的可能性。从其成因看，可以分为培训的主观风险和培训的客观风险。

（一）培训的主观风险

培训的主观风险是指由于企业没有对培训进行合理规划和有效的管理领导，致使培训的质量不高，培训目的难以达成，培训投资效益低下。培训的主观风险源于培训本身，主要包括以下几种：

1. 培训态度风险

培训态度风险是指由于企业高层管理者或者受训员工对待培训的态度不积极，对培训的认识不全面而对企业造成不良影响和损失。目前，有些企业的高层领导存在着对培训的认识不正确，认为"企业效益好无须培训""培训就是培养竞争对手"等，这些观念无疑会影响培训的效果。作为直接参与人的受训员工，他们对培训的参与态度也直接影响着培训的成败。如受训员工认为培训是摆花架子、搞形式主义，不能正确对待培训，就会导致培训流于形式。

2. 培训者素质风险

员工能否从培训中增加知识和技能，培训者是一个关键因素。员工培训涉及面广，包括判断企业开展员工培训的需求、设定员工培训目标、实施培训及评价培训效果等诸多环节，做好每一环节都需要专门的知识和能力。很多企业目前大多缺乏专门的员工培训策划和设计人才，多半由企业人事部门的行政管理人员兼管员工培训工作，或通过聘请培训公司及与高等学府合作等途径进行员工培训。这样，组织培训的培训者素质可能参差不齐，特别是委托外部培训的企业，培训者的素质风险更大。如果培训者素质不高，或具有一定水平却不善于表达，或善于表达却不善于控制现场气氛，或由于其他原因无法提供高质量的培训，都会使培训的结果大打折扣。

（二）培训的客观风险

培训的客观风险是指虽然培训项目达到了预期目标，但由于各种客观存在的外在因素，致使企业遭受了各种直接或者间接的损失。常见的培训客观风险主要有以下几种：

1. 培训员工流失的风险

培训无疑能够促使员工提高自身价值，增强员工在企业和社会上的竞争力，使之具有更强的适应能力和选择机会。但培训也会诱发员工提高薪酬的要求，如果这时员工的个人薪酬要求得不到完全满足，就会出现员工流失现象。培训后的员工如果流失，将对本企业形成较大的威胁。这是因为一方面员工通过培训，知识和技能得到提高；另一方面员工对本企业的经营和运作情况非常了解，如果进入竞争对手企业，就可能针对本企业的优势和劣势制定相应有效的竞争战略。培训员工的企业不仅投入培训的经费和时间却没有回报，还会危及整个企业的人才稳定，甚至经营状况。人才流失的风险是整个培训工作存在的最大风险，也是困扰企业人力资源管理工作的重要问题。

2. 企业自有技术秘密外泄风险

任何企业在生产经营过程中，总有自己的管理经验和专有技术，这是一个企业在市场中立于不败之地的根本保证。这种自有技术只有牢牢控制在企业手中，才能形成持久的竞争力。但是企业的技术也必须通过具体的员工去操作和管理，才能使之转化成生产力和具体的产品。这就需要通过培训使参与这一工作的人员掌握其技术。显然，掌握的人增多，秘密外泄的可能性就越大。

3. 外部环境变化的风险。

外部环境变化，比如技术更新换代的速度、国家宏观政策变化等，也是培训存在风险的一个方面。因为培训效益的体现有一定的滞后性，且技术更新的速度日益加快，如果企业在此时进行战略调整，如转产或工艺调整等，就可能使正在培训或刚培训完的知识和技术过时，培训也就完全没有回报了。另外，昔日作为核心竞争力的技术可能由于国家宏观政策的改变而丧失竞争力。

二、员工培训风险的防范措施

虽然培训存在上述诸多风险，但仍然是必要和必须的。收益与风险同在，企业既要看到员工培训带来的巨大收益，也应做好有效防范培训风险的准备，采取一系列积极主动的防范措施，尽量减少风险发生的概率。

（一）进行合理的培训需求分析，提高培训质量

要使一个企业的培训是有效的，就必须使培训符合企业的发展战略和团队培训目标，这就需要企业或团队进行培训需求分析。要做好培训需求分析，首先应该全面客观地收集培训需求信息。培训需求信息通常包括两个方面，即企业的发展战略和团队员工的个人信息。企业实施培训是为发展战略服务的，但与此同时也应该考虑员工的个人情况，如兴趣爱好、知识水平、认知能力和职业生涯规划等。合理有效的需求信息必须兼顾以上两个方面。同时，企业或团队根据自身发展战略和人力资源的总体计划，结合企业的实际能力，确定企业培训的总体目标，并将其分解成若干分目标，再根据分目标的要求制定培训项目计划。按其轻重缓急，相应地配以人力、物力和财力。还要根据企业的实际需求和培训目标，合理地确定培训内容，从而进一步提高培训质量。

（二）借助优秀的企业文化减轻员工培训的风险

优秀的企业或团队文化更加重视员工自我实现和自我完善的需求，企业应努力建立与这种需求相适应的培训理念和制度，尽量满足员工的需求。利用培训把员工的当前利益与企业的长远利益更加紧密地联系起来，培训得到领导和员工的普遍重视，员工有参加培训的欲望和动力，也能享受培训带来的成功和喜悦。在优秀的企业或团队文化引导下，员工通过接受培训，不仅丰富了知识、提高了技能，还实现了人生价值，这就能极大地激发员工的工作热

情，增强员工的凝聚力、忠诚度和归属感。在培训中，员工不断了解企业的价值观和使命，明晰企业的经营理念和规章制度，在工作中自觉地以企业经营理念为指导，模范地遵守企业的各项制度，加强责任感和使命感，使企业的规章制度内化为员工的自觉行为，将会大大提高企业的管理水平和工作效率。

（三）建立一套规范的培训制度，降低风险

实施培训必须有规范的制度做支持，以更有效地防范培训风险。企业的培训制度是指能够直接影响并作用于培训系统及其活动的各种规定、规章及政策的总和，主要包括入职培训制度、培训激励制度、培训考核评估制度。

入职培训制度就是规定员工上岗之前或任职之前必须经过全面的培训，体现了"先培训、后上岗"的原则，有利于提高员工队伍的素质，主要适用于新员工。培训激励制度主要包括：岗位任职资格、业绩考核标准、晋升规定、以能力和业绩为主导的分配原则。员工只有在接受培训以后，才能完全具备任职资格，达到业绩考核的标准，获得可能的晋升机会，以及获得由培训所带来的各方面素质的提高，其薪酬待遇也能得以调整。培训考核评估制度主要分为四个层次的评价：反应层次、学习层次、行为层次和效果层次。大部分企业对于培训结果的监控只是放在前两个层次上，即只对培训的现场状况，如培训讲师的表现、对受训员工所学知识或技能的多少等进行考评，而对该培训对员工行为的影响，甚至对于公司或团队整体绩效的影响并不跟进。这对于规避员工培训风险和提高培训效益是十分不利的。那么，如何进行行为层次和效果层次的评估呢？实践中比较有效的做法是在每次培训结束时，要求受训员工根据培训时所学习的内容，制定下一阶段的行动方案，并将该行动方案与员工的直接上级沟通，以便在一段时间后对员工进行评估。对于效果层次的评估可以从两个方面进行：一是从员工的工作完成情况、准确度或工作被采用的程度来评价；二是从整个公司的培训收益来评估，如进行员工满意度调查、成本效益分析、离职率等。

（四）让员工合理分担培训费用，减少资金无法收回的风险

现在员工培训的费用，特别是长期培训、高新技术培训的费用很高。如果培训费用全部由企业承担，会给企业造成巨大的财务压力，如果人才流失，企业损失更大。既然培训既是企业发展的需要，也是员工个人能力提升的需要，那么，员工分担部分培训费用也是合情合理的，而且有利于企业规避员工培训的风险。当然，员工合理分担培训费用要采取灵活的方式，如对于一次性支付培训费用有困难的员工，其培训费用可从薪酬中逐年扣除；对于参加培训的员工，在企业服务了一定年限而且业绩突出者，企业可以逐年退还部分培训费用。

（五）借助法律的手段降低人才流失的风险

1. 签订培训协议

签订培训协议是防止人才流失的强有力的约束制度，这主要是针对培训周期较长、培训费用较高的受训员工。协议主要是明确企业为员工提供培训的机会，员工运用自己所学知识和技能为企业服务一定的年限，如若员工在培训后未满服务期限要求跳槽，员工必须赔偿企业相应的损失，或受到某种制裁。签订协议要坚持三个原则：一是公平性原则，企业和员工的权利和义务应公平合理；二是合法性原则，协议方应符合国家法律、法规和劳动人事政

策,格式规范、条款明确、手续齐备;三是可行性原则,协议规定的条款应可执行,便于操作。

2. 用法律手段限制不合理的人才流动

人才流动可能会产生各种不利于企业的因素。合理的人才流动与不合理的人才流动区别在于是否遵守劳动纪律、执行劳动合同、保守商业秘密。企业在加强人才素质实施培训的同时,应着手建立各种合理防范措施,利用现有法律和制度,限制不合理的人才流动,降低企业培训的投资风险。第一,选择合适的培训时机。根据《劳动法》规定,劳动者在试用期内可以随时通知用人单位解除劳动合同,也就是只要在试用期内,劳动者可以在任何情况下以任何原因向用人单位提出解除劳动合同的要求,而用人单位不能以任何理由阻止。因此,企业在试用期内对员工进行培训的风险就大。第二,依法维护企业的正当权益。如果员工违反培训协议,企业可以上诉至劳动争议仲裁委员会,若员工不履行劳动争议仲裁委员会的裁决,企业有权向有管辖权的人民法院申请执行。

实训 5-4 预防培训风险

实训形式:案例分析

实训步骤

第一步:实训前准备。要求提前阅读有关培训风险的相关文献,了解培训风险预防的理论知识。

第二步:对以下案例——"东方公司"的培训难题进行分析。

东方公司原来是一家设备简陋的小化工厂,现在已经发展成一家设备先进的跨国公司。东方公司的成就应部分归功于公司人事关系处处长柳成功。

今天早晨的办公例会表明,他应该抓一下人力培训科的工作,而且要快。刘巧英的问题是今天早晨办公例会讨论的重点。他在思考,是刘巧英变了,还是公司人力培训项目真的出现了严重问题。

柳成功打开章明红亲笔写的一封长信,希望这封信能解释今天早晨办公例会上章明红发脾气的原因。"老柳,很抱歉,我今天早晨在会上发脾气。不过,你要知道,我们公司的问题很严重。这种支付职工学费的培训项目对公司来说花费太大,但收益很小,去年我们支付的教育培训项目就达 15 万美元。"

"刘巧英提出辞职。她获得财会专业学士学位已有一年多,但至今没有人过问她的事。"公司很难有一套总体培训方案,人力计划系统根本没有一种方法确定组织中哪些人是可以晋升的,"公司花费了大量的资金,供职工培训、提升,但是如果我们不注意充分利用这些人才,就会失去他们,那时损失就更大了。"

柳成功拿起电话,打给章明红:"老章,我是柳成功。我看了你的信,你的看法很正确,我们的问题确实很严重。我们公司现在有多少像刘巧英这样的情况?"

"今年已有 15 个。"

柳成功决定当天下午 4 点钟与公司副总经理们见面,想向他们提出这一问题并一起讨论解决问题的措施。

第三步：请同学们根据案例，帮助东方公司改善培训风险，并完成实训表5-4。

实训表5-4　东方公司培训风险预防设计

小组号_____　姓名_____　学号_____　成绩_____

请同学们根据案例，提出东方公司培训风险预防的措施或方法，要求分点介绍每一个措施或方法的具体内容。	
培训风险预防措施一： _____培训	具体预防措施内容：
培训风险预防措施二： _____培训	具体预防措施内容：
培训风险预防措施三： _____培训	具体预防措施内容：
培训风险预防措施四： _____培训	具体预防措施内容：

第四步：实训5-4任务评价。

1. 本次任务技能点评价（如表5-4-1所示）。

表5-4-1　培训风险技能点评价

序号	技能点评价	佐证	达标	未达标
1	培训风险的概念	能够熟练掌握培训风险的概念		
2	能够熟练掌握培训风险的类型和预防措施			
3	能够对培训案例中所要用到的策略进行分析和分类			

2. 本次任务的素质点评价（如表5-4-2所示）。

表5-4-2　培训风险预防素质点评价

序号	素质点评价	佐证	达标	未达标
1	创新意识	能够在培训的预防措施中安排满足团队所需求的内容，并融入具有新意的预防措施		
2	协作精神	能够和团队成员协商合作共同完成实训		
3	资源的查找、整合能力	能够进行相关资源的查找和整合		

续表

序号	素质点评价	佐证	达标	未达标
4	传统文化意识	能够应用培训风险知识分析相应的传统文化团队的培训风险		
5	严谨的工匠精神	能够在团队培训案例中做出精确分析		
6	自我学习能力	能够运用团队培训预防的相关知识和技能		

项目拓展资源　　　　　　项目同步测试

项目六

团队激励

知识目标

认识团队激励的内涵、内容和作用
了解团队激励需求的概念和类型
了解激励理论在实践中的运用途径

能力目标

能够对团队激励需求进行流程分析
能够采取适当激励措施引导并促进工作群体或个人产生有利于组织目标的行为

素质目标

培养学生的团队精神
培养学生的团队管理意识
培养学生对中华传统文化的热爱情怀

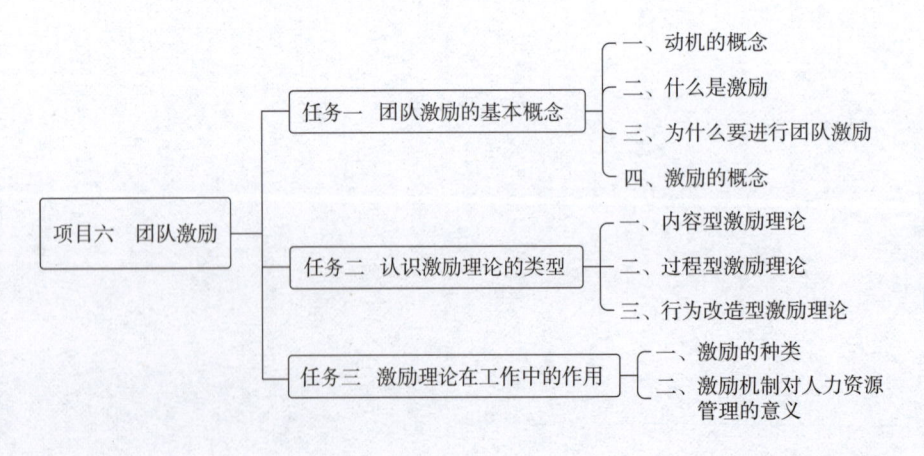

```
                           ┌─ 一、动机的概念
              ┌ 任务一 团队激励的基本概念 ┤─ 二、什么是激励
              │            ├─ 三、为什么要进行团队激励
              │            └─ 四、激励的概念
              │            ┌─ 一、内容型激励理论
项目六 团队激励 ┤ 任务二 认识激励理论的类型 ┤─ 二、过程型激励理论
              │            └─ 三、行为改造型激励理论
              │            ┌─ 一、激励的种类
              └ 任务三 激励理论在工作中的作用 ┤
                           └─ 二、激励机制对人力资源管理的意义
```

团队故事与分析

任务一　团队激励的基本概念

导学：团队成员的激励

案例导入

"不鼓励"加班

在 2017 年，一位拥有微博官方认证的用户发布了一条颇具话题性的微博，其中提到了深圳存在一家别具一格的网络公司。该微博内容以其独特的企业文化与办公现象引发了广大网民的关注和共鸣，尤其戳中了众多职场人士的心声，短时间内便在网络上获得了大量的转发与热议。

微博详尽地描述了这家公司的日常：员工下班时间设定在下午五点半，而六点半时公司会安排宽敞舒适的班车接送员工回家，且明确表示并无人强制加班。然而，由于员工们都渴望能在结束一天的忙碌工作后，体面地坐上一人一座、环境舒适的班车返回家中，因此大家自愿选择延长工作时间至六点半，主动加班一小时。

不仅如此，微博进一步揭示了该公司更为人性化的一面：晚上八点，公司还会提供东来顺品牌的工作餐，不仅种类丰富多样，而且保证让员工吃得饱腹满足，甚至还有新鲜水果供应。面对如此诱人的待遇，员工们不禁思考，既然回家还需自行准备晚餐，何不利用这个机会再主动加班一小时，享用完营养美味的工作餐后再踏上归途呢？

此外，微博还透露了一个令人意想不到的福利政策——晚上十点以后，员工打车回家的费用可以全额报销。考虑到经过一天长达十几个小时高强度的工作后，员工们可能已无余力再去挤公交，公司贴心地提供了一项补贴措施。于是乎，不少员工索性再次选择了主动加班两小时，直至十点以后才安心离开公司，享受这份特殊的关怀。

这条微博所描绘的这家公司凭借其新颖独特的管理方式和人文关怀，在社交媒体上引起了广泛讨论，也让人们重新审视了现代企业如何通过创新制度和福利政策激发员工积极性，实现工作效率与生活质量之间的平衡。

当天下午，腾讯公司官方公开回应该微博称："嘿，我就是你们说的那家公司"，并自嘲称："一夜之间，又有人说我们是一家'逼加班'公司。"

在回应中，腾讯承认公司确实存在加班情况，因为"业务也挺繁重"，但同时强调，公司并不提倡加班文化，并表示，为了解决加班多的问题，甚至前段时间还安排了"稽查队"清理下班后逗留的情况。

腾讯表示："不可否认，腾讯加班情况还是有的，感谢大家的关注，公司也一直在提倡不加班文化！前一阵子，员工还成立了一个'稽查队'，遇到有人在办公室加班逗留，会一本正经、认真严肃地'劝离'。"与此同时，腾讯在该回应中还表示，上述微博的说法虽然大体无误，但在一些细节描述上存在错误，并一条条进行了修正说明。

公司五点半下班——提倡弹性工作，绝大多数部门没有"打卡上下班时间"。六点半有公司班车——不只晚上六点半，早上六点到九点、晚上六点到十点都有多班班车。腾讯在深圳共约370条班车线路，覆盖1 000多个站点，每天接送约13 000万人次上下班，可以与一个中小城市的公交系统相媲美。

没人逼你加班——这个是真的，但业务也挺繁重。晚上八点有东来顺的工作餐：样多，管饱，有水果。东来顺是早期一家餐饮服务商，其实不只东来顺，还有麦当劳、稻香村、自己的咖啡馆"Image"，方便员工没事就下去喝杯咖啡。八点吃完工作餐准备回家，又想起一条公司制度：十点以后打车报销——这个也是真的。十点后由公司出发回家的市内交通可以报销，广州地区为九点半。

不仅如此，腾讯还表示，公司针对员工的福利其实挺多的，比如给特定员工买房提供最高50万元借款，年轻员工租房可以领补贴（北上广深四地为15 000元/年/人，其他城市为7 500元/年/人），每年30天的全薪病假，员工半价买Q币等。

最后，针对焦点"加班"问题，腾讯强调称："腾讯不敢回避，多次明确不支持加班的态度，反对无效加班的不良现象，也有部门发起不加班日，规定每周三下午六点准时下班！我们也在思考，在激烈竞争的行业背景下，如何寻得更好的发展模式。"

通过上述案例，请思考：
1. 腾讯公司里，员工为什么心甘情愿加班？
2. 激励的本质是什么？企业在建立激励机制的时候要考虑什么？

在弄明白激励原则和应用之前，需要先搞明白激励的原因、什么是激励、为什么要激励等问题。

一、动机的概念

动机，作为一种内在的心理过程，深刻地描绘了个体为了实现特定目标所展现的努力程度、行动导向以及持之以恒的毅力特征。动机定义为一种过程，体现了个体为实现目标而付出努力的强度、方向和持续性。这一概念的核心在于强调人的心理动力机制，驱动个体不仅在一般情境下为达成任何个人目标而付出不懈努力，而且在组织环境这一特定语境中，其关注焦点更为明确和集中，即个体需将这种心理驱动力有效地引导至与组织战略目标相契合的方向上，确保个体的努力与组织的整体愿景和发展路径保持一致。

强度这一概念实质上体现了个体所付出的努力程度。在探讨动机时，人们普遍关注的是其强度要素。然而，在管理领域中，单纯高强度的努力并不必然带来卓越的工作成效，除非这种努力是导向对组织有益的方向。因此，除了考量努力的强度，同样需要关注努力的方向性，真正值得追求的是那些始终指向并紧密契合组织目标的努力行为。此外，动机还涵盖了持续性的维度，它衡量的是个体可能维持努力状态的时间长度。一个被有效激励的个体，会为了实现自身目标而持久地投入某项任务之中。而激励每一名员工的工作动机，则成了组织管理者要从事的首要工作之一。

要有效地激发和维持个体的内在动机，必须深入探究人的内在心理机制，理解人们为何会在工作中展现出不同的努力程度与态度。首先，需要揭开"动机"这一概念的神秘面纱，剖析其背后的深层次原因，包括但不限于个人目标设定、价值观驱动、成就感追求以及自我实现的需求等多元因素，进一步理解激励动机。

进一步来说，为何在同样的工作环境中，有的人能够始终保持高昂的热情与持久的干劲，如同永不停歇的引擎，源源不断地为工作注入创新活力与不懈努力？这往往源于他们对工作的深度热爱，对目标的高度认同，以及对自身价值实现的强烈渴望。相反，为何有的人却常显得萎靡不振、士气低落，仿佛失去了前进的动力？其中可能包含了诸如目标模糊不清、缺乏激励机制、工作环境压抑、能力与期望值之间的差距过大等因素的影响。因此，要解决这类问题，就需要从多维度出发，充分挖掘并满足个体的心理需求，从而有效调动他们的积极性，点燃内心深处的激情之火，让每个人都能够在工作中焕发出应有的光彩。

二、什么是激励

人的行为是由一系列有目的的活动所组成的，研究和讨论激励的本质旨在揭示人类行为背后的驱动因素。在任何特定时刻，个体所表现出的活动及其产生的原因都是有迹可循，并且具有合理性的。一旦深入理解了驱使人类行为的根本原因，就有可能有效地引导人们的行动朝向预设的目标方向发展。

何为激励？激励实质上是一种激发人们积极向上的内在动力。正如车辆的运行依赖于引擎，飞机的翱翔依靠引擎推动，对员工而言，激励就如同他们的"引擎"，为其提供前行的力量。值得注意的是，这种动力并非源自对员工的责备与压力，而是可通过有效的激励手段来唤醒和增强。究其原因，激励意味着他人对自己的信任、对自己的认可，以及对自己价值的高度重视。实现激励的方式多种多样，包括但不限于薪酬激励、文化氛围激励以及言语鼓励等。

楚汉争霸时，投靠了刘邦的陈平，对西楚霸王项羽的评价是项羽表面上很爱他的士兵，比如他的士兵生病他也会因此落泪，但当他要奖赏将士时却特别吝啬，手里拿着发给下属的"印鉴"，却迟迟不肯发下去，因为"掌握"得太久，印鉴的角都被磨光了。下属得不到应有的赏赐，就会觉得主帅不是真的爱惜下属。

激励作为一种管理手段，旨在通过有效的刺激手段激发和鼓励个体的积极性与热情。从心理学视角来看，激励是一种正面情绪状态，能够引导人们深入投入某一活动或任务中，集中精力并持续朝着目标迈进。

激励这一术语源自心理学领域，心理学专家将其诠释为一种"持续激发内在动机的心理动态过程"。在管理学范畴内，"激励"具有双重含义：首先，它扮演着提供行为驱动力的角色，即通过引导和推动的方式影响个体行为；其次，它涉及巧妙特定的设计策略以点燃学习者或员工的兴趣。激励不仅涵盖了激发、鼓舞和利用利益诱导等方面，还包含了约束与规范的作用。

三、为什么要进行团队激励

团队成立的目的就是要完成一般工作群体很难完成的任务，这就要求团队激励的方法和手段一定要有别于一般的工作群体，在激励的过程中更加注重对团队成员工作潜能、创新能力以及工作成果的激励。

（一）激发团队成员工作潜能

哈佛大学教授威廉·詹姆斯研究发现，按时计酬的员工一般仅发挥20%～30%的能力，即可保位子而不被解雇；如果员工受到充分激励，他的能力可以发挥80%～90%，甚至更高。其中近60%的差距全因激励的作用所致，这一定量分析不能不使人感到吃惊。试想一下，如果企业内部每位员工的能力都能发挥到80%～90%，那么企业的运营效率、经营结果将会发生多大的变化！无独有偶，《哈佛商业周刊》的调查数据也表明：员工满意度每提高3个百分点，可以使企业员工流失率降低5%，运作成本降低10%，劳动生产率提高25%～60%。

在将激励理念融入管理实践的过程中，其关键核心是激活员工的工作热情与创新精神。这意味着要采取一系列有力的举措，以调动员工的积极性，鼓励他们全身心地投入，高效完成组织分配的各项任务，并积极致力于实现企业的战略规划。一套高效的激励机制，能够增强他们的工作驱动力，进而激发超越自我、追求卓越的雄心壮志，释放出蕴藏于内的巨大潜能，使员工乐于为实现企业的长远发展目标付出持之以恒的努力。

（二）激发团队成员创新能力

创新是任何一个团队运营的核心。当然这里所说的创新既包括质量创新、成本创新、时间创新和客户服务模式创新，也包括战略创新、商业模式创新、管理模式创新等。团队激励应该鼓励团队成员的创新想法、创新行为及创新成果。一个人只有被充分激励才会迸发出无穷的想象力和创造力，而企业发展、团队运营、时代进步都需要无数具有创造力的人去推动。

在人力资源管理的实际操作中，激励机制起着关键作用，它激发员工的积极态度，增强其对工作的投入程度，并且作为培养创新能力与推动思维发展的强大引擎。当激励理论得到有效运用时，员工会因其对工作的深度热爱而自然提升内在的工作积极性，自发地追求知识创新和探索；同时，管理者也会紧跟时代步伐，不断更新自身的管理理念，持续提升专业技能和职业素养水平。

（三）肯定团队成员工作成果

团队运营最大的好处就是可以做出"1+1>2"的成果，简称"协同效应"。这就要求团队中的领导者学会按照工作成果进行评价与激励，鼓励那些工作成果突出、对团队工作成果贡献大的团队成员。

简而言之，更高的激励水平会带来更强的工作投入度、满意度以及工作效率提升；反之，较低的激励水平则会导致员工缺乏追求组织目标的动力，从而降低整体的工作效能。

导学：团队精神的激励

四、激励的概念

著名心理学家和行为科学家弗鲁姆（Victor H. Vroom）把激励定义为：个体采取某种行

动的意愿强度，这种意愿是基于对行动可能导致的结果的期望，以及这些结果对个体的吸引力。激励是诱导人们按照预期的行动方案进行行动的行为。这些活动可能对被激励者有利，也可能对被激励者不利。伯克利加州大学副教务长、工业与组织心理学教授佐德克（Seymour Zedeck）认为，激励是朝某一特定目标行动的倾向。美国管理学家贝雷尔森和斯坦尼尔（Berelson & Steiner）给激励下定义："一切内心要争取的条件、希望、动力等都构成了对人的激励。它是人类活动的一种内心状态。"

上述定义似乎都强调了同样的内容：激励是一种驱动力或者诱发力。基于此，本教材对激励进行如下定义：激励就是激发员工的工作动机，调动其工作积极性和创造性，以促使个体有效地完成组织目标。具体来讲，所谓激励，就是组织通过设计适当的外部奖酬形式和工作环境，以一定的行为规范和惩罚性措施，借助信息沟通，来激发、引导、保持和规范组织成员的行为，以有效地实现组织及其成员个人目标的系统活动。这一定义包含以下几个方面的内容：

（一）激励机制的核心理念

激励机制的核心理念实际上是对组织成员多元需求的深度洞察与满足。这一机制的设计精髓在于精心构建一套既能反映外部市场价值，又能契合内部心理诉求的奖励结构，同时营造一个积极向上、充满挑战且尊重个性的工作环境。这样的设计旨在实现对员工物质待遇和精神满足的双重关注，让员工在追求个人成就的同时，也为企业创造更大的价值。

（二）一个有效的激励策略应当兼顾奖惩两个维度

一个有效的激励策略既要热情洋溢地表彰并回馈那些符合企业价值观、积极推动企业发展壮大的行为表现，也要以公正严谨的态度对那些偏离企业期望的行为进行适度约束和及时纠正，从而引导全体员工形成良好的工作习惯和行为规范。

（三）激励是一个全方位、深层次且持久的过程

激励如同一条无形的纽带，贯穿员工从入职到发展的每一个阶段。包括但不限于深入探究员工的内心世界，理解其个人诉求和职业愿景；精准把握每位员工的性格特点和能力优势，为他们提供个性化的发展路径；全程引导员工的职业行为发展，激发其潜能；公正、透明地评估员工的工作成果，确保付出与回报相匹配。正如管理学大师弗雷德里克·赫茨伯格所强调的："激励员工的关键在于持之以恒地投入与关怀。"

（四）信息沟通在激励体系中扮演着至关重要的角色

信息沟通是连接企业与员工之间信任与互动的桥梁。从制定并宣传明确、公正的激励政策，到深入了解每个员工的独特性及差异化需求，再到实时监控员工的工作行为及其绩效变化，并最终做出客观公正的评价反馈，每一环节都离不开高效、畅通的信息交流。企业内部信息沟通的质量，包括畅通性、及时性、准确性和完整性，将直接影响激励制度能否发挥出预期的作用，以及执行过程中所需的成本控制。

（五）激励机制的终极目标是寻求一种和谐共生的关系

激励机制的终极目标是在确保组织战略目标顺利达成的基础上，助力每一位员工实现个人职业发展的理想蓝图。这种目标的融合与统一，不仅能够提升企业的整体竞争力，更能打

造出一支具有高度凝聚力和创新力的团队，使组织目标与个人目标在客观层面上达到深度契合与协同进步。

实训 6–1 团队激励的方式

实训形式：团队游戏

实训步骤

第一步：实训前准备。要求学生提前阅读团队激励方式的相关文献，了解本次实训的理论知识。

第二步：以 6~8 人为一个团队，完成"无敌风火轮"游戏。

团队游戏：无敌风火轮

（1）由团队成员共同商议，确定团队的旗帜和口号。

（2）按讨论商议的结果和设计要求制作出真实的团队旗帜。

（3）团队共同努力，用报纸和透明胶带制作出一个能够容纳所有成员的环形履带（风火轮），大家进入履带（双脚站在履带贴近地面的部分内，手持履带上端），同时举起团队旗帜，喊着团队口号，从起点出发向终点前进，使履带滚动起来。在行进过程中，团队成员的位置不能调换，脚不能离开履带范围。若在行进中履带发生断裂，要停止行进，用透明胶带补好断裂处才能再次前进。到达终点时，以最后一位团队成员的脚越过终点线为止。

（4）按完成任务到达终点的先后顺序公布各团队的比赛成绩。

第三步：由团队管理者（领导者）组织团队成员讨论在整个比赛过程中存在的问题或取得的经验，以及每个团队成员所感受到的团队激励。

第四步：抽取学生代表发言。

第五步：教师总结，进一步讲解团队激励的方式，巩固理论知识点。

任务二 认识激励理论的类型

案例导入

使员工和企业一起长期发展

某公司成立两年就开始启动员工的股权激励。在做激励计划前，首先，对核心员工进行调研，了解员工是否愿意买公司股票，为什么愿意持股。其次，设计了三个方案分别征询员工意愿度：第一个方案是购买价 2 元一股，没有锁定期，三年减持，报名的员工有近 90%；第二个方案是 1.8 元每股，锁定两年，分三年减持，有近 70% 的员工报名；第三个方案是 1 元每股，锁定五年，分三年减持，有超过 50% 的员工报名。董事长最后在三个方案中选定了第三个，他认为企业在初创期，还需要一个较长的发展期才能达到更高的阶段，企业需要一批核心员工长期稳定地支持企业未来的发展。除此之外，该公司计划预留一定的股权数,为公司持续不断的新进人员创造激励的空间,这对企业引进高端人才来说是非常重要的。

案例分析

  共同持股,无论是以直接方式还是以间接方式向员工授予部分公司股权,都可以将员工个人利益与企业目标捆绑在一起,使员工在努力提升公司业绩和效益的同时,自身也同样受益。当员工"主人意识"增强,愿意扩大对经营结果的参与度时,有助于调动员工的个人潜力。初创期的企业存在着巨大的资金压力,若给员工支付高额的固定工资和福利,对企业来说就是雪上加霜。因此,共同持股可以适当降低支付给员工的当期现金,也让员工看到未来可能的高额回报,激励员工积极推动企业达成未来目标,实现多方共赢。

  初创期实施合适的长期激励计划,不仅能提高企业原有人才的忠诚度,也能吸引外部人才,为企业不断输送新鲜血液。需要注意的是,共同持股在给员工授予股权的同时,也会对员工附加一定的限制,诸如在公司的服务期限、对同业竞争的限制、个人业绩结果承诺等。这些人才约束机制也是对企业经营发展的一种保护。

  团队激励是企业管理不可或缺的关键组成部分,随着企业竞争日益激烈,众多企业逐渐意识到将激励理论有效运用的重要性。在实施团队激励措施时,必须深入理解和全面掌握激励理论,以便企业能够更有效地发掘人力资源的潜在价值,进而提升自身的核心竞争力。企业的稳健发展与有力的人力资源支撑紧密相连,在全球范围内,关于人力资源激励的研究和讨论始终活跃并持续深入。激励理论主要包含以下几种:

一、内容型激励理论

  内容型激励理论就是针对激励的原因与起激励作用的因素的具体内容进行研究的理论。就组织激励而言,它是围绕如何满足员工的需要进而调动其工作积极性而展开研究的。较成熟的内容型激励理论主要有马斯洛的需要层次理论、赫茨伯格的双因素理论、麦克莱兰的成就动力理论和奥尔德弗的 ERG 理论,如图 6-1 所示。

图 6-1 四种激励的对比

（一）马斯洛需求理论模型

导学：马斯洛需求理论

1. 基本概念

马斯洛的需求层次理论认为，员工是被一种满足内在需要的愿望所驱使而行动的。马斯洛在其《人类动机理论》一书中提出了"需求等级"的概念，并指出了五个需求等级。最初的五种需求分别是：

（1）生理需求：包括食物、水、睡眠、性和其他身体需求。

（2）安全保障需求：包括保护自己免受生理和情绪伤害的需求。

（3）社会归属需求：包括爱、归属、接纳和友谊。

（4）尊重需求：内部尊重因素，如自尊、自主和成就感；外部尊重因素，如地位、认可和关注。

（5）自我实现需求：使个体成为他所能成为的人的内驱力，包括成长、开发自我潜能和自我实现。

依据马斯洛的需求层次理论，当个体的基础需求得到一定程度的满足后，更高阶的需求便会占据主导地位。因此，若要有效激励一名员工，首要步骤是识别员工当前所处的需求层级，进而重点满足该层级的需求，甚至可以进一步满足其更高级别的需求。如图6-2所示，把需求的层次描述为一座金字塔，这成了马斯洛需求理论最有名的表现形式。

图 6-2 马斯洛理论的需求层次

马斯洛的需求理论认为，人的行为动机源于不同层级的需求，这些需求按照由低至高的顺序排列，并且在满足的优先级上存在一定的先后关系。具体来说，只有当个体的基础生理需求得到充分满足后，才会进一步追求更高阶的需求，如自我实现的需求。因此，为了更有效地实现预期目标，必须针对人们各层次的需求差异，相应采取多元化的激励策略。

2. 马斯洛需求层次理论在管理中的应用

马斯洛在需求层次理论中明确提出，人的需求层次结构客观且普遍存在，这一结构涵盖了从基本的生理需求到最高级的自我实现需求等五个层次。他强调，既然这五个层次的需求是人类内在驱动的核心要素，那么对管理者而言，其首要任务就是深入理解并精准识别出与各个层次需求相对应的激励因素，这些因素能够有效激发个体的积极性和创造性。

管理者需要根据不同层次需求的特点，精心设计并实施一系列针对性强、科学合理的组织措施。例如，在满足员工的基础生理和安全需求后，可能需要提供稳定的薪酬福利、安全保障以及舒适的工作环境；而在面对更高层次的社会认同需求时，则需注重团队建设、公平公正的评价体系以及良好的企业文化氛围；再进一步针对尊重需求，管理者应当建立有效的、透明的晋升机制，提供个人发展机会，并尊重员工的个性与才能；而对于最高层次的自我实现需求，鼓励创新、富于挑战性的工作以及提供充分的自主权，就显得尤为重要。

因此，通过明确不同层次需求与其相应的激励因素之间的紧密联系，并采取相应恰当的组织措施，管理者不仅能够有效地引导和控制员工的行为，更能最大限度地调动员工潜能，从而有力推动组织目标的高效实现。

从表6-1中可以看到，为了全面且有效地迎合不同层级员工的多元化需求，管理者的首要任务是深入研究并精准识别与各个需求层次相对应的各种激励因素。这一过程需要对员工的需求进行详尽分析和准确把握，为后续科学制定和执行相应的组织策略提供有利依据。

表6-1 不同层级员工的多元化需求

需要层次	一般激励因素	组织措施
自我实现需求	成长，成就，提升等	挑战性工作，创造性，在组织中提升，工作的成就等
尊重需要	承认，地位，自尊，自重等	工作职称，奖励增加，同事和上级认可，责任增加，舒心的环境条件等
社会归属需求	志同道合，爱，友谊等	管理的质量，和谐的工作小组，同事的友谊等
安全保障需求	安全，保障，胜任，稳定等	安全的工作条件，外加的福利，普遍增加薪水，职业稳定，有一定的提升空间等
生理需求	空气，食物，住处等	基本工资，基础的工作条件，基本福利等

以满足员工的基础生存需求为例，该层被涵盖了确保员工的基本生活保障，如合理的薪酬待遇、优质的工作环境以及完善的福利体系等关键性组织措施。具体来说，企业可以通过适度提升薪资标准，优化工作场所的安全卫生条件，构建包括住房补贴、餐饮补助在内的综合福利政策，在条件允许的情况下设立员工宿舍、食堂等配套设施，确保员工在基本生活需求方面无忧无虑。同时，对于员工的婚姻等个人生活问题，企业也应当给予适当的关注与支持，协助员工解决实际困难，进而增强其工作满意度和忠诚度。

当员工的自我实现需求占据主导时，他们的创新意识和潜在建设性能力将得到最大限度的激活。这个时候，组织应当采取更为高级且灵活的激励措施，激发员工在工作中展示创造性，并通过赋予员工充足的自主决策权、分配具有挑战性的任务，以及提供持续的学习与发展机会，让员工能在追求个人价值实现的过程中，积极地推动组织目标的实现。管理者应深刻理解每个人内心深处都蕴藏着无限的创新能力和潜力，因此要致力于建立一个有助于员工成长、成就与职位晋升的良好机制。这样的做法不仅能够有效地满足员工高层次的自我实现需求，还能进一步驱动整个组织的持续发展与进步。

（二）赫茨伯格的双因素理论

1. 基本概念

20世纪50年代末期，美国行为科学家赫茨伯格和他的助手们在美国匹兹堡地区做了一项大规模的访问研究，对匹兹堡地区11个行业的200多名工程师与会计人员进行询问调查。访问主要围绕两个问题：在工作中，哪些事项是让他们感到满意的，并估计这种积极情绪能持续多长时间；又有哪些事项是让他们感到不满意的，并估计这种消极情绪会持续多长时间。

从"满意"和"不满意"两个维度出发，赫茨伯格将调查结果进行了归类，如图6-3所示，总结得出能够提高员工工作满意度的主要因素包括：个人成就、组织或社会的赞赏、工作的挑战性、明确的职责划分以及个人的成长与发展。这些主要与工作有关，能够令员工满意、激发员工工作积极性的因素，被赫茨伯格命名为"激励因素"。与之相对的，公司的政策与管理方式、上级的监督、工资福利、人际关系以及工作的条件，这些与环境相关、容易引起员工的不满、不能激发其工作热情的因素被命名为"保健因素"。

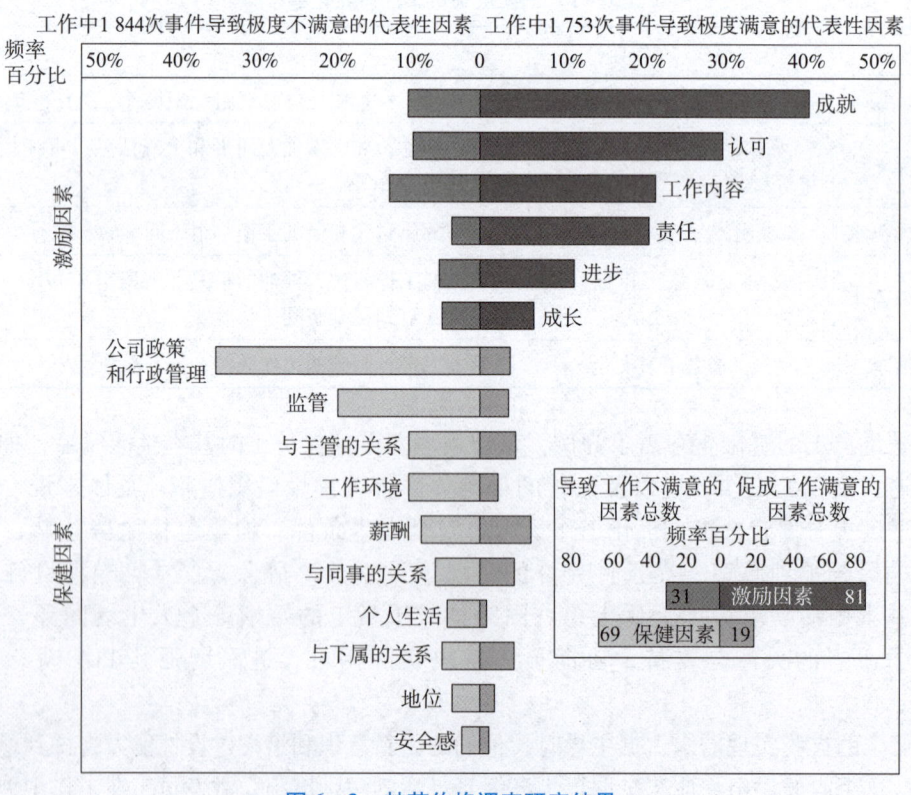

图6-3 赫茨伯格调查研究结果

赫茨伯格还指出，与传统的看法不同，这些数据表明满意的对立面不是不满意。即便消除了工作中的不满意因素，也不一定能使工作令人满意。赫茨伯格提出了一种二维连续体："满意"的对立面是"没有满意"，"不满意"的对立面是"没有不满意"，如表6-2所示。

表6-2 双因素理论

激励因素	保健因素
成就	监督
认可	公司政策
工作本身	与主管的关系
责任	工作条件
进步	薪水
成长	与同伴的关系
—	个人生活
—	与下属的关系
—	地位
—	稳定与保障

根据双因素理论（见表6-3），工作满意度的来源与导致工作不满的原因是两个相互独立且不同的维度。这意味着管理者即使致力于消减工作中令人不满的因素，也只能创造出一个中性的工作氛围，并不一定能起到激励作用，这些举措仅仅能够消除员工的负面情绪，却无法有效激发他们的积极性。像行政管理、薪酬待遇、公司政策、办公环境、人际关系以及职业稳定性等因素，被归类为保健因素。当这些保健因素得到满足时，员工虽不会感到不满意，但也不会因此产生积极的满意感。

表6-3 激励因素与保健因素的比较

项目	激励因素	保健因素
起源	人类形成的趋向	动物生存的趋向
特征	性质上属于心理方面的长期满足、满足或没有满足，重视目标	性质上属于生理方面的短暂满足、不满足或没有不满足，重视任务
满足和不满足的源泉	工作性质（对个人来说主要是内部的）、工作本身、工作标准	工作条件（对个人来说主要是外部的）、工作环境、非个人标准
显示出来的需要	成就、成长、责任、赏识	物质、社交、身份地位、方向、安全、经济
具体内容	工作上的成就感，工作中得到认可和赞赏，工作本身的挑战意义和兴趣，工作职务上的责任感，工作的发展前途，个人成长、晋升的机会	公司（企业）的政策和行政管理，技术监督系统，与高级主管之间的人事关系，与同级之间的人事关系，与下级之间的人事关系，工作环境或条件薪酬，个人的生活职务、地位，工作的安全感

若要真正驱动员工积极投入工作，必须关注那些与工作本质紧密相连或与工作成果直接相关的因素，例如，晋升机会、个人成长空间、获得认可、承担责任以及实现成就感等。这些因素被认为具有内在的激励效果。

2. 双因素理论在管理中的应用

首先，要注意保健因素的作用，注意创造良好的工作外部环境和条件，防止人们对工作产生不满的情绪，保持员工的积极性，这对提高劳动效率和管理效率有重要的作用。其次，要在保健因素的基础上，利用激励因素去激发职工的工作热情。如果只顾及保健因素，仅仅满足于员工没有意见，大家相安无事，还是不能创造出一流的工作业绩。所以，在管理工作中，更重要的是利用激励因素，如利用"工作再设计"的方法，扩大员工的工作范围，丰富员工的工作内容，消除员工长期从事单一、重复劳动而产生的单调乏味的厌倦心理，增强成就需要，让工作本身成为一种强有力的激励因素，激发员工的工作热情，努力提高工作绩效。

案例导入

良好的环境改变人们的行为

20世纪80年代纽约以脏乱差闻名，环境恶劣，同时犯罪猖獗。地铁的情况尤为严重，甚至成了罪恶的延伸地：平均每7个逃票的人中就有一个通缉犯，每20个逃票的人中就有一个携带武器者。1994年，新任警察局局长布拉顿开始治理纽约，就从地铁车厢开始。车厢干净了，站台跟着也变干净了，站台干净了，阶梯也随之整洁了，随后街道也干净了，然后旁边的街道也干净了，后来整个社区都干净了，最后整个纽约变了样，整洁又漂亮。现在纽约是全美国治理最出色的都市之一，这件事也被称为"纽约引爆点"。

调整环境其实就是通过环境的改变让正确行为更容易出现，错误行为更难以发生。如银行里设置排号机，人们就不会乱插队；交管部门设置道路标识，就会减少交通事故。心理学研究表明：良好的工作环境不仅能提高工作效率，而且能对员工的满意度有正向影响。

案例分析

根据赫茨伯格的双因素理论，工作环境属于保健因素，差的工作环境会导致员工的不满意度增加，降低对工作的兴趣与投入度。如果可以选择，没有一位员工乐意每天待在脏乱差和危及健康的办公环境中工作。另有数据表明，单调枯燥的办公环境容易让人有视觉疲劳感，思维活跃度低。全封闭式房间会让人潜意识里认为沟通有壁垒，降低员工之间沟通的意愿度，这成为跨部门合作困难的原因之一。企业高层奢华的办公室也会让员工感受到不平等，心理距离使得大部分员工会选择尽可能少地与高层管理者沟通工作信息或获取高层反馈。这也是造成员工满意度低的因素之一。

另外，办公设备是否智能化也对员工的工作效率和积极性有影响。例如，一名需要经常运行、整理大量数据的销售助理，如果计算的配置很低，他每打开一个数据库都需要等10多分钟，正在处理数据的计算机会突然死机，而前面的工作尚未及时保留，不得不重新做一遍。试想这位员工能有多高的热情投入他正在从事的工作中？又如，因为没有信息化办公系统，员工需要人工重复处理大量基础信息。人工完成简单但繁重的信息收集整理工作，不仅效率低还容易出错，这样的工作方式产出的数据准确性与及时性也难以满足管理者的决策需求。员工很难从这样的工作中获得乐趣，也不太可能产生价值感和成就感，管理者也会因此产生焦虑烦躁感。有些企业希望通过降低对办公设备应有的投入来节省成本、获得高利润，实际上这样做反而会造成员工绩效与满意度双低的结果。

（三）麦克莱兰的成就动机理论

案例导入

假设摆在你面前的有1个沙包和5个靶子。你的任务是用沙包击中靶子，但靶子与你的距离一个比一个远。靶子A可以轻而易举地被击中，因为你距它只有一步之遥。如果你击中它，会得到2美元。靶子B稍远一些，报酬是4美元，但只有大约80%的人能击中。靶子C约有一半人可以击中，报酬是8美元。很少有人能击中靶子D，但如果击中的话，报酬是16美元。最后，如果击中靶子E，报酬为32美元，但几乎没有人做得到。你会选择哪个靶子试试？如果你选择靶子C，你很可能是一个具有较高成就需求的人。

导学：麦克莱兰的成就动机理论

1. 基本概念

麦克莱兰的成就动机理论（Achierement Motivation Theory）（见图6-4），由戴维·麦克莱兰（David McClelland）及其同事提出。和马斯洛的需求层次理论相比，该理论主要关注的需求更类似于激励因素，而不是严格的生存需求，共有三种。

成就需求：追求卓越，根据设置好的标准实现目标。麦克莱兰认为，具有强烈的成就需求的人渴望将事情做得更为完美，提高工作效率，获得更大的成功。他们追求的是在争取成功的过程中克服困难、解决难题、努力奋斗的乐趣，以及成功之后的个人成就感，他们并不看重成功所带来的物质奖励，个体的成就需求与他们所处的经济、文化、社会、政府的发展程度有关，社会风气也制约着人们的成就需求。

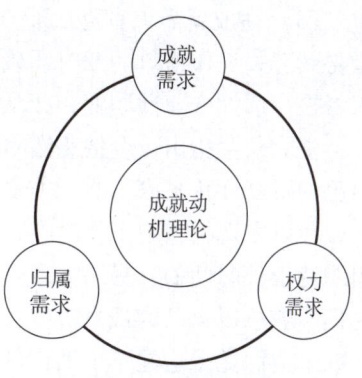

图6-4 成就动机理论

权力需求：使他人以某种方式行事而不以其他方式行事的需求。权力需求是指影响或控制他人且不受他人控制的需求。不同人对权力的渴望程度也有所不同。权力需求较高的人对影响和控制别人表现出很大的兴趣，喜欢对别人"发号施令"，注重争取地位和影响力。他们的表现常常是喜欢争辩、健谈、直率和头脑冷静，善于提出问题和要求，喜欢教训别人，并乐于演讲。他们喜欢具有竞争性和能体现较高地位的场合或情境，也会追求出色的成绩，但他们这样做并不像高成就需求的人那样是为了个人的成就感，而是为了获得地位和权力或与自己已具有的权力和地位相称。权力需求是管理成功的基本要素之一。

归属需求：建立友好、亲密的人际关系的愿望。归属需求是寻求被他人喜爱和接纳的一种愿望。高亲和动机的人更倾向与他人进行交往，至少是为他人着想，这种交往会给他带来愉快。高亲和需求者渴望亲和、喜欢合作，而不是竞争的工作环境，希望彼此之间能够沟通与理解，他们对环境中的人际关系更为敏感。有时，亲和需求也表现为对失去某些亲密关系的恐惧和对人际冲突的回避。亲和需求是保持社会交往和人际关系和谐的重要条件。

2. 麦克莱兰发现高成就需求者有三个主要特点

（1）高成就需求者喜欢设立具有适度挑战性的目标，不喜欢凭运气获得的成功，不喜欢接受那些在他们看来特别容易或特别困难的工作任务。他们不满足于漫无目的地随波逐流和随遇而安，想有所作为。他们总是精心选择自己的目标，因此，很少自动地接受别人——包括上司——为其选定的目标。除了请教能提供所需技术的专家外，他们不喜欢寻求别人的帮助或忠告。他们要是赢了，会要求应得的荣誉，输了也勇于承担责任。例如，有两起事件让你选掷骰子（获胜机会是1/3）和研究一个问题（解决问题的机会也是1/3），你会选哪个？尽管获胜的概率相同，而掷骰子又容易得多，但高成就需求者会选择研究问题。高成就需求者喜欢研究、解决问题，而不愿意依靠机会或他人取得成果。

（2）高成就需求者在选择目标时会回避过分的难度，他们喜欢中等难度的目标，既不是唾手可得没有一点成就感，也不是困难到只能凭运气，他们会揣度可能办到的程度，再选定一个难度力所能及的目标——也就是会选能够取胜的最艰巨的挑战。对他们而言，当成与败的可能性均等时，才是一种能从自身的奋斗中体验成功的喜悦与满足的最佳机会。

（3）高成就需求者喜欢能立即给予反馈的任务。目标对于他们非常重要，所以他们希望得到有关工作绩效的及时明确的反馈信息，从而了解自己是否有所进步。这就是高成就需求者往往选择专业性职业，或从事销售、参与经营活动的原因之一。

麦克莱兰指出，金钱刺激对高成就需求者的影响很复杂。一方面，高成就需求者往往对自己的贡献评价甚高，自抬身价。他们有自信，因为他们了解自己的长处也了解自己的短处，所以在选择特定工作时有信心。如果他们组织工作出色而薪酬很低，他们是不会在这个组织待很长时间的。另一方面，很难说清金钱刺激究竟能够对提高他们的绩效起多大作用，他们一般总以自己的最高效率去工作，由于金钱被视作成就和能力的其中一个鲜明标志，因此如果他们觉得这配不上他们的贡献，就可能引起不满。具有成就需求的人，对工作的胜任感和成功有强烈的要求，但他们同样也担心失败。他们乐意甚至热衷于接受挑战，往往为自己树立有一定难度而又不是高不可攀的目标；他们敢于冒风险，又能以现实的态度对待冒险，绝不会以迷信和侥幸心理对待未来，而是通过认真地分析和估计。他们愿意承担所做工作的个人责任，并希望得到所从事工作的明确而又迅速的反馈。这类人一般不常休息，喜欢长时间、全身心地工作，并在完成工作中得到很大的满足，即使真的出现失败也不会过分沮丧。

一般来说，他们喜欢表现自己。麦克莱兰认为，一个公司如果有很多具有成就需求的人，那么公司就会发展很快；一个国家如果有很多这样的公司，整个国家的经济发展速度就会高于世界平均水平。但是，在不同国家、不同文化背景下，成就需求的特征和表现也不尽相同，对此，麦克莱兰未做充分表述。

3. 成就动机理论在管理中的应用

麦克莱兰对成就需求与工作绩效的关系进行了十分有说服力的推断。首先，高成就需求者喜欢能独立负责、可以获得信息反馈和中度冒险的工作环境。他们会从这种环境中获得高度的激励。麦克莱兰发现，在小企业的经理人员和在企业中独立负责一个部门的管理者中，高成就需求者往往会取得成功。其次，在大型企业或其他组织中，高成就需求者并不一定就是一个优秀的管理者，原因是高成就需求者往往只对自己的工作绩效感兴趣，并不关心如何影响别人去做好工作。再次，归属需求与权力需求和管理的成功密切相关。麦克莱兰发现，最优秀的管理者往往是权力需求很高而归属需求很低的人。如果一个大企业的经理权力需求与责任感和自我控制相结合，那么他就很有可能成功。最后，可以对员工进行训练来激发他们的成就需求。如果某项工作适合高成就需求者，那么，管理者可以通过直接选拔的方式找到一名高成就需求者，或者通过培训的方式培养自己原有的下属。

（四）奥尔德弗的 ERG 理论

导学：奥尔德弗的 ERG 理论

1. 基本概念

美国耶鲁大学的奥尔德弗在马斯洛需求层次理论的基础上，进行了更接近实际经验的研究，提出了一种新的人本主义需求理论。奥尔德弗认为，人们存在三种核心的需求：生存（Existence，E）需求、相互关系（Relatedness，R）需求和成长发展（Growth，G）需求，因而这一理论被称为"ERG 理论"，如图 6-5 所示。

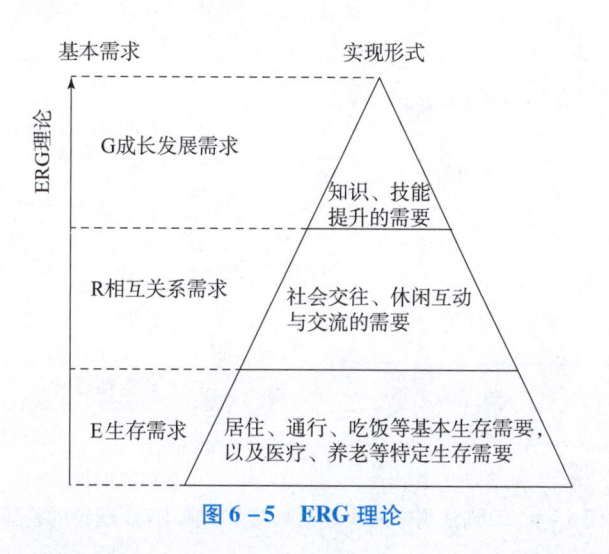

图 6-5　ERG 理论

（1）生存需求。

第一种需求是生存的需求，与人们基本的物质生存需求有关。它包括马斯洛提出的生理和安全保障需求，如多种形式的生理和物质的欲望，以及工资报酬、工作条件、退休保险等社会保障条件。

（2）相互关系需求。

第二种需求是相互关系的需求，即指人们对于保持重要的人际关系的要求，这种社会和地位需求的满足是在与其他需求相互作用中达成的，它们与马斯洛的社交归属需求和尊重需求分类中的外在部分是相对应的，包括在工作单位当中的人际关系和人际交往，这种需求在人际交流中共同分享并获得满足。

（3）成长发展需求。

第三种需求是成长发展的需求，奥尔德弗将其独立出来，它表示个人谋求发展的内在愿望，包括马斯洛尊重需求分类中的内在部分和自我实现需求中所包含的特征，主要是指个人的完满、成长以及创造性的发挥等。这类需求的满足有赖于培养和提高，教育使人们不断发现成长发展需求并寻求满足的方式。

2. 奥尔德弗 ERG 理论的主要观点

奥尔德弗 ERG 理论的主要观点有三个：一是各层次的需求得到的满足愈少，则这种需求就越为人们所渴望。二是较低层次的需求愈是能够得到较多的满足，对较高层次的需求就愈渴望。三是较高层次的需求愈是满足得少，对较低层次需求的渴求也愈多。

实际上，奥尔德弗 ERG 理论的观点有很多与马斯洛的理论观点相似，并未超越马斯洛需求层次理论的范畴。人们通常认为，马斯洛需求层次理论带有普遍性，而奥尔德弗 ERG 理论侧重于带有特殊性的个体差异，如图 6-6 所示。因而很多人认为，奥尔德弗 ERG 理论比马斯洛需求层次理论更符合实际。

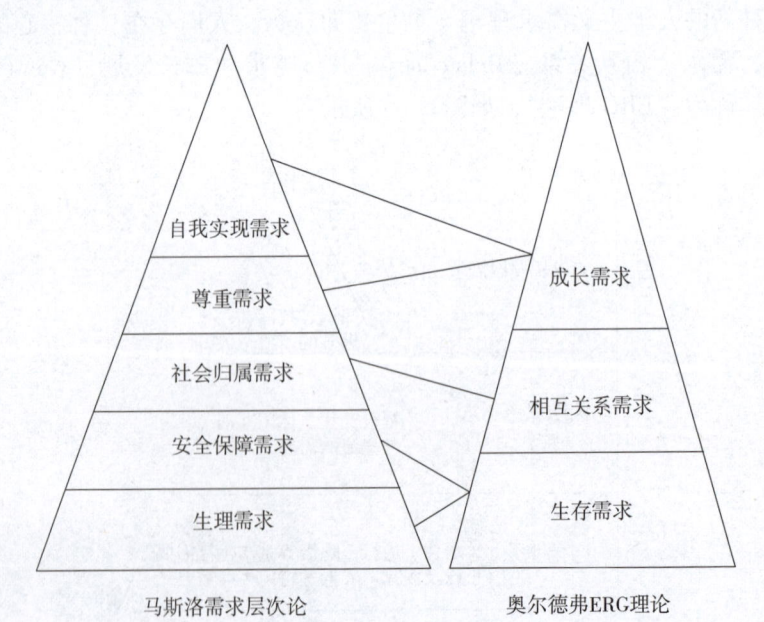

图 6-6 马斯洛需求层次理论和奥尔德弗 ERG 理论的差异

3. 奥尔德弗 ERG 理论在管理中的应用

奥尔德弗的 ERG 理论在现代管理实践中的应用具有深远的影响和指导意义。

（1）理解员工需求。

ERG 理论强调了人力资源专业人士需要具备深入洞察力，意识到不同员工的需求可能存在显著差异，并且这些需求并非静止不变，而是会随着个体的成长、组织的发展以及外部环境的变化，而呈现出动态演进的特点。因此，为了确保组织能够准确把握并及时响应员工的需求变化，HR 部门应当定期进行科学严谨的员工需求调研，通过问卷调查、面对面访谈等多种方式，全面收集和分析员工的需求信息，以便更好地满足员工个性化、多元化的需求，从而提升员工的满意度与忠诚度。

（2）激励员工方面。

ERG 理论揭示了一个重要的观点：员工的需求结构是多元且层次化的，涵盖了生存需求、相互关系需求以及成长需求等多个层面。据此，HR 在设计激励机制时应采取灵活多样的策略，不仅包括提供具有竞争力的薪酬福利以满足员工基本的生活保障需求，还应关注员工对于人际关系和谐、团队合作及归属感的需求，例如，通过团队建设活动、员工关怀计划等方式营造良好的工作氛围。同时，为促进员工的职业发展和自我实现，HR 应提供丰富的培训机会、晋升通道以及挑战性的工作任务，激发员工内在的学习动力和创新潜能，进一步提升员工的工作积极性和工作效率。

（3）团队管理。

团队中，员工的需求层次及其优先级可能会随时间推移或情境变迁而发生变化。这就要求领导者必须保持敏锐的观察力和高效的执行力，对员工进行全面、持续的关注与跟踪，及时捕捉到员工需求变化的信号，如工作态度转变、绩效波动等现象。在此基础上，领导者应迅速调整管理策略，精准匹配员工新的需求层次，为他们提供更加适宜的工作岗位、项目参与机会以及职业发展规划，从而有效提高员工的工作效率和生产力，助力组织整体战略目标的实现。

二、过程型激励理论

案例导入

西门子的薪酬激励

在一般人看来，外企的薪酬一定会比其他类型的公司高出很多，然而西门子公司却不是盲目地遵循这个所谓的标准，它有着自己特有的薪酬发放标准。该公司的薪酬包含两个方面：工资和福利。

其一，工资。西门子公司的信条是"工作出色的人应该多拿工资"。它的标准是这四个方面：①一致性，即对员工的考核标准具有一致性；②对外有竞争性，即与其他公司的相同职位具有竞争性，借以吸纳人才；③员工贡献得到很好反映，即不会对员工的贡献视而不见，而会按照员工的表现来发放工资；④具有说服力，敢于公开，这是与现今各行各业工资保密这一准则完全不同的，它的公开给了员工间竞争的动力。以这四个标准发放工资，确保了工资的公平性，同时还能吸引人才，一举两得。

其二，福利。西门子公司除了为员工提供基本的"四金"保障和年终奖励，还为员工提供各类商业保险等其他福利套餐，以及弹性福利计划，根据员工需求发放福利。丰厚的福利给员工提供了全方位的保障，使员工的忠诚度更高，员工离职率在这样的高福利下几乎为零。

导学：过程型激励理论

过程型激励理论是指着重研究人从动机产生到采取行动的心理过程。它的主要任务是找出对行为起决定作用的某些关键因素，弄清它们之间的相互关系，以预测和控制人的行为。这类理论表明，要使员工出现企业期望的行为，须在员工的行为与员工需要的满足之间建立起必要的联系。

过程型激励理论的公平激励研究是在企业进行人力资源管理时，为企业员工创造一个公平的激励过程型环境，这种环境只以员工为企业所做出的贡献为衡量标准，忽视企业员工的职级、部门等因素，从而使员工在获取利益的驱动下更好地为企业服务。过程激励理论中，还包括对目标激励措施的研究。

目标激励是基于企业员工的个人职业发展目标和价值实现目标等，通过在人力资源管理中，将企业激励与个人目标相互结合，使得两者方向趋于一致，从而通过目标来引导和激励企业员工主动为企业贡献价值。激励理论主要包括弗鲁姆的期望理论、亚当斯的公平理论和洛克的目标设置理论。

（一）弗鲁姆的期望理论

1. 基本概念

著名心理学家和行为科学家维克托·弗鲁姆（Victor H. Vroom）是期望理论的奠基人，国际管理学界最具影响力的科学家之一。他早年于加拿大麦吉尔大学先后获得学士及硕士学位，后于美国密歇根大学获博士学位。他曾在宾夕法尼亚大学和卡内基·梅隆大学执教，并长期担任耶鲁大学管理科学"约翰塞尔"讲座教授兼心理学教授。曾任美国管理学会（AOM）主席、美国工业与组织心理学会（STOP）会长。维克托·弗鲁姆教授1998年获美国工业与组织心理学会卓越科学贡献奖，2004年获美国管理学会卓越科学贡献奖，是国际管理学界最具影响力的科学家之一。他为大多数全球500强公司做过管理咨询，其中包括GE（通用电气）集团、联邦快递、贝尔试验室、微软等跨国巨头。

弗鲁姆对管理思想发展的贡献之一是深入研究组织中个人的激励和动机（见图6-7），率先提出了形态比较完备的期望理论模式，并于1964年在《工作与激励》一书中发表。

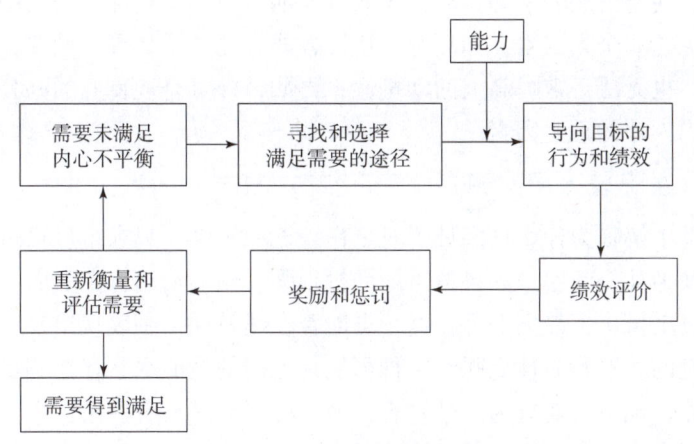

图 6-7　期望激励的过程

弗鲁姆提出的期望理论的基础是：人之所以能够从事某项工作并达成组织目标，是因为这些工作和组织目标会帮助他们达成自己的目标，满足自己某方面的需要。他认为，人们采取某项行动的动力或激励力取决于其对行动结果的价值评价和预期达成该结果可能性的估计。换言之，激励力的大小取决于该行动所能达成的目标，并能导致某种结果的全部预期价值乘以他认为达成该目标并得到某种结果的期望概率。期望理论认为，人们想以某种特定方式行事的意愿强度取决于人们对某种特定结果及其吸引力的期望程度。从更实际的角度来说，当员工相信努力会给他们带来良好的绩效评估，而良好的绩效评估会带来组织奖励（如奖金、加薪或晋升），并且这些奖励可以满足员工的个人目标时，他们更有动力付出更多的努力。因此，该理论主要关注三种关系：

其一是期望值：努力—绩效关系。个体认为某种特定程度的努力实现某种绩效水平的可能性。

其二是工具性：绩效—奖励关系。个体相信某种特定的绩效水平获得理想结果的程度。

其三是价值性：奖励—个人目标关系。组织奖励可以满足个人目标或个人需求的程度，以及这些潜在的奖励对个体的吸引力。

因此，用公式可以表示为：$M = VE$。

公式中，M 表示激发力量，是指调动一个人的积极性，激发人内部潜力的强度。

V 表示目标价值（效价），这是一个心理学概念，是指达到目标对于满足他个人需要的价值。同一目标，由于每个人所处的环境不同、需求不同，其需要的目标价值也就不同。同一个目标对每一个人可能有三种效价：正、零、负。效价越高，激励力量就越大。某一客体如金钱、地位、汽车等，如果个体不喜欢、不愿意获取，目标效价就低，对人行为的拉动力就小。举个简单的例子，幼儿对糖果的目标效价就要大于对金钱的目标效价。

E 是期望值，是人们根据过去经验判断自己达到某种目标的可能性是大还是小，即能够达到目标的概率。目标价值大小直接反映人的需求动机强弱，期望概率反映人实现需求和动机的信心强弱。如果个体相信通过努力肯定会取得优秀成绩，期望值就高。

这个公式说明：假如一个人把某种目标的价值看得很大，估计能实现的概率也很高，那么这个目标激发动机的力量就越强烈。

经过发展后，期望公式表示为：动机 = 效价 × 期望值 × 工具性。公式中，工具性是指能帮助个人实现目标的非个人因素，如环境、快捷方式、任务工具等。例如，战争环境下，效价和期望值再高，也无法正常提高人的动机性；再如，外资企业良好的办公环境、设备、文化制度，都是吸引人才的重要因素。

2. 期望理论在管理上的应用

期望理论有助于解释为什么许多员工对工作缺乏积极性，只求得过且过。我们将期望理论的三个关系转换为几个问题，如果员工的动机很强，则会给出肯定的回答。

第一，如果员工付出了最大努力，这一点能否在绩效评估中表现出来？很多员工对这个问题的回答是否定的。这是为什么呢？一种可能是他们的技能水平存在不足，这意味着无论他们如何努力工作，也不可能成为高绩效者。另一种可能是在有些组织中，绩效评估体系侧重于评估非绩效因素，如忠诚度、主动性或勇气，这意味着员工在工作中付出更多的努力并不必然带来更高水平的绩效评估。还有一种可能是，员工觉得上司不喜欢自己（不论员工的感觉是对还是错），自己无论付出多少努力，都只能获得糟糕的绩效评估。这表明只有当人们认为努力与绩效之间有关联时，他们才会有动力。

第二，如果员工获得了良好的绩效评估，能否得到组织的奖励？除了绩效之外，组织还会用其他东西进行奖励。当员工的薪水是根据资历、合作性、"讨好"上司等因素来确定时，员工很可能会认为绩效与奖励之间的关系十分微弱，从而降低动机水平。

第三，如果员工得到了奖励，这种奖励对员工是否具有吸引力？例如，员工努力工作并希望获得晋升，得到的却是加薪；或者员工希望获得一份更有趣、更有挑战性的工作，实际上仅得到几句表扬而已。遗憾的是，对许多管理者来说，可以支配的奖励十分有限，因而难以对员工实施个性化奖励。一些管理者还错误地认为所有员工都想得到同样的东西，因而忽视了差别化奖励的激励作用。在这种情况下，员工的动机都不会被充分激发。

股票分析师是期望理论应用的一个典型例子。他们靠预测股票价格的未来走势谋生。他们做出的买入、卖出和持有评级的准确性决定了他们能否继续留任。但是，其中的动力并没有这么简单。分析师很少给卖出评级，尽管在一个平稳的市场中大量的股票价格既会下跌也会上涨。

期望理论提供了一个解释：当股票分析师要将某个公司的股票评级定为卖出时，他需要在做出准确预测所获得的利益与引发该公司愤怒给自己带来的风险之间进行权衡。这些风险是什么？包括公开指责、职业排斥和信息隔离。当股票分析师将某个股票评定为买入时，他们就不需要面对这种取舍，因为很显然，上市公司希望他们推荐投资者购买本公司的股票。所以，这种激励结构表明，将股票定为买入评级给股票分析师带来的预期结果要优于做出卖出评级的预期结果。这就是为什么买入评级比卖出评级多得多。

（二）亚当斯的公平理论

案例导入

张三正在攻读金融学学士学位。为了获得一些工作经验，提高在人才市场上的竞争力，她申请了一家制药公司财务部门的暑期实习机会。她对报酬很满意：每小时15元，这比其他学生的暑期实习报酬高多了。在工作中她遇到了林希，林希是这个财务部门的中层管理人员，时薪是30元。

工作中，张三非常能干。她已经订婚，对生活满意，总是愿意帮助别人。林希却恰恰相反，他对自己的工作似乎一直提不起兴趣，甚至有辞职的想法。当被问及为什么不开心时，林希声称薪酬是主要原因。他告诉张三，和其他制药公司的管理者相比，他赚的钱要少得多。"这不公平"，他抱怨道，"我和他们一样努力工作，赚的钱却没有他们多。也许我应该到他们的公司工作。"

案例分析

为何每小时赚30元的人的工作满意度还不如每小时赚15元的人，并因此缺乏工作动力？答案就在于公平理论，或者更宽泛地说，在于组织公平原则。根据公平理论，员工会将他们从工作中获得的（他们的"产出"，如薪酬、晋升、认可或者更大的办公室）与他们在工作中投入的（他们的"投入"，如努力、经验、教育）进行比较，即他们会拿自己的投入产出比与他人进行比较，比较对象通常是职位相似的同事，或者从事同样工作的人。如果我们认为自己的比率与比较对象的比率一致，就会感到公正，认为自己所处的环境是公平的。

1. 基本概念

公平理论又称社会比较理论，是美国行为科学家亚当斯在《工资不公平对工作质量的影响》等著作中提出来的一种激励理论。公平理论侧重于研究工资报酬分配的合理性、公平性及其对职工生产的积极影响。

公平理论的基本观点是：当一个人做出了成绩并取得了报酬以后，他不仅关心自己所得报酬的绝对量，而且关心自己所得报酬的相对量。因此，他要进行种种比较来确定自己所获的报酬是否合理，比较的结果将直接影响今后工作的积极性。比较分为两种，即横向比较和纵向比较。横向比较是指将自己获得的"报偿"（包括金钱、工作安排以及获得的赏识等）与自己的"投入"（包括教育程度、所做努力、用于工作的时间与精力和其他无形损耗等）的比值与组织内其他人做社会比较，只有相等时，他才认为公平，如下式所示：

$$OP/IP = OC/IC$$

式中，OP——自己对所获报酬的感觉。

OC——自己对他人所获报酬的感觉。

IP——自己对个人所做投入的感觉。

IC——自己对他人所做投入的感觉。

当上式为不等式时，可能出现以下两种情况：

第一：$OP/IP < OC/IC$。

在这种情况下，第一种办法是个体可能要求增加自己的收入或减小自己今后的努力程度，以使左方增大，趋于相等；第二种办法是个体可能要求组织减少比较对象的收入或者让其今后增大努力程度以使右方减小，趋于相等。此外，个体还可能另外找人作为比较对象，以达到心理上的平衡。

第二：$OP/IP > OC/IC$。

在这种情况下，个体可能要求减少自己的报酬或在开始时自动多做些工作，但久而久之，他会重新估计自己的技术和工作情况，最终觉得他确实应当得到这么高的待遇，于是产量便又会回到过去的水平了。除了横向比较之外，人们也经常做纵向比较，即把自己目前投入的努力与目前所获得报偿的比值，同自己过去投入的努力与过去所获报偿的比值进行比较。只有相等时，人们才认为公平。调查和试验的结果表明，不公平感的产生，绝大多数是由于经过比较认为自己目前的报酬过低而产生的；但在少数情况下，也会由于经过比较认为自己的报酬过高而产生。

2. 基于公平理论，当员工感到不公平时，他们会采取以下六种行为中的一种

（1）改变自己的投入（如果自己的报酬过低，则降低努力程度；如果报酬过高，则投入更多努力）。

（2）改变自己的产出（拿计件工资的员工通过增加产量但降低质量的做法来提高自己的工资）。

（3）歪曲自我认知（如"我过去总以为自己的工作速度属于中等水平，但现在我发现自己比其他所有人都要努力"）。

（4）歪曲对他人的认知（如"迈克的工作并不像我以前认为的那样令人满意"）。

（5）选择其他参照对象（如"我可能不如我表弟挣钱多，但我比我父亲在这个年龄时要挣得多"）。

（6）离开该领域（如辞职）。

公平理论得到了部分研究者的支持。以上说法有一些值得关注的地方。第一，在大多数工作情境中，报酬过高所带来的不公平感对行为的影响并不十分显著，所以不要指望那些感觉自己报酬过高的员工会返还多出来的部分，或者投入更多的努力来弥补不公平。虽然个体有时会觉得自己报酬过高，但他们会通过使情境合理化的方法来重新感到公平（这些报酬是我应得的，因为我比所有人都努力）。第二，由于授权感等多种原因，并非所有人都对公平同样敏感。在工作群体中有些人更喜欢自己的产出投入比低于参照对象。对这种"仁慈型"员工来说，基于公平理论做出的预测可能不是很准确。

虽然公平理论的主张没有得到完全的支持，但这一假设为针对工作场所中组织公平（Organizational Justice）的研究，或简单地说为公平感的研究做了重要的铺垫。组织公平主要关注员工看待当权者和决策者对待他们的方式。

3. 公平理论在管理中的应用

为了避免员工产生不公平的感觉，企业往往采取各种手段，形成一种公平合理的气氛，使员工产生一种主观上的公平感。以下内容是就如何在企业薪酬管理中运用公平理论而给出的几点建议：

（1）建立按劳分配的报酬体系。

（2）确保薪酬政策的内部一致性。

（3）做到男女同工同酬，这也是薪酬政策内部一致性的表现。

（4）保持本组织薪酬水平与其他组织的薪酬水平相比较时的竞争力。

（5）保证员工的薪酬逐年得到增长，特别是扣除物价指数增长之外，还略有增长。经

济萧条时，如削减薪酬，一定要做好充分的论证和其他准备工作。

（6）在坚持公平原则的基础上，要坚持效率优先的原则，具体体现在主要以绩效为基础进行分配。

（7）考虑合理的薪酬结构。

（8）增加其他形式（除了金钱之外）的报酬（如温暖、尊重、互助、信任、团结、认可的人际环境）。

（9）保证报酬的分配过程公平、公正。如在规章制度制定过程中讨论、统计工作量，以及绩效考核的公开、透明。

（10）妥善运用发放薪酬的保密制度。

（11）依法治企，奖惩明确。不可因领导个人好恶随意变更管理规章制度。

（12）当员工产生不公平感的时候，有相应的机构或人员对其不满给予关注和处理。

（三）洛克的目标设置理论

1. 基本概念

目标设置理论由美国马里兰大学爱德温·洛克（Edwin A. Locke）于1967年提出。洛克认为，外来的刺激（如奖励、工作反馈、监督的压力）都是通过目标来影响动机的。目标能引导活动指向与目标有关的行为，使人们根据难度的大小来调整努力的程度，并影响行为的持久性。目标本身就具有激励作用，目标能把人的需要转变为动机，使人们的行为朝着一定的方向努力，并将自己的行为结果与既定的目标相对照，及时进行调整和修正，从而实现目标。这种使需要转化为动机，再由动机支配行动以达成目标的过程就是目标激励。目标激励的效果受目标本身的性质和周围变量的影响。

目标设置是指开发、协商和建立对个体形成挑战的目标的过程。目标可能是明确清晰的或含蓄模糊的，自我强加的或外部强加的。无论何种形式的目标都有助于个体对其时间和努力做出合理安排。无目标或目标不清晰的员工在工作时节奏缓慢、表现较差、缺乏兴趣，完成的任务也没有那些具有清晰而富有挑战性目标的员工多。另外，有明确目标的员工显得既能干又有活力，他们能按时完成任务。

目标设置两个最基本的属性：明确度和难度。

第一，目标需要具有明确度。明确的目标可使人们更清楚要怎么做，付出多大的努力才能达到目标，如销售部门的业绩是按照指导价格卖出1 000个零件。目标设定得明确，也便于评价团队及个体的能力。反之，模糊的目标不利于引导个体的行为和评价其成绩。因此，目标设定得越明确越好。事实上，明确的目标本身就具有激励作用，这是因为人们有希望了解自己行为的认知倾向。对行为目的和结果的了解能减少行为的盲目性，提高行为的自我控制水平。另外，目标的明确度与绩效呈正相关关系。

第二，目标可以是无难度的、轻难度的、中难度的、高难度的。以学习法语来举例子：轻难度的"需要用一年时间完成法语学习，达到用法语熟练会话的能力"；中难度的"需要用半年时间完成法语学习，达到用法语熟练会话的能力"；高难度的则是"需要用三个月时间完成法语学习，达到用法语熟练会话的能力"。

难度依赖于人和目标之间的关系，同样的目标对某人来说可能是容易的，而对另一个人来说可能是难的，这取决于他们的能力和经验。一般来说，目标的绝对难度越高，人们就越难达成。有400多项研究发现，绩效与目标的难度水平呈线性关系。当然，这是有前提的，就是完成任务的人有足够的能力、对目标又有高度的承诺。在这样的条件下，任务越难，绩效越好。一般认为，绩效与目标难度水平之间存在着线性关系，是因为人们可以根据不同的任务难度来调整自己的努力程度。

在目标设置与绩效之间还有其他一些重要的因素产生影响（见图6-8）。这些因素包括对目标的承诺、反馈、自我效能感、任务策略、满意感等。

综合的目标设置模型被称作高绩效循环模型（High Performance Cycle），如图6-9所示。模型从明确的、有难度的目标开始，如果有对这些目标的高度承诺、恰当反馈、较高的自我效能感以及适宜的任务策略，就会产生高绩效。假如高绩效导致了希望中的回报，如有吸引力的奖赏，就会产生高满意感。工作满意感与工作承诺联系在一起，高的承诺又使人们愿意留在该项工作上。此外，高度的满意感还能增强自我效能感。人们的满意感和对工作的承诺使他们愿意接受新的挑战，这样就能导致新一轮高绩效的产生。

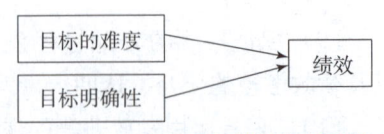

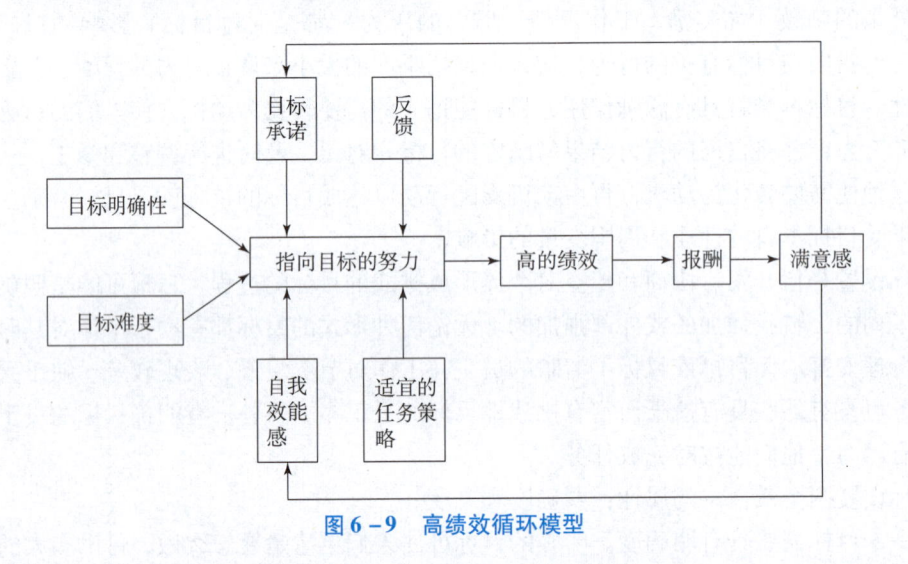

图6-8 目标设置与绩效间的影响

图6-9 高绩效循环模型

反过来，如果没有满足这个高绩效循环的要求，如低挑战性、缺少回报，就会导致低绩效循环。

2. 目标设置理论在管理上的应用

目标设置，是重要的激励因素。适当地设置目标并妥善地管理工作进展，能够有效地激励员工，提高其工作表现。目标在日常工作中十分普遍，常见的目标包括销售配额、完工期限和节约成本等。设置适当的目标，有利于激发人的动机，调动人的工作积极性。设置适当目标要考虑个体的切身利益、科学合理、切实可行、总目标与阶段性目标相结合等方面的问题。因此，设置目标的时候需要注意以下几个方面：

第一，个人目标与组织目标一致。组织的目标与个人的目标可能平衡一致，也可能发生偏向。如果出现偏向，就不利于调动个人的积极性，不利于组织目标的实现。只有使这种偏向趋于平衡，才能使个人的行为朝向组织的目标，使个人产生较强的心理内聚力，为完成组织目标而共同奋斗。

第二，目标的难度。在团队制定计划的时候，目标的难度必须适中，目标设定太容易会使他们失去向上的动力，只会付出最低的努力来完成目标。相反，太困难的目标则会使人对目标的完成失去信心。因此，目标最好是比员工的现有表现高一些，不但提供了挑战性，同时也使员工感到有达到目标的可能。

第三，设定目标必须明确，能使员工清楚上级对他们的要求，且能够清楚地衡量是否能达到目标，从而把他们的精力和时间用在正确的方向上。选择完成工作的方法后，在工作进行前必须做出目标对应的详细计划，让目标设定更加丰满。

第四，增强员工对执行目标的投入度。团队管理当中，必须使员工投入到实现目标的努力之中。员工接受了目标并不表示他会投入其中，但假如达到目标可以得到奖赏，或者上级适当地利用职权奖惩，都可使员工努力地争取达到目标。在执行简单的工作时，上级应该给员工指定目标；在执行复杂的工作时，应该让员工参与目标设定。

第五，为员工提供反馈，反馈是检验目标实施情况和改进目标的一个必要手段。根据所指定的目标，在团队复盘、个人复盘的时候给员工充分的工作反馈。因为反馈可以使员工知道自己的工作进度，以及离目标还有多远，能起到激励的作用，延长员工的工作持久力。设定了目标并提供反馈，可以使人知道距离完工还有多远，在知道距离目标不远的时候，员工是不会轻易放弃以往的努力的。

案例导入

员工激励"翻花样"

临近岁末，上海不少企业在员工工资和福利的发放形式上进行了创新，既讨巧又讨好。定海地区总工会向该地区近1.2万名工会会员发放了一张"杨浦区定海地区总工会会员卡"，员工凭此卡可免费到社区体质监测站测试体能，到图书馆借阅书籍，在社区卫生服务中心挂号或者到社区文化活动中心看电影，去指定的饭店、美容美发店、酒店和超市消费则能享受6~8折不等的优惠。杨浦区总工会透露将在此卡的基础功能上和银行合作，推出具有交易功能的工会会员借记卡，将工资福利和工会专项援助资金等发放到卡中，在全区推广。一些企业还采用积分制度激励员工。一种名为"员工关爱平台"的内部服务软件每逢职工入职纪念日、生日、法定节假日等特定时节即从平台上发送祝福短信，并按入职时间提供相应的奖励积分。员工凭积分可进入平台内的虚拟商场兑换相应的纪念品，如200点生日积分可兑换两张哈根达斯抵用券，积分达到1 000分还能到人力资源部门申请一天带薪休假。部分公司还利用该平台设置了"跳蚤市场"和"助人超市"，以赠送爱心积分的形式鼓励员工互相帮助或参加慈善公益活动。生活成本的增加致使上海员工对薪资福利增长的预期也水涨船高，但一些企业的工资增长难以达到预期。公司调动既有的资源，通过新颖的激励措施可以弥补员工的心理落差，让员工对企业产生认同感。对员工进行激励已经成为企业管理实践的一个共识。企业对员工进行有效激励能使员工保持较高的生产作业水平，但大部分企业对员工的激励内容单调,激励手段单一,主要还是采用物质激励,忽视精神激励。然而,随着生存发展压力和竞争压力的增大,企业并不可能无限采用金钱刺激的方法满足员工要求,一定要多种激励手段并用。成熟的企业通常会制定多种激励制度,在尽量压缩额外成本的同时,对员工进行有效激励。

为了使员工更加明确高效地工作,更为未来的绩效考核具备目标和考核标准,使考核更加科学化、规范化,保证考核的公开、公平与公正,组织可以制定目标计划。制定目标计划时应遵照 SMART 原则:(1)具体的(Specific),即反对陈词滥调和假、大、空的套话,学会用简短的语言明确道出目标。(2)可衡量的(Measurable),即尽量用量化语言来描述目标,而不是目的和愿望。(3)能够达到的(Attainable),即制定的目标应该是经过科学论证可以实现的,而不是主观臆断和凭空想象的。(4)相关的(Relevant),即制定的目标应该是与目的相关联的,目标是实现目的的步骤。(5)限定时间的(Time-bound),即必须有起点、终点和时间段。

三、行为改造型激励理论

行为改造型激励理论是研究如何改造和转化人们的行为,使其达到目标的一种理论。该理论主要包括亚当斯的挫折理论和斯金纳的强化理论。

导学:行为改造型激励理论

(一)亚当斯的挫折理论

挫折理论是由美国的亚当斯提出的。挫折是指人类个体在从事有目的的活动过程中,指向目标的行为受到阻碍或干扰,致使其动机不能实现,需要无法满足时所产生的情绪状态。挫折理论主要揭示人的动机行为受阻而未能满足需要时的心理状态,并由此而导致的行为表现,力求采取措施将消极性行为转化为积极性、建设性的行为。

1. 挫折的产生

个体受到挫折与其动机实现密切相关。

人在动机导向目标的过程中,如果受到阻碍或干扰,会有以下四种情况:

(1)虽然受到干扰,但主观和客观条件仍可使其达到目标。

(2)受到干扰后只能部分达到目标或使达到目标的效益变差。

(3)由于两种并存的动机发生冲突,暂时放弃一种动机,而优先满足另一种动机,即修正目标。

(4)由于主观因素和客观条件影响很大,动机的结局完全受阻,个体无法达到目标。

第(4)种情况下人的挫折感最大,第(2)和第(3)种情况次之。挫折是一种普遍存在的心理现象,在人类现实生活中,不但个体动机及其动机结构复杂,而且影响动机行为满足的因素也极其复杂,因此,挫折的产生是不以人们的主观意志为转移的。

2. 挫折的反应

挫折理论认为，当人们在工作、学习或生活上遇到挫折以后，可能产生以下六种行为。

（1）激发再生力。坚信"失败是成功之母"，认为失败是成功路上的正常因素，因而坚持不懈、锲而不舍。

（2）自我张力。吃一堑，长一智，虚心地从失败中寻找原因与不足，更加谨慎、忍耐、克制。

（3）改变方法。尽管选择的目标是对的，但由于使用的方法和手段不当导致了失败，因而采用新的方法。

（4）改变目标。原来的目标过高，没顾及客观条件或者没顾及主观条件，因而难以实现，于是放弃原目标，换一个适度的目标。

（5）放弃。自暴自弃，既不分析实际情况，又不吸取经验教训，自认为没有希望，完全放弃原目标。

（6）对抗。不顾一切地发泄不满情绪，坚持错误，一意孤行，破罐子破摔。

挫折对人的影响具有两面性：一方面，挫折可增加个体的心理承受能力，使人猛醒，吸取教训，改变目标或策略，从逆境中重新奋起。另一方面，挫折也可使人们处于不良的心理状态中，出现负面情绪反应，并采取消极的防卫方式来应对挫折情境，从而导致不安全的行为反应，如不安、焦虑、愤怒、攻击、幻想、偏执等。

3. 挫折的原因

引起挫折的原因既有主观的，也有客观的。主观原因主要是个人因素，如身体素质不佳、个人能力有限、认识事物有偏差、性格缺陷、个人动机冲突等；客观原因主要是社会因素，如企业组织管理方式引起的冲突、人际关系不协调、工作条件不佳、工作安排不当等。人是否受到挫折与许多随机因素有关，也因人而异。归根结底，挫折的形成是由于人的认知与外界刺激因素相互作用失调所致。

4. 挫折的应对措施

在企业管理中，有的人由于安全生产中的某些失误，受到领导批评或扣发奖金，由于其挫折容忍力小，可能就会发泄不满情绪，甚至采取攻击性行动；在攻击无效时，又可能暂时将愤怒情绪压抑，对安全生产采取冷漠的态度，得过且过。人受到挫折后可产生一些长期影响，如丧失自尊心和自信心、自暴自弃、精神颓废、一蹶不振等。在企业经营活动中，员工受到挫折后所产生的不良情绪状态及伴随的消极性行为，不仅对员工的身心健康不利，而且会影响企业的正常生产，甚至导致事故的发生。因此，应该重视管理员工的挫折问题，采取措施防止挫折心理给员工本人和企业带来的不利影响。对此，可以采取的措施包括：（1）帮助员工用积极的行为适应挫折，如合理调整无法实现的行动目标。（2）改变受挫员工对挫折情境的认识和评价，以减轻挫折感。（3）通过培训提高员工的工作能力和技术水平，增加个人目标实现的可能性，减少挫折的主观因素。（4）改变或消除易于引起员工挫折的工作环境，如改进工作中的人际关系、实行民主管理、合理安排工作和岗位、改善劳动条件等，以减少导致挫折的客观因素。（5）开展心理保健和咨询，消除或减弱挫折心理压力。

(二) 强化理论和操作性条件反射/行为主义

1. 基本概念

强化理论是美国心理学家和行为科学家伯尔赫斯·弗雷德里克·斯金纳（Burrhus Frederic Skinner，1904—1990）等人提出的一种理论，也叫操作条件反射理论、行为主义理论。

强化理论是以斯金纳的"操作条件反射理论"为基础的，它着眼于行为的结果。在形成操作条件反射的过程中，个体的行为是主动的，个体为了获得各种奖励或回避不好的刺激，主动地选择自己的行为。无论行为的结果是奖还是罚，结果作为一个刺激物对个体都具有强化作用。

斯金纳是最著名的操作性条件反射的倡导者之一，他证明，如果人们的行为可以得到积极强化，那么他们最有可能重复这种行为。如果奖励紧跟在行为之后，则最为有效。如果行为不被奖励或受到惩罚，则不大可能被继续重复或被避免。"操作性条件反射"是斯金纳更为宽泛的行为主义（Behaviorism）概念的一部分。行为主义认为，相对来说，紧随刺激物之后所发生的行为并没有经过大脑的思考。斯金纳的激进行为主义学说把感觉、思考及其他各种心理状态排除在行为发生的原因之外。简而言之，人们会把刺激与反应联系起来，但人们对这种联系的清醒认识无关紧要。

"操作性条件反射理论"可能是强化理论中与管理领域最密切相关的组成部分。该理论认为，人们能够学会如何行事以获得他们想要的东西，避免他们不想要的东西。与反射性或先天性的行为不同，操作性行为受结果是否得到强化的影响。强化可以巩固行为并增加其重复的可能性。

2. 强化的类型

斯金纳所倡导的强化理论是以学习的强化原则为基础的，是关于理解和修正人的行为的一种学说。所谓强化，从其最基本的形式来讲，指的是对一种行为的肯定或否定的后果（报酬或惩罚），它至少在一定程度上决定这种行为在今后是否会重复发生。根据强化的性质和目的，强化可分为正强化、负强化、惩罚和淡化四种类型。

（1）正强化。

正强化是指通过呈现令人愉悦的事物而使某种行为得以强化的过程（如果某种行为的发生频率提高了，则其得到强化，反之则被弱化）。一位加班工作的设计工程师因受到老板的赞赏和认可而更频繁地加班，这就属于正强化。

（2）负强化。

负强化是指为了让人摆脱令人不愉快的境地，而使某种行为更可能发生的过程。例如，在军队里，一个中士会一直对他的新兵大喊大叫，直到新兵迅速从床上爬起来，这种做法就是对起床这一特定行为的负强化。人们常会将负强化与惩罚相混淆，这两种策略对行为的影响效果是相反的。

（3）惩罚。

惩罚是指通过呈现令人不悦的事物或者取消令人愉悦的事物而使某种行为弱化的过程。例如，如果管理者安排一个工作拖沓的员工去干别人不愿干的脏活，就是呈现不悦事情的惩罚；如果扣发该员工的工资，则是取消令人愉快事情的惩罚。

（4）淡化。

淡化是指通过对行为的忽略或确保行为不被强化从而弱化行为的过程。例如，为了摆脱以前的男友或女友而拒接他们的电话，这就是一种淡化策略。对于淡化，一个很好的类比就是：想象一下，如果你不再为你家的花草浇水将会发生什么。与缺水的植物一样，如果没有机会得到强化，行为终将消亡。

虽然过程截然不同，但惩罚和淡化同样都会对行为产生弱化的效果。正强化和负强化的目的是用于加强所期望的个人行为；惩罚和淡化的目的是减少和消除不期望发生的行为。这四种类型的强化相互联系、相互补充，构成了强化的体系，并成为一种制约或影响人的行为的特殊环境因素。

综上所述，强化就是通过对一种行为的肯定或否定（奖励或惩罚）而使行为被重复或制止的过程。斯金纳认为，人们的行为很大程度上取决于行为所产生的后果。也就是说，如果一种行为能产生积极的、令人满意的后果，这种行为便会经常得到重复；反之，如果一种行为产生的是消极的和令人不满意的后果，这种行为被重复的可能性就很小。因此，如果想对人们的行为有所影响，管理者可以通过控制行为的后果来对当事人的行为进行强化。使人的行为重复发生的称为正强化，制止人的行为重复发生的称为负强化。

管理者经常采取惩罚或是奖励的方式来激励员工，这种手法便是强化理论在企业管理实践中的运用。例如，一个员工主动向上级提出了改进工作效率的合理建议，而且公司采取这个建议后确实降低了企业的运营成本，于是领导者当着其他员工的面表扬了这位员工，并对他进行了物质奖励。领导者的这种行为必然会鼓励这位员工去创想对企业更有价值的点子；如果领导所实施的奖励行为促使这位员工更加积极地参与公司事务，那么说明奖励作为有效绩效的强化因子发挥了作用。上述奖励的例子为正强化。惩罚是负强化。例如，一个员工每次迟到都会遭到管理者的责问，甚至管理者会对其实施金钱惩罚。由于惩罚是一种不愉快的经历，为了避免这种不愉快经历的再次发生，员工一般会努力避免迟到的发生，此时，惩罚便起到了负强化的作用，使员工不符合组织要求的行为得到了修正。

3. 强化理论的管理应用

强化理论在理解和引导人们的行为方面具有显著作用。基于其结果导向的本质，任何行为都将带来特定的结果，而这些结果将在一定程度上决定该行为在未来是否会被重复执行。因此，对这些结果进行深入分析和有效控制显得尤为重要，但这并非对员工行为的操控，而是为员工提供一个绝佳的机会，在一系列清晰界定的可选方案中做出最优选择。故此，强化理论已广泛应用于激励机制的设计以及人类行为的塑造改进中。在实际管理实践中，正强化与负强化的应用应当避免简单化和绝对化处理。

在企业管理中，领导者应该使用强化理论来指导安全工作，对保障企业的正常运行可起到积极作用。在实际应用中，关键在于如何使强化机制协调运转并产生整体效应，为此，应注意以下5个方面：

（1）应以正强化方式为主。

在企业中设置鼓舞人心的安全生产目标是一种正强化方法，但要注意将企业的整体目标和职工个人目标、最终目标和阶段目标等相结合，并对在完成个人目标或阶段目标中做出明显绩效或贡献者，给予及时的物质和精神奖励（强化物），以求充分发挥强化作用。

（2）采用负强化（尤其是惩罚）手段要慎重。

在安全生产当中，负强化应用得当会促进安全生产，应用不当则会带来一些消极影响，可能使人由于不愉快的感受而出现悲观、恐惧等心理反应，甚至发生对抗性消极行为。因此，在运用负强化时，应尊重事实，讲究方式方法，处罚依据准确公正，这样可尽量消除其副作用。将负强化与正强化结合应用一般能取得更好的效果。

（3）注意强化的时效性。

采用强化的时间对于强化的效果有较大的影响。一般而言，强化应及时。及时强化可提高安全行为的强化反应程度，但需注意及时强化并不意味着随时都要进行强化。不定期的、非预料的间断性强化，往往可取得更好的效果。

（4）因人制宜，采用不同的强化方式。

由于人的个性特征及其需要层次不尽相同，不同的强化机制和强化物所产生的效应会因人而异。因此，在运用强化手段时，应采用有效的强化方式，并随对象和环境的变化而做出相应调整。

（5）利用信息反馈增强强化的效果。

信息反馈是强化人的行为的一种重要手段，尤其是在应用安全目标进行强化时，定期反馈可使职工了解自己参加安全生产活动的绩效及其结果，既可使职工得到鼓励，增强信心，又有利于及时发现问题，分析原因，修正所为。

斯金纳志在改造社会，他用强化理论塑造新型人类社会的设想，不仅在学术界，而且在社会公众中产生了巨大反响，其社会影响远远超出了学术范围。斯金纳近乎极端的科学化追求，试图用科学改造人文的思想方法，使他的理论成为学界争议的焦点。而正是这种争议，为包括管理学在内的社会科学发展提供了必要的张力，也为斯金纳奠定了大师级的声望。

实训 6-2　团队激励理论的应用

实训形式：案例分析

实训步骤

第一步：实训前准备。要求学生提前阅读团队激励理论的相关文献，了解本次实训的理论知识。

第二步：以 6~8 人为一个小组，对以下案例进行分析。

案例分析

海尔的员工激励

海尔文化的特色之一就是通过研究和满足员工的需要来调动其积极性。海尔认为研究员工的需求，目的就是在完成组织目标的前提下，尽可能满足其个人需求。组织将员工的利益同组织联系在一起，离开组织就无法满足个人的需求。只有这样，才能调动员工的积极性。并且海尔认为，员工为企业拼命工作，企业就要主动考虑员工的需要，甚至个人的特殊需要。

海尔允许员工竞争领导岗位，甚至在员工层面制定了"三工并存，动态转换"等奖罚措施，既通过设置切实可行的目标给人以期望，又通过制度强化员工动机和行为。如成为"优秀员工"的升级，即为"正强化"；成为"不合格员工"的降级，即为"负强化"。通过这样反复不断地强化，促使每个员工认同新的、更高的共同目标并为之努力。海尔集团创始人张瑞敏说："我们靠的是建立一个让每个人在实现集体大目标的过程中充分实现个人价值的机制。这种机制使每位员工都能够找到一个发挥自己才能的位置。我们创造的是这样一种文化氛围，你干好了，就会得到正激励与尊重；同样，干得不好，就会受到负激励，不仅仅是简单地让你付出点代价。"他解释说，之所以不叫惩罚而叫负激励，其目的在于教育员工不再犯同样的错误，而不仅仅是简单地让员工付出代价。

好的公司内部都会存在一种表扬文化，海尔也不例外。"海尔企业文化手册"中明确规定了海尔的奖励制度。

海尔奖：用于奖励本集团内各个岗位上的员工对企业所做的突出贡献。

海尔希望奖：用于奖励企业员工的小发明、小改革及合理化建议。

命名工具：凡本集团内员工发明、改革的工具，如果明显地提高了劳动生产率，可由其所在工厂逐级上报厂职代会审核，以发明者或改革者的名字命名，公开表彰宣传。

这些奖项无疑是一种激励的源泉。当获奖者的新闻通过领导讲话和闲聊，或通过分发到每位员工手中的《海尔人》等渠道传开之后，这样的竞争就成为成千上万员工投身工作的强大力量。

第三步：学生填写实训表6-2。

实训表6-2　团队激励理论的应用

姓名_____	学号_____	小组号_____	成绩_____
1. 案例中海尔是从哪些方面进行员工激励的？			
2. 请用相应的激励理论解释这些激励能够达到的效果。			
3. 除此之外，还可以采用哪些激励理论中的知识对员工进行激励？			

第四步：小组讨论，并推荐一名代表发言。

第五步：教师对各小组成员的观点进行点评、分析，总结团队激励理论及其具体的应用。通过思考"最希望得到的激励是什么"这一问题，构建学生包含自我实现等在内的多层次需求，形成正确的人生价值取向。

任务三　激励理论在工作中的作用

导学：团队激励认知

一、激励的种类

（一）物质激励与精神激励

所谓物质激励就是从满足人的物质需要出发，通过对物质利益关系进行调节，激发人的向上动机并控制其行为的趋向。物质激励多以加薪、减薪、奖金、罚款等形式出现，是激励不可或缺的重要手段，对强化按劳取酬的分配原则和调动员工的劳动热情有很大的作用。

所谓精神激励就是从满足人的精神需要出发，对人的心理施加必要的影响，从而影响人的行为。精神激励多以表扬和批评等形式出现，是激励的一种重要手段，效果显著、持续时间长。

（二）正激励与负激励

根据激励的性质，激励还可分为正激励和负激励两种类型。所谓正激励就是当一个人的行为符合组织需要时，通过奖赏的方式来鼓励这种行为，以达到保持和增加这种行为的目的。所谓负激励就是当一个人的行为不符合组织需要时，通过惩罚的方式来抑制这种行为，以达到减少或消除这种行为的目的。正激励起正强化的作用，是对行为的肯定；负激励起负强化的作用，是对行为的否定。在正激励与负激励之间还存在着一种零激励，有人也称之为衰退，即撤销对原来某种行为实施的正激励或负激励，使这种行为在一段时期内连续得不到任何强化，从而达到减少或增加这种行为反应频率的目的。这是一种不施以任何激励的激励，所以称为零激励。

（三）内激励与外激励

根据激励的形式，激励又可分为内激励与外激励两种类型。所谓内激励是指由内酬引发的、源自工作任务本身的激励。所谓外激励是指由外酬引发的、与工作任务本身无直接关系的激励。内酬是指工作任务本身的刺激，即在工作进程中所获得的满足感，它与工作任务是同步的。内酬所引发的内激励会产生一种持久性的作用。外酬是指工作任务完成之后或在工作场所以外所获得的满足感，它与工作任务是不同步的。由外酬引发的外激励是难以持久的。

二、激励机制对人力资源管理的意义

（一）激励机制能够提高员工工作绩效

企业员工的工作绩效与企业战略经营目标的实现有着紧密的联系。企业员工是企业价值的缔造者，激励机制的有效运用，能够为提高工作绩效提供支持。企业员工工作绩效往往与员工的工作态度、工作情绪等密切相关，在激励机制下，企业可以为员工提供工作驱动力，能够激发出员工的工作热情。企业员工更有干劲，会大大提高工作效率，将被动的工作转化为主动积极的行动。

（二）激励机制能够增强企业组织向心力

激励机制对于增强企业向心力有着重要作用。企业向心力也是企业对员工的凝聚力，在日益激烈的企业竞争中，要想立于不败之地，就要重视人才的价值。企业员工的稳定性和忠诚度，都是企业健康发展的重要基础。企业在将员工凝聚在企业周围时，可以依赖于激励机制，鼓励员工更好地为企业工作，使其能够在岗位上尽职尽责，自觉履行职责。

（三）激励机制能够稳定人才促进发展

企业参与竞争时，要想吸引更多的人才进入企业、为企业服务，就需要依赖激励机制。激励机制是企业能够为员工所提供和付出的成本，在积极有效的激励机制中，可以形成对人才的吸引力。企业也要充分地发挥激励机制的作用，在面对人才招揽以及留下人才方面，能够提供一个新的思路和途径。企业要结合人力资源管理制度，将激励机制的效果发挥至最佳，结合竞争上岗等具体措施，让人才能够发挥价值。

实训 6-3　分析团队激励方式

宝洁公司的团队激励

在某个星期四的下班时分，宝洁中国人力资源部高级经理周女士，将一张卡片放在办公桌上，这张卡片将提示每个来找自己的同事：周五她在家工作。同样具有提示效果的，是她在公司内部邮件和沟通平台上的留言：如果需要，可以直接拨打住宅电话找到她。大多数公司完全无法容忍员工这般"自由散漫"，但宝洁并非如此。这家全球领先的快速消费品制造和零售商，正在将跨国公司推行的"弹性工作制"带入中国市场。这项名为"工作与生活平衡"的计划，旨在改变几十年来约定俗成的中国商业信条——出勤等同于工作，以至于需要上下班打卡。周女士的上述行为正是这个计划的核心部分之一，即允许员工每周自由选择一个工作日在家工作。这项计划的其他部分还包括：员工有特殊需求，最多可以只工作60%时间的"非全职工作"；工作1年以上的员工，每3年可以要求1个月的个人假期；上午10点才赶到公司的员工并不算迟到，而工作时间去做半小时推拿也不会被上司指责。位于广州天河的30层办公室里，非工作设施一应俱全，员工随时可以去做运动、推拿，吃新鲜水果餐或躺在床上小睡片刻。

宝洁公司作为日化行业的领导者，不仅在品牌管理上闻名全球，作为美国最早的利润分享制度公司和第一个实施员工认购公司股份制度的公司，宝洁也一直是在激励模式上保持创新的企业。该企业的激励制度包括提供完善而有竞争力的薪资体制、奖励机制、清晰的职业生涯规划以及开放的氛围。

第一步：请同学们仔细阅读上文案例，并完成实训表 6-3。

实训表 6-3　团队激励方式

姓名_____	小组号_____
学号_____	成绩_____
1. 该企业运用了哪些激励方式？	

续表

姓名_____	小组号_____
学号_____	成绩_____
2. 对于"企业是大家的"的理念，你认同吗？为什么？	
3. 作为新时代青年，该如何在团队中发扬集体主义精神？	

第二步：小组讨论，并推荐一名代表发言。

第三步：教师对各小组成员的观点进行点评、分析，巩固团队激励的相关理论。通过案例分析，学生学会从大局出发，树立集体主义意识，践行集体主义精神。

项目拓展资源　　　　项目同步测试

综合实训二

企业团队组建

综合实训 2–1　团队组建方案（学生用表）

封面：

　　班级_____　小组号_____

　　　　　《团队建设与管理实务》课程实训
　　　　　　　　——××企业团队组建方案

　　　　小组长　　　　　　　　学号

姓名_____　学号_____　分工_____
姓名_____　学号_____　分工_____
姓名_____　学号_____　分工_____
姓名_____　学号_____　分工_____
姓名_____　学号_____　分工_____
姓名_____　学号_____　分工_____
姓名_____　学号_____　分工_____
姓名_____　学号_____　分工_____
姓名_____　学号_____　分工_____

　　指导教师_____

　　成　　绩_____

目　录

一、引言

二、××企业（部门）背景

三、××企业（部门）团队组建计划

　　（一）××企业（部门）团队组织架构

　　（二）××企业（部门）团队组建目标

　　（三）××企业（部门）团队组建培训

　　（四）××企业（部门）团队激励方式

四、团队风采展示

五、实训照片（4张或以上）

■ 格式要求

字体要求：宋体

字间距设置为"标准"。方案的各级标题依次为"一、"（字体为小二加粗）；（一）（字体为四号加粗）；1.（字体为小四加粗）；（1）（字体为小四）。行距为1.5倍。

综合实训 2－2　团队组建方案评分标准（教师用表 1）

结构指标	单项指标	评判分值及评价要点
团队组建背景及准备（10%）	1. 企业或部门团队组建背景的合理性及充分性 2. 企业或部门团队组建的科学性 3. 查阅相关文献等相关准备工作	
团队调研（10%）	1. 列举团队组建案例 2 个或以上 2. 团队组建目标科学 3. 团队组建角色明晰 4. 团队组建规模适宜	
方案撰写（60%）	1. 报告结构合理 2. 融入团队建设相关理论知识 3. 问题分析科学、深入 4. 问题表述清楚 5. 分析结论有借鉴意义 6. 文本语言规范、科学 7. 文本格式规范	
组建团队风采展示（10%）	1. 团队成员态度认真 2. 团队成员激励方式科学 3. 团队组建培训适宜、科学	
团队合作性（10%）	1. 团队成员分工合理 2. 团队成员相互配合 3. 团队整体状态佳	
总分值及评价		

综合实训 2－3　团队组建展示视频评分标准（教师用表 2）

结构指标	单项指标	评判分值及评价要点
拍摄演示视频态度（10%）	1. 视频物料准备到位 2. 视频演示认真 3. 熟悉方案内容，准备充分	

续表

结构指标	单项指标	评判分值及评价要点
视频内容（25%）	1. 内容紧扣团队诊断内容，丰富充实、组织合理	
	2. 概念准确，分析透彻	
	3. 重点突出，阐明疑点，举例恰当	
	4. 逻辑性强，思路清晰	
视频制作（15%）	1. 视频制作简单、大方	
	2. 视频制作清晰、符合主题	
	3. 数字应用充分、科学	
视频演示方式或方法（20%）	1. 语言流畅、清晰	
	2. 视频生动形象	
	3. 有互动，现场反应快	
	4. 演示时精神风貌佳	
	5. 能多样化的演示手段配合使用	
团队合作性（20%）	1. 团队成员分工合理	
	2. 团队成员相互配合	
	3. 团队整体状态佳	
视频效果（10%）	1. 视频吸引力良好	
	2. 视频背景音乐选取适当，字幕清晰准确	
总分值及评价		

综合实训2-4　团队建设诊断各小组汇总表（教师用表3）

	第一小组	第二小组	第三小组	第四小组	第五小组	第六小组
团队组建方案（50%）						
展示视频的团队形象、表现力和应变力（50%）						
总分						

项目七

团队沟通

学习目标

- 了解团队及团队沟通的基本概念和内涵
- 认识团队沟通的各种类型
- 了解团队沟通的障碍和解决策略

能力目标

- 能够用自己的语言清楚表达团队沟通的概念并解释其内涵
- 能够熟练掌握团队沟通的技巧
- 能够运用团队沟通理论和策略解决现实中的沟通问题

素质目标

- 培育学生的团队意识与团结素养
- 培养学生的团队沟通意识，使之意识到团队沟通的重要性

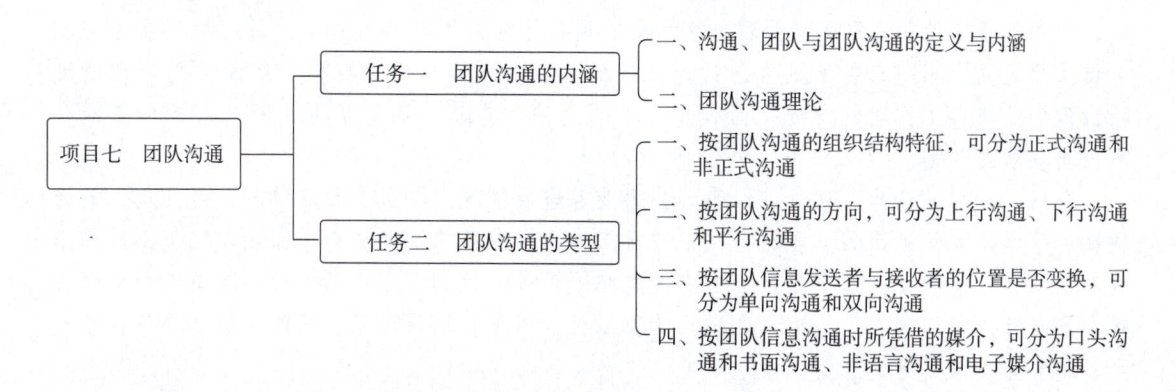

```
项目七 团队沟通 ─┬─ 任务一 团队沟通的内涵 ─┬─ 一、沟通、团队与团队沟通的定义与内涵
                │                          └─ 二、团队沟通理论
                │
                └─ 任务二 团队沟通的类型 ─┬─ 一、按团队沟通的组织结构特征，可分为正式沟通和非正式沟通
                                          ├─ 二、按团队沟通的方向，可分为上行沟通、下行沟通和平行沟通
                                          ├─ 三、按团队信息发送者与接收者的位置是否变换，可分为单向沟通和双向沟通
                                          └─ 四、按团队信息沟通时所凭借的媒介，可分为口头沟通和书面沟通、非语言沟通和电子媒介沟通
```

团队建设与管理

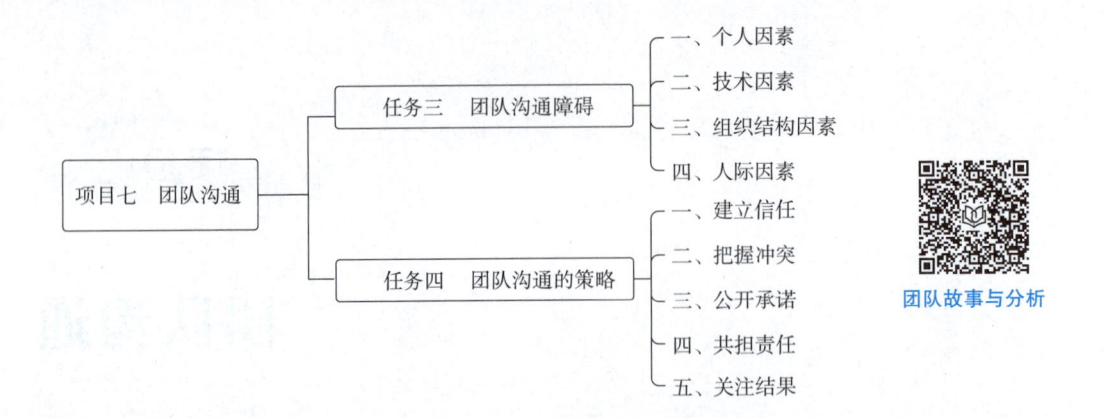

```
项目七 团队沟通 ─┬─ 任务三 团队沟通障碍 ─┬─ 一、个人因素
                │                      ├─ 二、技术因素
                │                      ├─ 三、组织结构因素
                │                      └─ 四、人际因素
                └─ 任务四 团队沟通的策略 ─┬─ 一、建立信任
                                        ├─ 二、把握冲突
                                        ├─ 三、公开承诺
                                        ├─ 四、共担责任
                                        └─ 五、关注结果
```

团队故事与分析

任务一　团队沟通的内涵

案例导入

美国沃尔玛公司总裁萨姆·沃尔顿曾说过:"如果你必须将沃尔玛的管理体制浓缩成一种思想,那可能就是沟通。因为它是我们成功的真正关键之一。"

沟通是为了达成共识,而实现沟通的前提就是让所有员工一起面对现实。沃尔玛决心要做的,就是通过信息共享、责任分担实现良好的沟通交流。

沃尔玛公司总部设在美国阿肯色州本顿维尔市,公司的行政管理人员每周花费大部分时间飞往各地的商店,通报公司所有业务情况,让所有员工共同掌握沃尔玛公司的业务指标。在任何一个沃尔玛商店里,都定时公布该店的利润、进货、销售和减价的情况,并且不只是向经理及其助理们公布,还向每个员工、计时工和兼职雇员公布各种信息,鼓励他们争取更好的成绩。

沃尔玛公司的股东大会是全美最大的股东大会,每次大会公司都尽可能让更多的商店经理和员工参加,让他们看到公司全貌,做到心中有数。萨姆·沃尔顿在每次股东大会结束后,都和妻子邀请约2 500位出席会议的员工到自己的家里举办野餐会,并在野餐会上与众多员工聊天,大家一起畅所欲言,讨论公司的现在和未来。为保持整个组织信息渠道的通畅,他们还与各工作团队成员全面收集员工的想法和意见,还经常带领所有人参加"沃尔玛公司联欢会"等。

萨姆·沃尔顿认为,让员工们了解公司业务进展情况、与员工共享信息,是让员工最大限度地干好其本职工作的重要途径,是与员工沟通和联络感情的核心。而沃尔玛也正是借用共享信息和分担责任,适应了员工的沟通与交流需求,达到了自己的目的:使员工产生责任感和参与感,意识到自己的工作在公司的重要性,感觉自己得到了公司的尊重和信任,积极主动地努力争取更好的成绩。

案例分析

团队沟通的管理意义是显而易见的。如同激励员工的每个因素都必须与沟通结合起来一样,企业发展的整个过程也必须依靠团队每个成员之间的有效沟通。可以说,没有沟通,企业管理者的领导就难以发挥积极作用;没有顺畅的沟通,企业就谈不上机敏的应变。从某种意义上讲,沟通已成为现在员工潜意识的重要部分,是员工激励的重要源泉。重视每一次沟通所产生的激励作用,企业管理者会发现对员工的最大帮助就是心存感激。"士为知己者死",企业管理者"理解、认同"的"知遇之恩"也必将换来员工的"涌泉回报"。

一、沟通、团队与团队沟通的定义与内涵

(一)沟通的含义

沟通是指人与人之间、人与群体之间思想与感情的传递和反馈的过程,旨在达成思想上的一致和感情上的通畅。沟通的过程不仅包括口头语言和书面语言,还包括肢体语言、个人的语气和方式、物质环境等,是人际关系中非常重要的一环。沟通是双向的,涉及两个以上的人,且需要明确的目的和特定的目标。沟通的目的是促进人们之间的了解与合作,但沟通过程中可能会出现障碍。良好的沟通可以化解矛盾、消除障碍、拉近距离、改善关系。

(二)团队的含义

团队是指按照一定的目的,由两个或两个以上的人员所组成的工作小组,包括五个要素,简称为"5P",即目标(Purpose)、定位(Place)、职权(Power)、计划(Plan)、人员(People)。团队成员通常为了特定的目标而结合在一起,他们之间存在相互依赖和合作的关系,共同承担责任并共享荣辱。团队的核心在于协同工作,解决问题,并达到共同的目标。

(三)团队沟通的含义

团队沟通即团队内外部发生的所有形式的沟通,是随着团队这一组织结构的诞生应运而生的。随着全球信息化时代的到来,在经济信息化的强烈冲击下,传统的管理模式、管理方法面临着巨大的挑战。为了摆脱传统管理模式所面临的危机,使管理更加适应经济和社会发展的需要,在二十世纪八九十年代,世界范围内掀起了一轮管理创新的热潮。由于企业的外部生存环境从根本上发生了改变,这就要求企业必须快速准确地对千变万化的市场做出反应,必须变大规模的福特制生产方式为灵活的弹性生产方式,变分工和等级为合作与协调,这样才能使员工的积极性充分调动起来,最大限度地发挥专业技能。自工业革命以来形成的传统的垂直功能化管理组织模式已经不再适应如今的市场环境,在这种情况下,一种全新的以团队为核心的企业组织结构应运而生,并迅速盛行起来。事实表明,团队是组织提高运行效率的可行方式,有助于组织更好地利用员工的才能,而且比其他形式的群体更灵活,反应更迅速。此外,团队还有一个作用不可忽视,那就是他们在激励协调方面的作用:团队能够促使员工参与决策,增强组织的民主氛围,提高员工的积极性。团队所具有的种种优点在很大程度上都取决于团队成员之间能否有效的沟通与协作。

二、团队沟通理论

为了更好地了解团队沟通的内涵,需要先了解一下有关团队沟通的几种代表性理论:

第一,对于工作团队的研究最早可追溯到威廉·大内(William Ouchi)的《Z理论——美国企业界怎样迎接日本的挑战》。在这本书中,作者对曾使日本经济获得成功的"日本

式"团队模式做了大量研究,并提出许多精辟的观点。他通过选择日、美两国的一些典型企业进行研究并得出结论,认为日本企业之所以会比美国企业成功,是因为日本企业经营管理中形成了特有的"日本式"团队精神:"我们是集体领导,我们是平等的。"他认为,形成这种团队的前提有三要素:信任、微妙性、人与人之间的亲密性。他强调人际关系的沟通技能,从而实现"日本式"的微妙管理。他还认为,现代沟通媒体不断增加,信息沟通相对容易,情感沟通却退居次要位置。团队内部的异质人群,更容易引起文化上的冲突而难以调和。

第二,阿尔钦和德姆塞茨的团队生产理论。他们将研究的重点转向了企业的内部,提出了独具特色的团队生产理论。他们认为现代化的生产是多项投入的合作,任何成员的行为都将影响其他成员的生产效率,因此团队成员间的有效沟通对于提高企业的生产效率就显得尤为重要。他们还认为有效的团队沟通是防范团队成员偷懒的有效医治方法。

第三,美国的斯蒂芬·P·罗宾斯(Stephen P. Robbins)在其《组织行为学》一书中指出:团队是指在特定的可操作的范围内,为实现特定的目标而合作的人的共同体。他认为团队内完美的沟通目标是可望而不可及的,而选择正确的通道,做一个有效的听众,运用反馈则有助于更有效地沟通。他强调为了实现团队的目标,必须在团队内部进行有效的沟通。

第四,康青在其《管理沟通教程》一书中,给出了团队沟通的定义:团队是指按照一定的目的,由两个或两个以上的雇员组成的工作小组。在这种工作小组内部发生的所有形式的沟通,即为团队沟通。他认为,现代管理越来越强调柔性管理,如果团队领导采用民主型的领导风格,则无疑会使团队沟通更加有效。

第五,美国的盖伊·拉姆斯登和康纳德·拉姆斯登合著的《群体与团队沟通》一书是最具代表性的理论成果。本书的写作宗旨是"如何使你的团队群体变得有效",具体从5个角度介绍了团队协作过程中履行任务和维持关系的理念、流程以及各种具体的方法。作者认为,团队的精髓在于团队中每个成员应该而且能够承担领导职能。行使领导职能的关键在于沟通。对于在创立、组建、发展团队进程中,如何营造积极的沟通氛围,怎样有效地开会,如何合理地解决问题,怎样提出有创意的对策,在群体协作进程中应该掌握哪些技巧,如何防范和处理团队协作中出现的问题等,作者都进行了全面的解释分析并提供了有效的方法。其主要创作思想包括"一个合作型群体应整合为团队""每个成员都应肩负领导责任""被任命的领导不应仅仅是一名经理""团队是系统中的一个分系统""团队是一个小宇宙""团队系统中的伦理问题"等。

实训7-1 团队沟通设计

实训形式:案例分析

实训步骤

第一步:实训前准备。要求提前阅读有关团队沟通的相关文献,了解团队沟通分析的理论知识。

第二步:对以下案例进行分析。

有三个人搭乘一条渔船渡江做生意,船至江心,忽遇暴风雨,渔船摇摆不停。正在这一危急时刻，船家利用多年的水上经验，立刻出来指挥船上的人，他以不容反驳的口气命令一位年轻的小伙子骑在船中的横木上，以保持平衡。

然后他又指挥其他两个人摇橹。可是水势过于凶险，而且船上装的大多是布匹和农产品，很容易吸水增加重量，为了保住船身不下沉，必须把船上多余的东西扔掉。船家想都没想就把小伙子的两袋玉米扔入江中，同时也把正在摇橹的两个人带来的布匹和农产品扔了下去，但两个摇橹的人发现唯独只留下了船家自己带来的一个沉重的箱子。

两人很生气，于是问都不问，合伙将那个沉重的木箱扔进了水里。木箱一离船，船就像纸一样漂了起来，失去控制，撞到了石头上，所有的人都被甩到了急流中。那两个摇橹的人万万没想到，被他俩扔入水中的木箱里面装的是用来稳住船的沙石。只要没有了稳定船用的木箱，船就会翻。本来大家可以渡过难关的，却这样被葬送江中了。

第三步：请同学们根据案例，帮助船家对翻船事故进行分析，并完成实训表7-1。

实训表7-1 船家翻船事故分析

小组号_____ 姓名_____ 学号_____ 成绩_____

请同学们根据案例，对船家翻船事故进行分析，要求介绍翻船事故原因的具体内容，并提出避免翻船事故的解决办法。	
翻船事故原因：_____	原因具体分析：
翻船事故避免办法一：_____	翻船事故避免办法分析：
翻船事故避免办法二：_____	翻船事故避免办法分析：

第四步：实训7-1任务评价。

1. 本次任务技能点评价（如表7-1-1所示）。

表7-1-1 培训需求分析技能点评价

序号	技能点评价	佐证	达标	未达标
1	团队沟通的概念	能够熟练掌握团队沟通的概念		
2	能够熟练掌握团队沟通重要性分析的流程			
3	能够对团队沟通案例中的失误进行分析和分类			

2. 本次任务的素质点评价（如表7-1-2所示）。

表 7-1-2 培训需求分析素质点评价

序号	素质点评价	佐证	达标	未达标
1	创新意识	能够在团队沟通分析中融入具有新意的方法和内容		
2	协作精神	能够和团队成员协商合作共同完成实训		
3	资源的查找、整合能力	能够进行相关资源的查找和整合		
4	传统文化意识	能够应用团队沟通知识分析相应的传统文化团队的团队沟通问题		
5	严谨的工匠精神	能够对团队沟通案例做出精确分析		
6	自我学习能力	能够运用团队沟通的相关知识和技能		

任务二　团队沟通的类型

案例导入

研发部梁经理才进公司不到一年，工作表现颇受主管赞赏，不管是专业能力还是管理绩效，都获得大家肯定。在他的缜密规划之下，研发部一些延宕已久的项目，都在积极推行当中。

部门主管李副总发现，梁经理到研发部以来，几乎每天加班。他经常第二天来看到梁经理电子邮件的发送时间是前一天晚上十点多，接着甚至又看到当天早上七点多发送的另一封邮件。这个部门下班时梁经理总是最晚离开，上班时第一个到。但是，即使在工作量吃紧的时候，其他同仁似乎都准时走，很少跟着他留下来。平常也难得见到梁经理和他的部属或是同级主管进行沟通。

李副总对梁经理怎么和其他同事、部属沟通工作觉得好奇，开始观察他的沟通方式。原来，梁经理是以电子邮件交代部属工作。他的属下除非必要，也都是以电子邮件回复工作进度及提出问题，很少找他当面报告或讨论，对其他同事也是如此，电子邮件似乎被梁经理当作和同事们合作的最佳沟通工具。

但是，最近大家似乎开始对梁经理这样的沟通方式反应不佳。李副总发觉，梁经理的部属对部门逐渐没有向心力，除了不配合加班，还只执行交办的工作，不太主动提出企划或问题。而其他各位主管，也不会像梁经理刚到研发部时，主动到他房间聊聊，大家见了面，只是客气地点个头。开会时的讨论，也都是公事公办。

李副总趁着在楼梯间抽烟碰到另一部门的陈经理时，以闲聊的方式问及上述情况，陈经理表示：梁经理工作相当认真，可能对工作以外的事就没有多花心思。李副总也就没再多问。

这天，李副总刚好经过梁经理房间门口，听到他打电话，讨论内容似乎和陈经理的业务范围有关。他到陈经理那里，刚好陈经理也在打电话。李副总听谈话内容，确定是两位经理在谈话。之后，他找了陈经理，问他怎么回事。明明两个主管的办公房间相邻，为什么不直接走过去说说，而是用电话谈。

陈经理笑答，这个电话是梁经理打来的，梁经理似乎比较希望用电话讨论工作，而不是当面沟通。陈经理曾试着要在梁经理房间谈，而不是电话沟通。但梁经理不是在最短的时间内结束谈话，就是眼睛一直盯着计算机屏幕，让他不得不赶紧离开。陈经理说，几次以后，他也宁愿用电话的方式沟通，免得让别人觉得自己过于热情。

了解这些情形后，李副总找梁经理聊了聊，梁经理觉得效率应该是最需要追求的目标，所以他希望用最节省时间的方式，达到工作要求。李副总以过来人的经验告诉梁经理，工作效率重要，但良好的沟通绝对会让工作进行顺畅许多。

案例分析

很多管理者都忽视了沟通的重要性，而是一味地强调工作效率。实际上，无论在人际交往还是工作中，选择恰当、正确的沟通方式，能够有效地减少各种成本，而且能大大增强沟通的效率。

习近平总书记在党的二十大报告中强调，"团结就是力量，团结才能胜利""团结奋斗是中国人民创造历史伟业的必由之路"，号召全党全国人民"为全面建设社会主义现代化国家、全面推进中华民族伟大复兴而团结奋斗"。在参加党的二十大广西代表团讨论时，总书记又强调，"团结才能胜利，奋斗才会成功""全党全国各族人民要在党的旗帜下团结成'一块坚硬的钢铁'，心往一处想、劲往一处使，推动中华民族伟大复兴号巨轮乘风破浪、扬帆远航"。总书记的重要论述，深刻阐明了团结和团队精神对新时代新征程，全面建设社会主义现代化国家的重大意义，为我们牢牢把握团结奋斗的时代要求指明了前进方向。为了自身的提高以及社会发展的需要，我们每个人都要具备团结精神和团队意识，运用恰当的沟通方式，学会在团队中与人和谐相处，增强团队凝聚力。

一、按团队沟通的组织结构特征，可分为正式沟通和非正式沟通

（一）正式沟通

正式沟通是指按照组织明文规定的渠道进行信息的传递和交流。例如，组织内部的文件传达，上下级之间例行的汇报、总结，工作任务分配以及组织之间的信函往来等都属于正式沟通。正式沟通具有组织的严肃性、程序性、稳定性、可靠性及信息不易失真的特点，是组织内沟通的主要方式。

（二）非正式沟通

非正式沟通是指正式沟通渠道以外自由进行的信息传递和交流，是正式沟通的补充。例如，员工之间私下交换意见，交流思想感情或传播小道消息等。其特点是自发性、灵活性、不可靠性。非正式沟通作为正式沟通的补充有其积极的作用，通过它可以掌握群体成员的心理状况，并在一定程度上为组织决策提供依据。但由于在非正式沟通中信息失真率比较大，所以作为管理人员，既不能完全依赖它获得必要的信息，又不能完全忽视它。

二、按团队沟通的方向，可分为上行沟通、下行沟通和平行沟通

（一）上行沟通

上行沟通是指在组织或群体中从较低层次向较高层次沟通。它是群体成员向上级提供信息、发表意见和对情况的反映。如果上行沟通渠道畅通，可使下级员工向上级反映自己的意见和愿望，获得某种心理上的满足，同时也可使领导者及时、准确地掌握下级情况，为做出符合实际的决策和改进管理创造条件。上行沟通是一个组织领导者了解和掌握组织全面情况，以做出正确决策的重要环节。上行沟通中，我们应充分尊重上级，有礼貌、不卑不亢，积极主动地为上司分担压力。

（二）下行沟通

下行沟通是指组织或群体中从较高层次向较低层次传递信息的过程。它是组织的领导者把组织的目标、规章制度、工作程序向下传达的沟通方式。下行沟通可以使下级员工明确工作任务、目标、增强责任感和组织归属感，而且可以协调组织各层次的活动，加强各级间的有效协作。在下行沟通中，领导要充分关心、关爱、理解、包容、尊重下属，做到严爱相济、润已泽人。

（三）平行沟通

平行沟通是指组织或群体中各平行机构之间的交流，以及员工在工作中的交互作用和工作交谈等。平行沟通能够保证部门间相互通气、相互配合和支持，从而减少矛盾和冲突，有利于组织各种关系的平衡和稳定。在团队中，要充分关心帮助同事，要怀有友善助人之心，以诚待人，使整个团队成员之间的关系更加融洽、和谐。

三、按团队信息发送者与接收者的位置是否变换，可分为单向沟通和双向沟通

（一）单向沟通

单向沟通是指信息的发送者与接收者之间相对位置不发生变化的沟通，即信息的交流是单向的流动，如演讲、做报告、广播消息等都属于单向沟通。单向沟通的优点是信息传递快，其缺点是缺少信息反馈，沟通的信息准确性差，当接收者不愿接受意见或任务时，容易引起不满与抗拒。

（二）双向沟通

双向沟通是指信息的发送者与接收者的位置不断变化的沟通，即信息交流是双向的活动。例如，组织间的协商、讨论，或是两个人之间的谈心等都属于双向沟通。双向沟通的优点是能及时获得反馈的信息；沟通信息准确性较高；通过沟通有助于联络和巩固双方感情。其缺点是信息传递速度较慢；接收者可以反对信息发送者的意见，在一定条件下可能给发送者造成心理上的压力。

四、按团队信息沟通时所凭借的媒介，可分为口头沟通和书面沟通、非语言沟通和电子媒介沟通

（一）口头沟通

口头沟通就是运用口头表达的方式进行信息的传递和交流，包括面对面的讨论、谈话、开会和演讲等。其优点是信息传递快，信息量大，接收者能感受到发送者的真挚感情，且信息发送者能立即得到反馈，能了解所传达的信息是否被正确理解。这是一种双向沟通，它使得参加沟通的双方既是发送者又是接收者。口头沟通最大的缺点是无准备，不方便记录，且信息经多人传递易失真，难以核实。

（二）书面沟通

书面沟通就是运用书面形式进行的信息传递和交流，包括备忘录、信件、报告、计算机文件和其他书面文件。其优点在于具有清晰性和准确性，不容易在传递过程中被歪曲，可以永久保留，接收者可以根据自己的时间和速度详细阅读以求理解。其缺点在于信息反馈慢，接收者可能不能完全理解信息，而且在相同的时间内不如口头沟通传递的信息量大。

（三）非语言沟通

非语言沟通即指非口头、非书面形式的沟通，也就是用语言以外的非语言符号进行的信息沟通，包括衣着、动作、表情、手势等体态语言，警笛、红绿灯、谈话的语调、音量、手语、旗语等。非语言沟通的优点是内涵丰富。其缺点在于，由于人的个性差异、国家的文化差异，有时沟通也会造成误解；此外，非语言沟通的范围有限，只能在面对面沟通中使用。

（四）电子媒介沟通

电子媒介沟通即以电子符号的形式通过电子媒介而进行的沟通，如传真、电报、电子邮件、视频会议、电话会议、即时通信工具（如 QQ、微信）等。电子沟通的主要优点在于信息传输速率快、成本低。其缺点在于对于那些需要面对面解决的复杂问题，不能采集到微妙的、情感化的非语言线索。电子邮件最适合发布那些不需要大量复杂交换的日常信息，不太适合传递机密信息、解决冲突及谈判。

实训 7-2 团队沟通分类设计

实训形式：案例分析

实训步骤

第一步：实训前准备。要求提前阅读有关团队沟通分类的相关文献，了解团队沟通分类的理论知识。

第二步：对以下案例进行分析。

对上沟通没有"胆"

程序员小王有一阵子老是受上司的冷落，尽管小王的业绩比较突出，可在业务会上，上司很少表扬他，倒是那些业绩平平的同事成了上司心目中的新宠。小王几次想跟上司沟通，

询问上司对他的看法，可每当小王准备敲上司办公室的门时，又犹豫起来，赶紧缩回手。直到有一天，还没到公司统一发工资的日子，上司却通知他去财务部领工资，他才知道自己被公司解雇了。他百思不得其解，后来才知道原来公司领导听说小王在外偷偷搞兼职，有吃里爬外之嫌。

其实小王是被冤枉的，他根本就没有在外兼职，是同事嫉妒他业绩出众，打了小报告诬陷他。如果小王及时跟上司沟通，弄明白上司冷落他的原因，予以澄清解释，事情就不会发展到如此地步。

那么小王为什么不去主动跟上司沟通呢？这缘于陈旧的等级观念，不敢主动与上司沟通。一般的员工总是认为沟通是上司对下级，哪有下级主动去找上司沟通的。这种偏见贻误了员工主动与上司沟通的机会，结果是造成了难以挽回的损失。因此，企业员工要去掉"怕"字，主动、大胆地与上司沟通，征求上司对自己的意见，及时消除上司对自己的误解，或者了解上司的真实意图，以便更好地工作。

在这方面，墨子的学生耕柱做得非常好，他能大胆主动地与老师沟通，消除了心中的郁闷。春秋战国时期，耕柱是一代宗师墨子的得意门生，不过，他老是挨墨子的责骂。有一次，墨子又责备了耕柱，耕柱觉得自己真是非常委屈，因为在许多门生之中，大家都公认耕柱是最优秀的人，但又偏偏常遭到墨子指责，让他面子上过不去。一天，耕柱愤愤不平地问墨子："老师，难道在这么多学生当中，我竟是如此地差劲，以致要时常遭您老人家责骂吗？"墨子听后，毫不动肝火："假设我现在要上太行山，依你看，我应该要用良马来拉车，还是用老牛来拖车？"耕柱回答说："再笨的人也知道要用良马来拉车。"墨子又问："那么，为什么不用老牛呢？"耕柱回答说："理由非常简单，因为良马足以担负重任，值得驱遣。"墨子说："你答得一点也没有错。我之所以时常责骂你，也只因为你能够担负重任，值得我一再地教导与匡正你。"耕柱从墨子的解释中得到欣慰，放下了思想包袱。

第三步：请同学们根据案例，帮助程序员小王分析团队沟通中出现的问题，并完成实训表7-2。

实训表7-2 小王团队沟通中问题分析

小组号_____ 姓名_____ 学号_____ 成绩_____

请同学们根据案例，分析小王沟通中出现的问题，并要求针对问题提出解决问题的措施。	
团队沟通出现的问题一：_____	问题分析：
团队沟通出现的问题二：_____	问题分析：
针对问题的解决办法一：_____	具体解决办法分析：
针对问题的解决办法二：_____	具体解决办法分析：

第四步：实训 7-2 任务评价。

1. 本次任务技能点评价（如表 7-2-1 所示）。

表 7-2-1　团队沟通分类分析技能点评价

序号	技能点评价	佐证	达标	未达标
1	团队沟通分类的概念	能够熟练掌握团队沟通分类的概念		
2	能够熟练掌握团队沟通分类分析的流程			
3	能够对沟通案例中的失误进行分析和分类			

2. 本次任务的素质点评价（如表 7-2-2 所示）。

表 7-2-2　团队沟通分类分析素质点评价

序号	素质点评价	佐证	达标	未达标
1	创新意识	能够在团队沟通分类分析中融入具有新意的方法和内容		
2	协作精神	能够和团队成员协商合作共同完成实训		
3	资源的查找、整合能力	能够进行相关资源的查找和整合		
4	传统文化意识	能够应用团队沟通分类知识对相应的传统文化团队的沟通进行分类		
5	严谨的工匠精神	能够对团队沟通分类案例做出精确分析		
6	自我学习能力	能够运用团队沟通分类的相关知识和技能		

任务三　团队沟通障碍

案例导入

仅仅几句话就能决定生与死的命运？1990 年 1 月 25 日恰恰发生了这种事件。那一天，由于阿维安卡 52 航班飞行员与纽约肯尼迪机场航空交通管理员之间的沟通障碍，导致了一场空难事故，机上 73 名人员全部遇难。1 月 25 日晚 7 时 40 分，阿维安卡 52 航班飞行在南新泽西海岸上空 11 277.7 米的高空。机上的油量可以维持近两个小时的航程，在正常情况下飞机降落至纽约肯尼迪机场仅需不到半小时的时间，可以说飞机上的油量足够维持飞机的飞行直至降落。然而，此后发生了一系列耽搁。晚上 8 时整，机场管理人员通知 52 航班，由于严重的交通问题，他们必须在机场上空盘旋待命。晚上 8 时 45 分，52 航班的副驾驶员向肯尼迪机场报告他们的"燃料快用完了"。管理员收到了这一信息，但直到晚上 9 时 24 分，仍然没有批准飞机降落。在此之前，阿维安卡机组成员再没有向肯尼迪机场传递任何情况十分危急的信息。晚上 9 时 24 分，由于飞行高度太低以及能见度太差，飞机第一次试降失败。当机场指示飞机进行第二次试降时，机组成员再次提醒燃料将要用尽，但飞行员却告诉管理员新分配的跑道"可行"。晚上 9 时 32 分，飞机的两个引擎失灵，1 分钟后，另两个也停止工作，耗尽燃料的飞机于晚上 9 时 34 分坠毁于长岛。调查人员找到了失事飞机的黑匣子，并与当事的管理员进行了交谈，他们发现导致这场悲剧的原因是整个工作团队在沟通中出现了障碍，导致悲剧的发生。

案例分析

团队成员在沟通中会遇到各种各样的问题，团队沟通的障碍成为影响团队绩效的主要原因，如果不能认识到团队沟通中的各种障碍，就不能从根本上解决团队存在的问题，从而严重影响团队的绩效，也就无法达成团队的目标，甚至产生严重的后果。

团队沟通中的障碍是指在传递信息的过程中出现中断或者失真。我们可以从沟通的过程来看在这一过程中各主体可能产生的问题，以及这些问题如何导致沟通障碍的出现。

一、个人因素

个人因素包括发送的信息含义不明、知识水平差异、内容复杂、心理因素等。发送者如果对自己所要发送的信息内容没有真正的了解，不清楚自己到底要向对方说明什么，那么沟通过程的第一步就受到了阻碍，整个沟通就变得困难。由于发送者与接收者之间的知识和经验水平相差甚远，对方无法理解，或者造成对问题看法不同，致使双方的沟通遇到阻碍。信息接收者对信息的复杂性都具有一定的接受限度，超过了这种限度，则会产生接受困难。此外，信息量过大，致使接收者无法完全接受，也会影响到沟通的效果。由于个体的人格差异，使得信息发送者和接收者在态度、观念、思想、处理问题的方法及情绪等方面，均具有差异。

二、技术因素

沟通媒介选择不当，对内容极为复杂的信息，若采用言语为媒介，往往不易说清楚，接收者也不易明了。对内容极为简单的信息，若选用文字图表作为媒介，则又浪费时间与物力。在选用言语媒介时，发送者的口齿不清，或语言不通，或用语模棱两可等，都会造成信息无法有效传递。电话中有噪音也会导致对方听不清。在选用书面文字媒介时，文字不通顺或有错别字而发生误解，字体模糊而无法看清，都会影响信息的有效传递，给沟通带来困难。此外，相隔甚远的，空间距离也会限制沟通媒介和沟通工具的选用。

三、组织结构因素

组织内部层次过多，影响沟通的速度；内部部门过多，增加了平行沟通的次数和需要协调的单位，从而影响沟通的效果。另外，在上行沟通和下行沟通时，由于组织层次过多，每层主管都可能加上自己的理解和补充意见。这样，意见或信息的传递就可能走样而影响沟通效果。

四、人际因素

沟通双方的相互信任，信息来源的可靠程度，发送者与接收者之间的相似程度等都会影响沟通的效果。例如，我们常常觉得与同异性沟通相比，同性之间的共同话题更多：男性可能同样爱好体育运动，而女性更熟悉购物、娱乐等话题。同样的一条信息，来自父母和师长会令人更加信服，来自陌生人则可能导致听者置若罔闻。

实训7-3　团队沟通障碍分析

实训形式：案例分析

实训步骤

第一步：实训前准备。要求提前阅读有关团队沟通障碍分析的相关文献，了解团队沟通障碍的理论知识。

第二步：对以下案例进行分析。

这是一个大块的功能设计，涉及多个模块的工作，设计由核心模块负责，其他团队配合。在设计评审会上，各方都参与了会议，虽然有不少争论和讨论，但最后也确定了设计方案，大家也表示没有问题，会按设计完成。待到了约定完成的时间，却发现工作未完成。查证后发现，原来当时设计方案的时候，核心团队并未了解其他团队当前的设计和工作模式，其他团队也并未完全搞懂整个方案的真实需求，大家也只是在各自理解的基础之上达成了表面的共识。当真正联调的时候发现，以现在的现实无法达到最终的需求目标。

于是，互相推责抱怨的声音，开始此起彼伏、不绝于耳。

第三步：请同学们根据案例，帮助核心团队主管设计团队沟通会议分析，并完成实训表7-3。

实训表7-3　团队沟通会议不成功原因分析

小组号_____　姓名_____　学号_____　成绩_____

请同学们根据案例，作为核心团队的主管，根据团队沟通会议内容，要求分点介绍团队沟通障碍（团队会议不成功）的具体原因。	
团队会议不成功原因一：_____	不成功原因具体内容：
团队会议不成功原因二：_____	不成功原因具体内容：
团队会议不成功原因三：_____	不成功原因具体内容：
团队会议不成功原因四：_____	不成功原因具体内容：

第四步：实训 7-3 任务评价。

1. 本次任务技能点评价（如表 7-3-1 所示）。

表 7-3-1　团队沟通技能点评价

序号	技能点评价	佐证	达标	未达标
1	团队沟通障碍的概念	能够熟练掌握团队沟通障碍的概念		
2	能够熟练掌握团队沟通障碍分析的流程			
3	能够对团队沟通障碍案例中的失误因素进行分析和分类			

2. 本次任务的素质点评价（如表 7-3-2 所示）。

表 7-3-2　团队沟通素质点评价

序号	素质点评价	佐证	达标	未达标
1	创新意识	能够在团队沟通障碍分析中融入具有新意的方法和内容		
2	协作精神	能够和团队成员协商合作共同完成实训		
3	资源的查找、整合能力	能够进行相关资源的查找和整合		
4	传统文化意识	能够应用团队沟通障碍知识分析相应的传统文化团队的沟通需求		
5	严谨的工匠精神	能够对团队沟通障碍案例做出精确分析		
6	自我学习能力	能够运用团队沟通障碍分析的相关知识和技能		

任务四　团队沟通的策略

案例导入

客户唐某在 A 银行办理个人住房按揭贷款 3 笔，贷款金额分别为 32 万元、30 万元、28 万元。由于唐某所办公司经营出现问题导致资金紧缺，无力正常归还住房月供，A 银行客户经理在电话催收无效后，多次上门催收。开始唐某态度较差，经过客户经理耐心分析利弊，唐某有所扭转，开始筹措资金配合还款，但由于资金缺口大，还款来源最终没有得到落实。鉴于唐某所购 3 套住房一套用于自住，一套用于办公，另一套出租，A 银行客户经理建议转售出租的房屋，这样唐某既能避免被银行起诉造成损失，还可保证其他两套住房的按揭月供，剩余的资金还可用于生意上的周转，银行也能及时收回贷款。唐某同意银行建议，但又苦于找不到合适的买家，A银行客户经理又利用多种渠道联系买家，先后3次帮助客户谈判，终于帮助唐某出售了房屋，摆脱了困境，A银行顺利收回不良贷款。在此过程中，客户经理还及时向买家宣传A银行业务，成功营销2张信用卡。

案例分析

沟通是人们进行的思想或情况交流，以此取得彼此的了解、信任及良好的人际关系；对组织内部来说，沟通是组织成员团结一致、共同努力达到组织目标的重要手段，同时，沟通也是组织与外部环境之间建立联系的桥梁。本案例就主要体现了客户沟通在现代企业经营管理中的重要作用。为了建立和谐的关系，达成沟通双方的目标，团队成员必须要采用有效的沟通策略去解决客户工作和生活中的问题。沟通障碍产生的原因在于思维方式、思维角度、所处立场、所在环境、所受教育的差异等。总的来说，团队成员之间的沟通要以善待人，以情感人，以理服人，以利动人。

党的二十大指出，要取得各方面斗争的胜利，我们不仅要有战略谋划、坚定意志，还要有策略、有智慧、有方法。应该看到，实施战略的环境条件随时都在发生变化，每时每刻都会遇到新情况新问题。这就需要把战略的原则性和策略的灵活性有机结合起来，灵活机动、随机应变、临机决断，在因地制宜、因势而动、顺势而为中把握战略主动。要善于把握策略的灵活性，制定符合实际的工作策略和方法，以创造性贯彻落实赢得主动、赢得优势、赢得未来。团队中沟通存在障碍会导致团队沟通结果与预期有很大的差距，影响团队成员的和谐，降低团队成员的满意度，影响团队士气和团队工作效率等，所以在团队沟通中一定要掌握相应的策略，以期解决团队沟通中存在的问题。

一、建立信任

信任是团队战斗力的基础。缺乏信任的团队，无疑没有战斗力。首先，团队的领导者必须对员工表现出信任。其次，团队成员与团队成员之间也要相互信任，绝大部分的工作都是团队内所有成员共同分工完成的，环环相扣，每环都十分重要。这就要求每位团队成员在认真负责地完成本职工作的同时，能够多考虑到其他关联的工作，而不是事不关己高高挂起。最后团队成员也要坚定地相信团队的领导者，对领导做的决定、下发的任务，保持信任，相信能上下一心达成目标。

二、把握冲突

团队中存在不同的声音并不可怕，反而能激发大家的热情和参与感，避免团队陷入趋同思维的陷阱，驱使团队更好地成长和发展。真正可怕的是这些声音不是光明正大摆在桌面上的，而是在背地里私下讨论。所以，作为团队的领导者，应该多倾听团队成员们不同的声音，鼓励他们有问题、有意见第一时间向上反馈。

三、公开承诺

从决策开始，我们就应该将行动的落实纳入决策中，否则便是纸上谈兵。一项决策如果没有列举一条一条的行动步骤，并指派为某人的工作和责任，那便不能算是一项决策，最多只是一种意愿而已。在团队接到项目时，应该先做任务分析，再做拆解。按任务性质、紧急程度、处理频密度、对接难度系数等进行分析归类，再按人员编制进行合理分配，让员工明确自己的工作内容和工作标准以及汇报周期。

四、共担责任

在团队工作中最怕互相推诿，明明自己的工作按时按质地完成了，但队友却不给力，经常忘了做下发的工作，影响了整个工作计划。团队的每个成员不但需要独当一面，还需要配合团队完成每项任务，每个成员都要承担起自己的团队责任，使团队的整体效能发挥到最佳。

五、关注结果

结果决定一切，没有结果的努力，就是"瞎忙"。团队里每个人都看似努力，但最终的结果却不尽如人意，结果只是感动了自己。如果只关注过程，而不关注结果，那多半是难以成功的。

实训 7-4　小组完成游戏任务

小组完成游戏任务

一、实训目的

1. 通过游戏，提升学生课堂学习的积极性和主动性，激发学生的学习兴趣。
2. 在交换任务过程中，提升不同团队之间的沟通能力。
3. 在团队完成自己任务的过程中，提升团队内部成员的沟通协作能力，增强团队成员的团队凝聚力，达成团队目标。

二、实训具体步骤与安排

1. 4~6人为一组进行分组，确定每组的组名、口号等。
2. 教师根据组数多少设置相应的任务，每个组一个任务。
3. 请每个小组通过一定的沟通技术，成功说服另外一个小组帮忙完成自己的任务。
4. 根据每个小组交换的任务完成游戏。

任务有：

小组所有成员一起唱一首歌；比划5个动作让大家猜测其含义；写5条让你心仪的人接受约会的理由；小组所有成员朗诵一段诗歌或散文；说一段赞美我班某同学的词；小组所有成员表演一个简短的情景剧；对本班做个简单的广告宣传；做6个表示"爱"的手势；小组所有成员一起完成一段手语表演等。

三、成果与检测

1. 每组能否快速确定本组的组名和口号。
2. 每组是否把自己的任务派出去，是否接受了其他组要求的任务。

3. 每组是否在规定时间内完成了自己的任务，在完成任务过程中，小组成员的协作程度如何，任务完成的质量如何。

4. 教师总结点评，进一步讲解团队沟通的障碍及应采用的技巧，巩固知识点。

任务小结

本任务介绍了团队沟通的含义、理论、类型、障碍及策略等。在了解团队沟通相关概念的同时，我们知道，团队沟通在团队建设与管理中发挥着极其重要的作用，但在沟通过程中，由于沟通双方性格特点、思维方式、思维角度、所处立场、所在环境、所受教育等差异，难免会存在种种沟通障碍，而团队沟通障碍会导致团队沟通结果与预期有很大的差距，影响团队成员的和谐，降低团队成员的满意度，影响团队士气和团队工作效率等。所以，在团队沟通中一定要采用最恰当的方式，运用有效的沟通策略，以期解决团队沟通中存在的问题，加强团队的有效建设与发展。

项目拓展训练　　　　项目同步测试

项目八

团队冲突

知识目标

了解团队冲突的不同观念
了解团队冲突的过程
理解和掌握团队冲突问题的各种解决策略
理解和掌握团队冲突问题的一般解决方法

能力目标

能够对团队冲突的原因进行分析
能够针对团队冲突提出解决策略

素质目标

培养学生的团队精神
培养学生的团队管理意识
培训学生对中华传统文化的热爱情怀

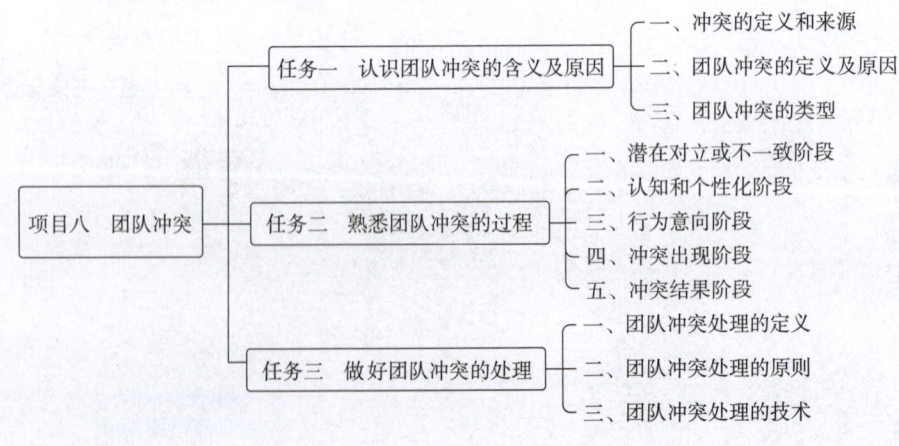

项目八 团队冲突
- 任务一 认识团队冲突的含义及原因
  - 一、冲突的定义和来源
  - 二、团队冲突的定义及原因
  - 三、团队冲突的类型
- 任务二 熟悉团队冲突的过程
  - 一、潜在对立或不一致阶段
  - 二、认知和个性化阶段
  - 三、行为意向阶段
  - 四、冲突出现阶段
  - 五、冲突结果阶段
- 任务三 做好团队冲突的处理
  - 一、团队冲突处理的定义
  - 二、团队冲突处理的原则
  - 三、团队冲突处理的技术

团队故事与分析

任务一　认识团队冲突的含义及原因

案例导入

鲶鱼效应

挪威人爱吃沙丁鱼，尤其是活鱼。挪威人在海上捕得沙丁鱼后，如果能让它们活着抵港，卖价就会比死鱼高好几倍。但是，由于沙丁鱼生性懒惰，不爱运动，返航的路途又很长，因此捕捞到的沙丁鱼往往一到达码头就死了，即使有些活着，也是奄奄一息。只有一位渔民的沙丁鱼总是活的，而且很生猛，所以他赚的钱也比别人的多。该渔民严守成功秘密，直到他死后，人们打开他的鱼槽，才发现只不过是多了一条鲶鱼。原来鲶鱼以鱼为主要食物，装入鱼槽后，由于环境陌生，就会四处游动，而沙丁鱼发现这一异己分子后，也会紧张起来，加速游动，如此一来，沙丁鱼便能活着回到港口，这就是所谓的"鲶鱼效应"（见图8-1）。运用这一效应，通过个体的"中途介入"，对群体起到竞争作用，符合人才管理的运行机制。

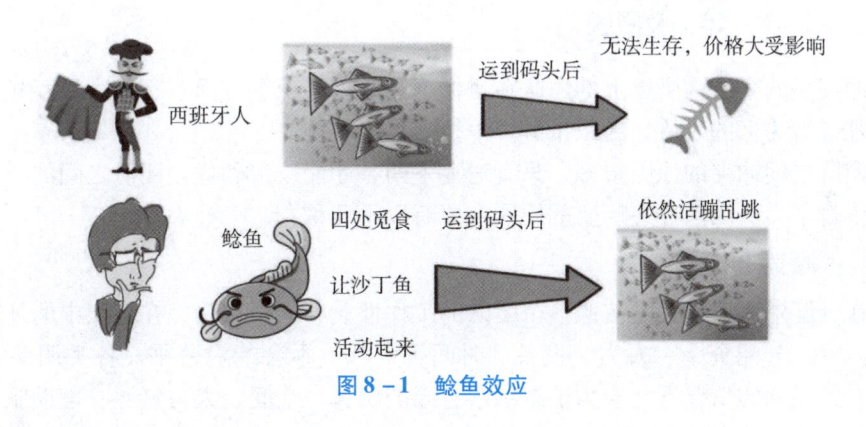

图8-1　鲶鱼效应

案例分析

无论是传统型团队还是自我管理型团队，时间久了，其内部成员由于互相熟悉，就会缺乏活力与新鲜感，从而产生惰性。尤其是一些老成员，工作时间长了就容易厌倦、懒惰、倚老卖老，因此有必要找些外来的"鲶鱼"加入团队，制造一些紧张气氛。从马斯洛的需求层次理论来说，个体到了一定的境界，其努力工作的目的就不再仅仅是为了物质，而更多的是为了尊严，为了自我实现的内心满足。所以，当把"鲶鱼"放到一个老团队里面的时候，那些已经变得有点懒散的老队员迫于对自己能力的证明和对尊严的追求，不得不再次努力工作，以免被新来的队员在业绩上超过自己。否则，老队员的颜面就无处安放了。而对于那些在能力上刚刚能满足团队要求的队员来说，"鲶鱼"的进入，将使他们面对更大的压力，稍有不慎，他们就有可能被清出团队。为了继续留在团队里面，他们也不得不比其他人更用功、更努力。

一、冲突的定义和来源

为了使群体有效地完成组织目标和满足个人需要,必须建立群体成员和群体之间的良好和谐关系,即彼此间应互相支持,行动应协调一致。但是,现实的情况是,个体间存在着各种差异,群体间有不同的任务和规范,对同一个问题就会有不同的理解和处理,于是就会产生不一致,或是不能相容。也就是说,冲突在组织或群体内是客观存在的。

因此,冲突可以定义为:个人或群体内部、个人与个人之间、个人与群体之间、群体与群体之间互不相容的目标、认识或感情,并引起对立或不一致的相互作用的任何一个状态。

一般来说,冲突具有以下来源:

(一) 沟通差异

沟通差异导致的冲突来自语意上的难懂、误解,以及沟通媒体上的噪音干扰。

(二) 结构差异

结构差异来自组织结构本身的设计不良而造成的整合困难,最后导致冲突。

(三) 个人差异

个人差异来自价值系统与人格特征的不同。

二、团队冲突的定义及原因

团队冲突是两个或两个以上的团队在目标、利益、认识等方面互不相容或互相排斥,从而产生心理或行为上的矛盾,导致抵触、争执或攻击事件。

导致团队之间冲突的原因很多,只有对症下药,才能改善和优化团队之间的关系,提高组织的整体竞争力。团队冲突产生的原因主要有以下几种:

(一) 资源竞争

组织在分配资源时,总是按照各个团队的工作性质、岗位职责、在组织中的地位以及组织目标等因素,分配资金、人力、设备、时间等资源,不会绝对公平。各类团队在成员数量、权利大致相同的情况下,会为了组织内有限的预算、空间、人力资源、辅助服务等资源而展开竞争,产生冲突。例如,企业里生产部门与销售部门的冲突;大学里院与院、系与系之间,为争取经费、设备、奖励名额等发生冲突。另外,团队之间可能会共用一些组织资源,但是在具体使用过程中会出现谁先谁后、谁多谁少的矛盾。

(二) 目标冲突

每一个团队都有自己的目标,而这些目标最终都是为了实现组织的目标,因此,每个团队都需要其他团队的协作。例如,市场营销部门要实现营销目标,就必须得到生产部门、财务部门、人事部门、研发部门的配合与支持。但现实情况是,各个团队的目标经常发生冲突。例如,营销部门的目标是吸引客户,培养客户忠诚度,这就要求生产部门生产出质优价廉的商品。而生产部门的目标是降低成本,减少开支,以尽可能少的资源生产尽可能多的商品,而这就不能保证商品质量。因此,营销部门与生产部门就可能发生目标冲突。

(三) 相互依赖性

相互依赖性包括团队之间在前后相继、上下相连的环节上,一方的工作不当会造成另一方工作的不便、延滞，或者一方的工作质量影响到另一方的工作质量和绩效。组织内的团队之间都是相互依赖的，不存在完全独立的团队。相互依赖的团队之间在目标、优先性、人力资源方面越是多样化，越容易产生冲突。例如，生产部门希望采购部门尽可能增加存货，以便在生产需要时能及时获得原材料。而采购部门希望尽可能减少存货，以降低仓储费用。生产部门与采购部门的这种相互依赖性反而可能导致冲突。

（四）责任模糊

组织内有时会由于职责不明造成职责缺位，出现谁都不负责的管理"真空"，造成团队之间互相推诿甚至敌视，发生"有好处抢，没好处躲"的情况。

（五）地位斗争

组织内团队之间对地位的不公平感也是产生冲突的原因。当一个团队努力提高自己在组织中的地位，而另一个团队视其为对自己地位的威胁时，冲突就会产生。在权力与地位不同的团队之间也会发生冲突，例如，管理层与工人、教师与学生都可能因为立场的不同而发生冲突。

（六）沟通不畅

团队之间的目标、观念、时间和资源利用等方面的差异是客观存在的，如果沟通不够，或沟通不成功，就会加剧团队之间的隔阂和误解，加深团队之间的对立和矛盾。美国在1998年发射火星气候探测器失败，正是由于负责项目的两组科学家分别使用了公制单位和英制单位。

三、团队冲突的类型

团队冲突根据不同的划分方法可以分为不同的类型。

（一）根据冲突的社会性程度分类，可以划分为个体心理冲突、人际冲突和团队与团队间的冲突

（1）个体心理冲突是个体心理中两种不相容的或互相排斥的动机形成的冲突。
（2）人际冲突是团队内个体与个体的冲突。产生人际冲突通常有信息原因、认识原因、价值原因、利益原因、个性与品德原因。
（3）团队与团队间的冲突是在组织内，团队与团队间的认知冲突、目标冲突、行为冲突及情感冲突等。其形成主要有组织原因、竞争原因、工作性质特点的原因和团队素质的原因。

（二）根据冲突的性质分类，可以划分为建设性冲突和破坏性冲突

建设性冲突是在目标一致的基础上，由于看法、方法不一致而产生的冲突，它的发生和结果，对团队具有积极意义。

建设性冲突的特点主要有：
（1）冲突双方对实现共同的目标都十分关心。
（2）彼此乐意了解对方的观点、意见。
（3）大家以争论问题为中心。

（4）互相交换的情况不断增加。

建设性冲突对团队的作用：

（1）可以促使团队或小组内部发现存在的问题，采取措施及时纠正。

（2）可以促进团队内部与小组间公平竞争，提高组织效率。

（3）可以防止思想僵化，提高团队和小组决策的质量。

（4）可以激发团队内成员的创造力，使团队适应不断变化的外界环境。

破坏性冲突是在目标不一致，各自为了自己或小团队的利益，采取错误的态度与方法发生的冲突。这类冲突，大多是对人不对事，冲突激化时会有人身攻击，对组织会造成不良后果。

破坏性冲突的特点主要有：

（1）双方对赢得自己观点的胜利十分关心。

（2）不愿听取对方的观点、意见。

（3）由问题的争论转为人身攻击。

（4）互相交换的情况不断减少，以致完全停止。

一般来说，组织内部的团队之间需要适当的建设性冲突，破坏性冲突则应该被降到最低程度。

课堂延伸知识

团队主管必须学会召开"建设性冲突"会议，也就是英特尔推行的"不同意但仍全力以赴"（disagree and commit）的主张，即使人们无法认同某个结论，仍然可以在离开会议室时，以毫不动摇的心态全力以赴，执行大家共同的决定。

美国圆桌集团创始人兼主席 Patrlck Lencioni（派特里克·兰西尼奥）指出，想要做到这一点，团队主管在主持会议时，可以通过以下三种方法促成团队成员之间出现建设性冲突，让持反对意见的人有机会充分说明"不同意"的理由，而不是一味地避免冲突。

一、挖掘反对意见

当主管察觉到与会者有反对意见时，就应该请当事人说出心中疑虑。虽然这样做好像是在自找麻烦，但事实上正好相反，因为当反对意见还在酝酿，尚未浮出台面时，提早让它曝光，就可以避免与会成员因为不愿当面争论而私下发牢骚。而这种放马后炮的行为，往往更具有破坏性，主管不可不察。

二、实时认可冲突的发生

就算只是轻微的冲突，都会令人感到不舒服。因此，当团队成员仍在练习如何接受冲突时，很需要主管实时的正向回馈。在会议中，主管只要一发现成员们在互相争辩，就必须暂时打断他们，但不是要求他们停止争辩，而是提醒他们如何通过争论对团队产生帮助。这个举动会给予团队成员一种"许可"，帮助他们克服逃避冲突的心态，让他们摆脱面对其他成员时不必要的分心与压力，继续进行令人不自在、但有建设性的冲突。

三、巧立会议规则

透过制定会议相关规则，主管可以轻松地改变会议气氛，激发出建设性冲突，以下提供两个会议规则：

（1）开会时，禁止任何人保持沉默："假如有人在会议讨论过程中保持沉默，就表示其抱持反对意见。"这个规则可以对团队成员"施压"，让他们意识到自己不得不发表意见，否则讨论事项就永远不会有结论。

（2）散会前，逐一确认会议结论：在每个议题讨论结束时，由主管（或会议主持人）向每位成员确认，他们都同意，并且承诺遵从会议结论。

Patrlck Lencioni 强调，建设性冲突之所以重要，是因为少了它，就无法确认团队成员是否愿意遵从会议结论。而团队成员要是在讨论过程中，都没办法提出问题、意见，他们就不可能真正认同会议的最后结论，并确实执行。

实训 8-1　分析冲突原因

实训形式：案例分析

实训步骤

第一步：实训前准备。要求提前阅读有关团队冲突原因的相关文献，了解团队冲突的理论知识。

第二步：对以下案例进行分析。

因恰逢交付高峰期，公司派去支持一个很重要的项目。Alex 入职已有 12 年，在 T 项目组，Alex 是团队里最资深的员工，所以 Alex 希望有机会担任该项目的 Team Leader。然而在项目开工会的时候，组织任命了 Peter 来担任项目的 Team Leader，Peter 是业界专家，专业能力很强。

对这个工作安排，Alex 非常失望，在项目开始后，Alex 发现 Peter 对公司的业务要求和流程不太熟悉，因此在任务实施过程中 Alex 和 Peter 产生很多矛盾，甚至升级为争吵。Alex 不服从 Peter 的工作安排，并经常在团队里公开抱怨 Peter 的能力不行，不配带领这个项目，极大影响该团队的氛围和合作。Alex 多次找主管表达对 Peter 的不满，每次主管都拍拍他的肩膀，让他多配合 Peter。对此 Alex 不但不认可，还经常给 Peter 出难题。这种情况持续了一段时间，项目受到严重影响。Peter 也跟上级进行了多次沟通，希望帮助解决他和 Alex 之间的问题，但每次主管也给 Peter 讲，要好好用 Alex，他是很资深的员工，对公司很了解，这也是当初调他来支持的原因。

由于问题迟迟无法得到解决，Peter 最后无奈离开了团队……

后来直接主管把 Alex 提拔为该团队 Team Leader，但是不到 3 个月，团队成员纷纷离开了这个团队。

第三步：请同学们根据案例，明确团队冲突的原因，并完成实训表 8-1。

实训表 8–1　Alex 与 Peter 团队冲突原因分析

小组号_____　姓名_____　学号_____　成绩_____

请同学们根据案例，分析团队冲突的原因。				
冲突原因一：_____	具体原因：			
冲突原因二：_____	具体原因：			
冲突原因三：_____	具体原因：			
冲突原因四：_____	具体原因：			

第四步：实训 8–1 任务评价。

1. 本次任务技能点评价（如表 8–1–1 所示）。

表 8–1–1　分析团队冲突原因技能点评价

序号	技能点评价	佐证	达标	未达标
1	团队冲突的概念	能够熟练掌握团队冲突的概念		
2	能够熟练掌握团队冲突的原因			
3	能够对案例中所出现的原因进行分析和分类			

2. 本次任务的素质点评价（如表 8–1–2 所示）。

表 8–1–2　分析团队冲突原因素质点评价

序号	素质点评价	佐证	达标	未达标
1	创新意识	能够在分析团队冲突的原因中融入具有新意的主题和内容		
2	协作精神	能够和团队成员协商合作共同完成实训		
3	资源的查找、整合能力	能够进行相关资源的查找和整合		
4	职业道德、法律意识	能够掌握相应的团队规则和团队管理规范		
5	严谨的工匠精神	能够在团队冲突案例中做出精确分析		
6	自我学习能力	能够运用团队冲突的相关知识和技能		

项目八　团队冲突

任务二　熟悉团队冲突的过程

案例导入

达能并购乐百氏后的团队冲突

2000年，法国人买下乐百氏，如今又反手卖给中国人。2016年11月15日，达能中国的一份声明中指出，其已与盈投控股达成协议。根据协议，乐百氏品牌、6家乐百氏工厂及从事乐百氏品牌业务的员工，将整体转移到盈投控股旗下。曾经与娃哈哈并驾齐驱的乐百氏，在乳饮料、瓶装水等快消品领域享有盛誉，堪称行业巨头。而在2000年被法国达能收购后，乐百氏品牌和商品就逐步走向萎缩，市场份额逐年下降，部分产品遭到"雪藏"，渐渐从消费者眼中消失。如今，乐百氏又被达能卖掉，经过16年的轮回后，市场和消费者均已发生巨大变化，乐百氏还能重新恢复往日荣耀吗？达能收购乐百氏之后，新旧团队的磨合矛盾冲突太大，以何伯权为主的创业者带头辞职，旧团队成员也纷纷出走。随后达能陷入水土不服、业务萎靡、亏损等困境，加之部分产品与法国达能产品线存在利益冲突，逐渐将乐百氏多个业务板块剥离，仅剩下了饮用水单一业务。乐百氏由此走向衰落，与昔日竞争对手娃哈哈相比，可谓是天壤之别。可见，乐百氏之败源于当初的达能收购，在被达能掌握控股权后，企业的经营管理、市场战略、产品布局、人员管理等各方面，均不再由中方管理层决定，而是由达能全面接管，空降来的洋指挥、新团队，并不熟悉中国市场状况，又与旧团队隔阂太深，造成市场发展一再失误。

案例分析

达能对乐百氏的收购是失败的，不仅未能有效整合旗下饮用水资源，还葬送了这一颇具前景的中国品牌。达能并购乐百氏的失败结局，再次暴露出跨国企业与本土品牌的文化冲突成为并购后的整合障碍，要是无法进行有效调整、融合，失败的概率就非常大。因此，企业在并购时要考虑周全，做好文化融合、管理融合等准备工作，尽可能降低失败概率。

团队冲突是一个动态的过程，是从冲突的相关主体的潜在矛盾映射为彼此的冲突意识，再酝酿成彼此的冲突行为意向，然后表现出彼此显性的冲突行为，最终造成冲突的结果及影响。可见，这是一个逐步演进和变化的互动过程。美国学者庞地（Louis R. Pondy）将冲突的过程分成五个阶段，如图8-2所示。

潜在对立或不一致 → 认知和个性化 → 行为意向 → 冲突出现 → 冲突结果

图8-2　冲突过程的五个阶段

· 187 ·

一、潜在对立或不一致阶段

潜在对立或不一致是因为团队中发生交互关系和互动过程的不同主体彼此之间存在能够引发冲突的一些必要条件。这些条件虽然不一定直接导致冲突，但往往都潜伏在冲突的背后，成为冲突产生的"导火索"。

例如，才到华扬技术公司工作几个月的小王就遇到了这样的问题。他在出色完成了团队的任务后，本以为主管会对自己进行表扬，可是主管老张却说："小王，你的工作方法是不是还有待改进？虽然你按时完成了任务，但是工作进度还是比其他部门慢。"小王听后真是怒火中烧。其实，这位领导者本想鼓励小王继续工作，没想到由于自己的表达不当，导致了他们之间的冲突。而"表达不当"的问题不仅仅是语言问题，还有其潜在原因。引起团队冲突的潜在因素可以分为以下三类：

（一）个体间的差异因素

每个个体都有独特的个性特点和行为习惯，世界上没有完全相同的两个人。在团队中，成员的个人因素方面存在的不同差异会导致各种各样的冲突。这种差异主要包括以下几方面：

1. 年龄差异

不同年龄的个体由于社会经历和社会知识的差异，出现了不同的定性反应，致使双方难以相互理解，因而酿成冲突。有些年轻人总感到年纪大的人思想保守、顽固，不接受新事物。而年纪大的人往往认为年轻人浮躁、自傲。这些偏见是成员之间产生冲突的潜在因素。

2. 职位差异

在一个团队中，各个不同职位的个体应当认真把守好自己的岗位，尤其是团队领导。如果本位思想严重，就会涣散团体士气而导致冲突。例如，在有的企业，经理认为自己处于组织行政指挥的"中心地位"，董事长则强调自己处于"核心地位"，他们遇事不是协同商量研究，而是互相争权拆台、争吵不休。

3. 思维差异

由于人们在知识、经验、态度、观点等方面存在差异，往往对同一事物有不同的认识，由此会产生一定的冲突。例如，在改革的步子、用人的观念、团队目标的设想等方面，往往都会存在差异，以致产生矛盾和发生冲突。

显然，前例中的老张和小王在年龄（这也蕴含着工作资历）、职位以及思维方式上，都存在着一定的差异，当上述差异体现在工作任务和评价上时，就很可能会发生冲突。

（二）团队的结构因素

可以从以下几个方面来看团队的结构情况。

1. 从团队成员的构成来看

如果团队由具有不同利益或者不同价值观、人际风格的成员组成，成员们对团队的认识肯定会不一致；同时，随着团队的发展，团队成员可能会改变，当一个新成员加入团队时，团队的稳定性被破坏，就可能引起冲突。

2. 从团队的规模来看

当团队规模越来越大，任务越来越专业化的时候，团队成员的分工就越细致，都有明确的工作范围和界限，如果其他成员有所涉及或进行干预，那么发生冲突的可能性就会加大。

3. 任职的时间和冲突成反比

团队成员越年轻，在团队工作的时间越短，发生冲突的可能性越大。反之亦然。

（三）沟通不良的因素

沟通不良是引起团队冲突的重要原因。团队成员之间彼此存在差异，如果能够顺利进行交流、相互理解，那么发生冲突的可能性就会大大减少。相反，如果沟通渠道不顺畅，沟通活动缺乏，冲突就会出现。

例如，某企业聘请了一位营销总监，而其下级营销员们私下对这位总监多有抱怨："孙总监和过去的总监不一样，总是变幻无常，很难沟通和交流。你知道上一任总监可不是这样！"而这种抱怨并没有被新来的孙总监所了解，这就会成为发生冲突的潜在因素，一旦暴露出来冲突就有可能发生。

因沟通不良而可能引起团队成员之间冲突的问题经常表现在以下几个方面：信息的差异、评价指标（如任务完成标准）的差异、倾听技巧的缺乏、语言理解的困难、沟通过程中的噪声（即干扰）以及团队成员之间的误解等。

二、认知和个性化阶段

冲突的认知是当潜在的对立和不一致出现后，双方意识到冲突的出现。也就是说，在这一阶段客观存在的对立或不一致将被冲突的主体意识到，产生相应的知觉，开始推测和辨别是否会有冲突以及是什么类型的冲突。

意识到冲突并不代表着冲突已经个性化。对冲突的个性化处理将决定冲突的性质，因为此时个人的情感已经介入其中。双方面临冲突时会有不同的心理反应，他们对于冲突性质的界定在很大程度上影响着解决的方法。例如，团队决定给某位成员加薪，这在其他成员看来，可能认为与自己无关，从而淡化问题，这时冲突不会发生；也可能会认为对别人的加薪就意味着自己工资的下降，这样就会使得冲突发生甚至升级。

三、行为意向阶段

冲突的第三个阶段是行为意向阶段，这一阶段的特点体现在团队成员意识到冲突后，要根据冲突的定义和自己对冲突的认识与判别，开始酝酿和确定自己在冲突中的行为策略和各种可能的冲突处理方式。行为意向的可能性包括以下几种：

（一）回避

回避是一种团队成员不相互合作处理冲突的消极行为意向。这种行为意向表现在对冲突采取既不合作，也不维护自身利益，使其不了了之的做法上。此方法适用于解决琐碎小事引起的、与团队目标关联不大的团队冲突。采取回避的办法可以维持暂时的平衡，但不能最终解决问题。

（二）合作

合作是一种团队成员自我肯定并相互合作处理冲突的积极行为意向。这种行为意向旨在通过与对方一起寻求解决问题的方法，进行互惠互利的双赢谈判来解决冲突。此方法适用于解决成员之间共同利益较多和具有理解沟通基础的团队冲突。

（三）妥协

妥协是一种团队成员的相互合作程度与自我肯定程度均处于中等水平的处理冲突的行为意向。妥协可以看作半积极的行为意向。具有这种行为意向的双方都放弃一些应得的利益，以求事物的继续发展，双方也共同承担后果。妥协在一定程度上类似于合作。在团队为处理复杂问题而寻求一个暂时的解决方案时常常用到这种方法。

（四）竞争

竞争是一种团队成员自我肯定但不相互合作处理冲突的行为意向。这种行为意向旨在寻求自我利益的满足，而不考虑他人，它在团队中具有一定的对抗性。当团队在做出快速、重大的决策后需要采取重要但不受欢迎的行动时往往用到这种方法。

（五）迁就

迁就是一种团队成员自我不肯定并相互合作处理冲突的行为意向。这种行为意向旨在维持整体的友好共存关系，冲突一方做出让步，甚至愿意自我牺牲，以服从他人的观点。此方法适用于将团队工作的重点放在营造和谐、平静气氛条件下的冲突的解决。

四、冲突出现阶段

冲突出现阶段是冲突公开表现的阶段，也称为行为阶段。进入此阶段后，不同团队冲突的主体在自己冲突行为意向的引导或影响下，正式做出一定的冲突行为来贯彻自己的意志，试图阻止或影响对方的目标实现，努力实现自己的愿望。其形式往往是一方提出要求，另一方进行争辩，是一个相互的、动态的过程。

这一阶段的行为体现在冲突双方进行的说明、活动和态度上，即以一方出现并采取行动来看另一方的反应。此时，冲突的行为往往带有刺激性和对立性，而且有时外显的行为会偏离原本的意图。

五、冲突结果阶段

冲突对团队可能造成两种截然相反的结果。

（一）积极的结果

导致积极结果的冲突是建设性的冲突。这种冲突对实现团队目标是有帮助的，可以增强团队内部的凝聚力和团结性，提高决策质量，调动员工的积极性，提供问题公开解决的渠道等，尤其是激发改革与创新。一般来说，每个人都有特定的工作模式，只有当某人向我们的效率发出挑战，并在某种程度上发生冲突时，人们才会考虑新的工作方法，开始积极的改革和创新，这就是冲突的积极结果。

此外研究表明，有益的冲突还有助于做出更好、更有创新的决定，并提高团队的协作效率。如果团队的意见统一，绩效的提高程度有时反而较小。有时，建设性冲突还能决定一个公司的成败。

（二）消极的结果

导致消极结果的冲突是破坏性的冲突，如凝聚力降低、成员的努力偏离目标方向、组织资源的流向与预期相反、团队的资源被浪费等。更严重的是，如果不解决这种冲突，团队的功能将会彻底瘫痪，甚至威胁到团队的存亡。

例如，美国一家著名的律师事务公司倒闭，其原因只是80位合伙人不能和睦相处。一位法律顾问在解释时说："这个公司的合伙人之间有着原则性的差异，是不能调和的。这家公司没有经济上的问题，问题在于他们之间彼此相互憎恨。"可见，消极冲突的危害多么严重。

实训 8-2 团队冲突分析

实训形式：案例分析

实训步骤

第一步：实训前准备。要求提前阅读有关团队冲突过程的相关文献，了解团队冲突过程的理论知识。

第二步：对以下案例进行分析。

张力和陈光的谈话

张力是一个项目团队的设计领导，该团队为一个有迫切需求的客户设计一项庞大而技术复杂的项目。陈光是分派到她的设计团队里的工程师。

一天，陈光走进张力的办公室，张力正埋头工作。"嗨，张力。"陈光说，"今晚去观看联赛比赛吗？""噢，陈光，我实在太忙了。"接着陈光就在张力的办公室里坐下来说道："我听说你儿子是个非常出色的球员。"张力将一些文件移动了一下，试图集中精力工作。她答道："啊，我猜是这样的。我工作太忙了。"陈光说："是的，我也一样。我必须抛开工作休息一会儿。"张力说："既然你在这儿，我想你可以比较一下数据输入是用条形码呢，还是用可视识别技术？"陈光打断她的话说："外边乌云密集，我希望今晚的比赛不会被雨浇散了。"

张力接着说："这些技术的一些好处是……"她接着说了几分钟，又问："那么你怎样认为？"陈光回答道："噢，不，它们不适用。相信我，除了客户是一个水平较低的家伙外，这还将增加项目的成本。"张力坚持道："但是如果我们能向客户展示它能使他省钱并能减少输入错误，他可能会支付实施这些技术所需的额外成本。"陈光惊叫起来："省钱？怎样省钱？通过解雇工人吗？"

"顺便说一下，我仍需要你做进展报告的资料"，张力提醒他，"明天我要把它寄给客户。我大约需要8~10页。我们需要一份很厚的报告向客户说明我们有多忙。""什么，没人告诉我。"陈光说。"几个星期以前，我给项目团队发了一封电子邮件，告诉大家在下个星期五以前我需要每个人的数据资料。而且你可能要用到这些你为明天下午的项目情况评审会议准备的材料。"张力说。"我明天必须讲演吗?这对我来说还是个新闻。"陈光告诉她。"这在上周分发的日程表上有。"张力说。"我没有时间与篮球队的所有成员保持联系。"陈光自言自语道,"好吧,我不得不看一眼这些东西了。我用我6个月以前用过的幻灯片,没有人知道它们的区别。那些会议只是一种浪费时间的方式,没有人关心它们,人人都认为这只不过是每周浪费2个小时。""不管怎样你能把你的进展报告资料在今天下班以前以电子邮件的方式发给我吗?"张力问。

"为了这场比赛我不得不早一点离开。"

"什么比赛?"

"难道你没有听到我说的话吗?联赛。"

"或许你现在该开始做这件事情了。"张力建议道。

"我必须先去告诉朋友有关今晚的这场比赛。"陈光说,"然后我再详细写几段。难道你不能在明天我讲述时做记录吗?那将给你提供你做报告所需的一切。"

"不能等到那时,报告必须明天发出,我今晚要在很晚才能把它做出来。"

"那么你不去观看这项比赛了?"

"一定把你的输入数据通过电子邮件发给我。"

"我不是被雇来当打字员的!"陈光声明道,"我手写更快一些,你可以让别人打印。而且你可能想对它进行编辑,上次你给客户的报告与我提供的资料数据完全不同。看起来是你又重写了一遍。"

张力重新回到办公桌并打算继续工作。

第三步:请同学们根据案例,分析张力与陈光的冲突过程,并完成实训表8-2。

实训表8-2 张力与陈光的冲突过程分析

小组号_____ 姓名_____ 学号_____ 成绩_____

请同学们根据案例,分析张力与陈光的冲突过程.	
冲突过程一:_____	具体冲突原因:
冲突过程二:_____	具体冲突原因:
冲突过程三:_____	具体冲突原因:
冲突过程四:_____	具体冲突原因:
冲突过程五:_____	具体冲突原因:

第四步:实训8-2任务评价。

1. 本次任务技能点评价(如表8-2-1所示)。

表 8-2-1　培训需求分析技能点评价

序号	技能点评价	佐证	达标	未达标
1	团队冲突的 5 个阶段	能够熟练掌握团队冲突的 5 个阶段		
2	能够熟练掌握团队冲突的过程			
3	能够对冲突案例中的问题进行分析和分类			

2. 本次任务的素质点评价（如表 8-2-2 所示）。

表 8-2-2　培训需求分析素质点评价

序号	素质点评价	佐证	达标	未达标
1	创新意识	能够在分析团队冲突的过程中融入具有新意的方法和内容		
2	协作精神	能够和团队成员协商合作共同完成实训		
3	资源的查找、整合能力	能够进行相关资源的查找和整合		
4	严谨的工匠精神	能够对团队冲突的过程做出精确分析		
5	自我学习能力	能够运用团队冲突过程的相关知识和技能		

任务三　做好团队冲突的处理

案例导入

冲突会"毁了"整个团队？

俗话说屋漏偏逢连夜雨，身为某民营制药企业项目研发部经理的王平被接连的坏消息搅得焦头烂额：先是某项历时一年多的新药研制项目遭遇技术难关，只得中途搁浅；紧接着他又获知国内另一家知名药厂通过引进国外先进技术，已经研制成功同类品种的新药，并通过了医药审批，即将生产上市。

两年前，王平被这家企业的老板以高薪从内地某省一家国有大型制药企业技术科长的位置上挖来，为了充分体现对他的信任，老板将项目研发部的管理权、人事权甚至财务权都一股脑交给了王平，并委派了一名海归硕士李翔协助其做项目的研发。

在立项之前，王平和李翔曾经各自提出过一套方案，并且都坚持不肯让步：李翔主张在引进国外现有的先进技术基础上改进配方和生产工艺，这样不仅见效快且技术风险较小，但缺点是要支付一大笔技术转让费用；而王平则主张自力更生，自主研发具有独立知识产权的全套生产技术，这样做的缺点是技术开发风险较大。

按公司规定，如果双方都坚持己见，那么就要将这两个方案拿到项目研发部全体会议上进行讨论，最后做出集体决策。以王平多年的国企管理经验，如果正副职在业务上产生分歧，当着下属的面各执一词激烈讨论，必然会不利于整个部门的团结，对领导的权威也是一大挑战。实际上，他也缺乏足够的信心说服李翔和整个部门的同事，于是他找到企业老板，使出全身解数甚至不惜以辞职相逼，最终迫使老板在方案提交之前将李翔调离了该部门，从而避免了一场"激烈冲突"。

这是一个很奇怪的现象，团队的管理者往往会对冲突讳莫如深，他们会采取种种措施来避免团队中的冲突，而无论这种冲突是良性还是恶性的。

案例分析

解决团队冲突和促进团队合作是团队成功的关键。通过建立良好的沟通渠道，培养团队合作意识，采取积极的冲突解决方法，建立明确的团队目标和角色分工，以及建立有效的反馈机制，可以帮助团队较好地解决冲突并提高合作效率。团队成员和领导者都应该积极参与并努力实施这些方法，以实现团队的成功和成长。

一、团队冲突处理的定义

团队冲突处理是团队或个人为了使群体有效地完成团队目标和满足个体需要，建立群体成员和群体之间的良好和谐关系而采取的所有积极的措施。

二、团队冲突处理的原则

处理冲突，需要以效果为依据，要讲究方式和方法。分析冲突是为了处理冲突，分析为处理提供了依据，但不能代替处理。分析得当并且处理得法，才能获得预期的效果。否则，将会事倍功半，甚至事与愿违。要使冲突处理得当，在处理冲突时就要得法，而得法的要义是依据一定的原则行事。

处理冲突的原则是倡导建设性冲突，并将其控制在适度的水平。一般而言，冲突具有三方面特性，即客观性、二重性和程度性。冲突的客观性，是冲突本身无可避免，应承认、正视并预见冲突。冲突的二重性，是冲突有积极方面的影响也有破坏性的影响，应避免冲突向破坏性方向发展，引导冲突向建设性方向转化。而认识到冲突具有程度性，就应该让冲突以适度为宜，过低或过高都会降低组织绩效。冲突水平偏低时需要激发，偏高时则需要控制，使之维持在对组织有益的程度上。

三、团队冲突处理的技术

团队冲突处理的技术，就是有效降低破坏性冲突的水平，并使其朝着建设性冲突转化的政策和措施。

（一）消除破坏性冲突的技术

消除破坏性冲突的技术有以下几种：

1. 问题解决

问题解决的技术又称"正视法",即发生团队冲突的双方进行会晤,直面冲突的原因和实质,通过坦诚地讨论来确定并解决冲突。在讨论过程中要注意沟通策略,不能针对人,只能针对事,因为这种技术是以互相信任与真诚合作为基础,具体有以下几种做法:

(1) 召开面对面的会议。

以召开面对面会议的正式沟通方式把问题摆在桌面上,列出导致团队冲突的主要分歧,不争胜负,只允许讨论消除分歧和妥善处理冲突的方法及措施。

(2) 角色互换。

由于成员信息、认识、价值观等主观因素的不一致,常常会引发冲突。鉴于此,团队成员之间可以角色互换,设身处地为对方着想,从而达到相互理解并解决冲突问题的目的。

2. 转移目标

转移目标的技术包括两个方面:一个是转移到外部,冲突双方可以寻找另一个共同的外部竞争者或一个能将冲突双方的注意力转向外部的目标,来降低团队内部的冲突;另一个是目标升级,通过提出使双方利益更大的,并且是高一级的目标,来减少双方现实的利益冲突,这一更高的目标往往由上一级提出。

在团队中转移目标和目标升级的过程可以使冲突双方暂时忽略彼此的分歧,从而使冲突逐渐化解。同时,由于目标的变化,双方共同合作的机会增加了,这有利于双方重新审视自己工作中的问题,从而加强成员间的共识与合作。

但此法知易行难,因为在实际操作中,冲突双方必须相互信任,而且共同目标的制定也不能太过于理想化而脱离实际,这对团队管理者来说是很困难的。

3. 开发资源

如果冲突的发生是由于团队资源的缺乏造成的,那么致力于资源的开发就可以产生双赢的效果;如果是由于缺乏人才造成的,团队就可以通过外聘、内部培训来满足需要;如果是由于资金缺乏或费用紧张造成的,则可以通过申请款项和贷款等方法来融通资金,以满足不同团队的需求,从而化解冲突。

4. 回避或压制冲突

回避或压制冲突是一种消极的解决冲突的技术,是一种试图将自己置身于冲突之外,或无视双方分歧的做法,以"难得糊涂"的心态来对待冲突。这种方法常常适用于以下情形:在面临小事时;当认识到自己无法获益时;当付出的代价大于得到的报偿时;当其他人可以更有效地解决冲突时。当问题已经离题时,此方法可以避免冲突的扩大;当冲突主体相互依赖性很低时,还可以避免冲突或减少冲突的消极后果。

回避或压制冲突的具体技术主要有:忽略冲突并希望冲突消失;控制言行来避免正面的冲突;以缓和的程序和节奏来抑制冲突;将问题束之高阁不予解决;以组织的规则和政策作为解决冲突的原则。

5. 缓和

缓和法的思路是寻找共同的利益点，先解决次要的分歧点，搁置主要的分歧点，设法创造条件并拖延时间，使冲突降低其重要性和尖锐性，从而变得好解决。虽然此法只能解决部分非实质性的冲突，却在一定程度上缓和了冲突，并为以后处理冲突赢得了时间。

具体的方法如下：

（1）降低分歧的程度，强调各方的共同利益和共同做法，使大事化小、小事化了。

（2）相互让步，各有得失，令各方都能接受。即中庸之道，需要双方都做出让步才能取得大家都能接受的结果。应当注意的是，冲突很可能还会再起来，因此要尽快实质性地解决问题。

6. 折中

折中实质上就是妥协，团队冲突的双方进行一种"交易"，各自都放弃某些东西而共同分享利益，适度地满足自己和他人的关心点，通过一系列的谈判和让步避免陷入僵局，冲突双方没有明显的赢家和输家。这是一种经常被人们所使用的处理冲突的方法，一般有助于改善冲突双方的关系并使之保持和谐。

折中技术通常在以下场合运用：

（1）当合作或竞争都未成功时。

（2）由于时间有限而采取的权宜之计。

（3）当对方权利与自己相当时。

（4）为了使复杂的问题得到暂时的平息时。

（5）目标很重要，但不值得与对方闹翻时。

运用此方法时，要注意双方应当相互信任并保持灵活应变的态度，不能为了短期利益，牺牲了长远利益。

7. 上级命令

上级命令是通过团队的上级管理层运用正式权威来解决冲突。当冲突双方通过协商不能解决冲突时，按"下级服从上级"的团队原则，强迫冲突双方执行上级的决定或命令。

这种使用权威命令的方法一般是不能从本质上解决问题的，只有在紧急情况下才有其特殊的作用，不能滥用命令，发号施令，并要注意上级裁决的公正性。

8. 改变人的因素

团队之间的冲突在很大程度上是由于缺乏人际交往技巧造成的，因此，运用行为改变技术（如敏感性训练等）来提高团队成员的人际交往技能，是有利于改变冲突双方的态度和行为的。此外，通过对冲突较多的部门之间的人员进行互换，也有利于工作的协调和冲突的缓解。

9. 改变组织结构因素

通过重新设置岗位、进行工作再设计及调动团队小组成员等方式，可以因改变正式的组织结构、变化工作目标而减缓冲突，也可以协调双方相互作用的机制，还可以消除冲突根源。进行团队改组，重新设计团队现有的工作岗位和责权利关系，以确保职责无空白、无重叠，即基于新的任务组建新的团队，将有利于彻底地解决冲突。

（二）激发建设性冲突的技术

缺乏建设性冲突而使团队蒙受损失是必然的。有些团队甚至只提升那些"和事佬"，这些人对团队忠诚到了极点，以至于从不对任何人说一个"不"字。由这样的人组成的团队很难能够取得成功。这里介绍几种主要的激发建设性冲突的技术。

1. 运用沟通技术

沟通是缓解团队成员之间压力及矛盾的最有利方式，同样也是激发团队建设性冲突的技术。沟通技术的运用主要分为以下两种情况：

（1）上级向下属团队提倡新观念，鼓励成员创新，明确冲突的合法地位。对于冲突过程中出现的不同意见乃至一些未确认的"错误"，团队管理者不应轻易地进行批评、指责，而是要给予冷静的分析，对引发冲突的原因进行深入思考。

例如，惠普公司对持不同意见的人进行奖励，不论其想法是否被企业采纳。又如，IBM公司的员工可以评判和批评自己的上司，向上司提出质疑，而不会受到惩罚。这些都是运用沟通激发的有效冲突。

（2）运用具有威胁性或模棱两可的信息促进人们积极思考，改进对事物漠然处之的态度，提高冲突的水平。例如，团队的领导者在任命重要职位的干部时，可以先把可能的人选信息通过非正式的渠道散布为"小道消息"，以试探和激发公众的不同反应与冲突。当引发的负面反应强烈，冲突水平过高时，则可以正式否认或消除信息源；若冲突水平适当，正面反应占主导地位时，则可正式任命此职位的干部。

2. 鼓励团队成员之间的适度竞争

鼓励竞争的方式包括开展生产竞赛、公告绩效记录、根据绩效提高报酬支付水平等。竞争能够提高团队成员的积极性。但是，必须注意对竞争加以严格控制，严防竞争过度和不公平竞争对团队造成的损害。

3. 引进新人

引进新人作为激励现有成员的作用机制，被人们称为"鲶鱼效应"。其机理在于通过从外界招聘或内部调动的方式引进背景、价值观、态度或管理风格与当前团队成员不相同的个体，来激发团队的新思维、新做法，造成与旧观念的碰撞、互动，从而形成团队成员之间的良性冲突。此方法也是在鼓励竞争，而且从外部进入的不同声音，还会让领导者"兼听则明"，做出正确的决策。

4. 重新构建团队

重新构建团队是改变原有的团队关系和规章制度，变革团队和个人之间的相互依赖关系，重新组合成新的工作团队。这种做法能打破原有的平衡和利益关系格局，从而提高冲突水平。重新构建团队与前面的"改变组织结构"是相似的，不同的是这里的"构建新团队"的技术是主动的，而前面的"改变组织结构"的技术是被动的。

实训 8-3 团队冲突处理方案设计

实训形式：方案设计

实训步骤

第一步：实训前准备。要求阅读有关处理团队冲突的相关文献，了解处理团队冲突的理论知识。

第二步：根据本任务所学内容，结合任务2实训表8-2"张力与陈光的冲突过程分析"，按照实训表8-3设计张力与陈光的冲突处理方案。

实训表 8-3 张力与陈光的冲突处理方案

小组号_____ 姓名_____ 学号_____ 成绩_____

请同学们根据案例，整理张力与陈光的冲突处理方案。	
方案一：_____	具体步骤：
方案二：_____	具体步骤：
方案三：_____	具体步骤：

第三步：实训 8-3 任务评价。

1. 本次任务技能点评价（如表 8-3-1 所示）。

表 8-3-1 团队冲突处理方案技能点评价

序号	技能点评价	佐证	达标	未达标
1	团队冲突处理的概念	能够熟练掌握团队冲突处理的概念		
2	能够熟练掌握冲突处理的方案			
3	能够对冲突处理方案所要用到的策略进行分析和实施			

2. 本次任务的素质点评价（如表 8-3-2 所示）。

表 8-3-2 团队冲突处理方案素质点评价

序号	素质点评价	佐证	达标	未达标
1	创新意识	能够在团队冲突处理的方案中融入具有新意的主题和内容		

续表

序号	素质点评价	佐证	达标	未达标
2	协作精神	能够和团队成员协商合作共同完成实训		
3	资源的查找、整合能力	能够进行相关资源的查找和整合		
4	职业道德、法律意识	能够掌握相应的团队规则和团队管理规范		
5	严谨的工匠精神	能够在团队冲突处理中做出精确分析		
6	自我学习能力	能够运用冲突处理的相关知识和技能		

项目拓展资源   项目同步测试

项目九

团队领导

知识目标

了解领导理论及其发展
了解如何构建团队领导力
理解和掌握管理方格理论

能力目标

能够对团队领导力的构建进行分析
能够合理运用管理方格理论

素质目标

培养学生的团队精神
培养学生的团队管理意识
培训学生对中华传统文化的热爱情怀

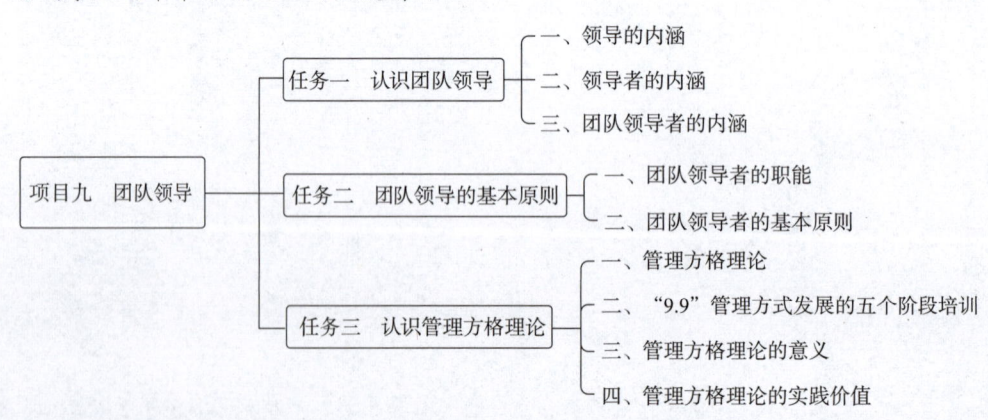

```
                                    ┌─ 一、领导的内涵
                    ┌─ 任务一 认识团队领导 ─┼─ 二、领导者的内涵
                    │                       └─ 三、团队领导者的内涵
                    │
项目九 团队领导 ─────┼─ 任务二 团队领导的基本原则 ─┬─ 一、团队领导者的职能
                    │                              └─ 二、团队领导者的基本原则
                    │
                    │                              ┌─ 一、管理方格理论
                    │                              ├─ 二、"9.9"管理方式发展的五个阶段培训
                    └─ 任务三 认识管理方格理论 ────┤
                                                   ├─ 三、管理方格理论的意义
                                                   └─ 四、管理方格理论的实践价值
```

项目九　团队领导

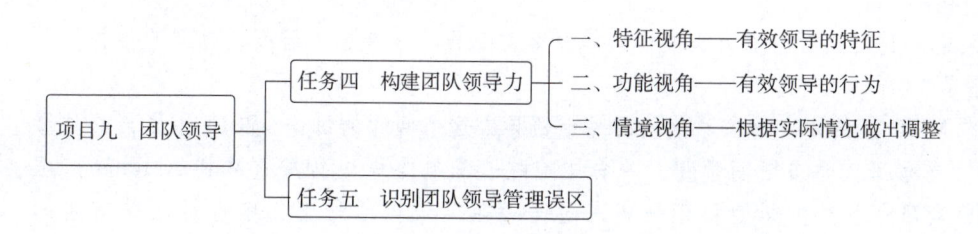

```
项目九　团队领导 ┬─ 任务四　构建团队领导力 ┬─ 一、特征视角——有效领导的特征
                │                        ├─ 二、功能视角——有效领导的行为
                │                        └─ 三、情境视角——根据实际情况做出调整
                └─ 任务五　识别团队领导管理误区
```

团队故事与分析

任务一　认识团队领导

案例导入

萨提亚·纳德拉（Satya Nadella）在微软工作了二十多年，并在2014年成为这家软件巨头的首席执行官，他花了大量时间来探索成为一名优秀领导者所需要具备的基本能力。在巴塞罗那举行的世界移动通信大会（MWC）上，纳德拉将自己对领导力的思考细化到三个主要领域并做了详细阐述。他进一步解释，自己在发掘并归纳这种级别的领导力时参考了自身及其他同事，并发现领导者身上大都具备以下三个特质：

一、指示清晰

在危机或混乱时期，能够提供清晰的思路并有助于缓解困境的人通常会受到尊敬。纳德拉在2019年2月25日的一次主题演讲中指出，领导者有一种神奇而不可思议的能力，能够让未知的状况变得清晰起来。这并非是指陷入一种本质上模糊不定的局面即可称为领导者，倘若如此，只是混淆概念而已。真正的领导者必须在不确定的状况下创造出清晰的局面。

纳德拉过去一直强调，这是任何一种领导者都应该具备的"最重要的品质"，但人们往往会低估这一点。

二、创造活力

尽管在不确定的状况下提供精确和清晰的信息非常重要，但这并不是领导者应具备的唯一特质。纳德拉认为，在追求领导才能的同时，对自己所从事的职业拥有真正的激情和热情同样重要。

领导者创造活力。纳德拉直言，假如有人表示"我很棒，我的团队也很棒，但其他人都不咋的"，这样的人不会成为领导者。他在2018年芝加哥发表评论的基础上进一步总结出"领导者必须具备创造活力的能力"。

三、在任何情况下推动实现成功的能力

最后需要注意的是，成功不是一日之功，即使成功也必将遇到障碍。因此，领导者从本质上将必须具备在任何情况下推动实现成功的能力。同样，如果有人表示"我需要等待时间与条件才能展示才华"，这样的人并不具备领导能力。作为领导者，必须能够弄清楚状况并推动成功的实现。

这些都是微软在考查求职者时所考虑的一些关键问题。微软鼓励员工追求自己的激情，并接受自己的身份。然而，如果你想进入这家公司，微软表示该公司真正需要的是"具有

201

强烈的学习欲望、聪明、对技术充满激情、愿意努力工作、技能坚如磐石、有创业精神，并渴望成为最佳"这样的人才。

纳德拉在 MWC 上的发言呼应了他之前关于领导力这个问题的讨论。2018 年底，这位微软 CEO 访问了芝加哥大学布斯商学院，并向该院院长马德哈夫·拉詹（Madhav Rajan）强调了这些领导素质。此外，纳德拉还强调，同理心在个人生活和工作中也是至关重要的因素。

案例分析

人们通常难以在指示清晰、创造活力、在任何情况下推动实现成功的能力这三个方面同时达到最佳状态，这是可以理解的。更重要的是尽最大的努力，并从错误中吸取教训。领导者需要谦虚谨慎并不断提高这三个方面的能力，首先意识到自己在这三个方面并不完美，并敦促自己不断学习。

一、领导的内涵

（一）领导的定义

关于领导（Leadership）的定义，不同角度或侧面有着不同的定义。综合分析，领导可表述为：领导是在一定条件下，指引和影响个人或组织，实现某种目标的行动过程。其中，把实施指引和影响的人称为领导者，把接受指引和影响的人称为被领导者，一定的条件是指所处的环境因素。领导的本质是人与人之间的一种互动过程。

（二）领导的功能

领导的功能是领导者在领导过程必须发挥的作用，即领导者在带领、引导和鼓舞下属为实现组织目标而努力的过程中，要发挥组织、激励和控制功能。

1. 组织功能

组织功能指领导者为实现组织目标，合理地配置组织中的人、财、物，把组织的三要素构成一个有机整体的功能。组织功能是领导的首要功能，没有领导者的组织过程，一个组织中的人、财、物只可能是独立分散的要素，难以形成有效的生产力，通过领导者的组织活动，人、财、物之间的合理配置，构成一个有机整体，才能去实现组织的目标。

2. 激励功能

激励功能指领导者在领导过程中，通过激励的方法调动下级和职工的积极性，使之能积极努力地实现组织目标的功能。实现组织的目标是领导者的根本任务，但完成这个任务不能仅靠领导者一个人去动手亲自干。应在组织的基础上，通过激励功能的作用，将全体员工的积极性调动起来，共同努力，"众人拾柴火焰高"，领导的激励功能，形象地说就是要使众人都积极地去拾柴。

3. 控制功能

控制功能指在领导过程中，领导者对下级和职工，以及整个组织活动的驾驭和支配的功能。在实现组织目标的过程中，"偏差"是不可避免的。这种"偏差"的发生可能源自不可预见的外部因素的影响，也可能源自内部不合理的组织结构、规章制度、不合格管理人员的影响，纠正"偏差"，消除导致"偏差"的各种因素是领导的基本功能。

二、领导者的内涵

（一）领导者的定义

所谓领导者（Leader）是居于某一领导职位、拥有一定领导职权、承担一定领导责任、实施一定领导职能的人。在职权、责任、职能三者之中，职权是履行职责、行使职能的一种手段和条件，履行职责、行使职能是领导者的实质和核心。领导者要想有效地行使领导职能，仅靠制度化的、法定的权力是远远不够的，必须拥有令人信服和遵从的高度权威，才能对下属产生巨大的号召力、磁石般的吸引力和潜移默化的影响力。

（二）领导者的角色

一般来说，凡是有许多人进行协作的劳动，其过程的连续性和统一性都必然要表现在一个指挥的意志上。领导者就是在社会组织和工作团体中身居高位、肩负重担、总揽全局、运筹帷幄的特殊成员。从领导者的工作性质和担负任务的角度观察，领导者在社会组织中的指挥职能，使领导者成为政策的制定者、规划的决定者、工作的控制者、任务的分派者、冲突的仲裁者、赏罚的实施者、关系的协调者、集体的代表者、价值的规范者、信念的依据者。从领导者所处位置和发挥作用的角度观察，领导者在工作团体中的指挥职能，常使领导者成为群众的首领、组织的代表、集体的替身、行动的榜样、团体的象征、责任的化身、权力的体现、奖惩的对象。

（三）领导者的素质

领导者的素质，是在先天禀赋的生理和心理基础上，经过后天的学习和实践锻炼而形成的，在领导工作中经常起作用的基础条件和内在要素的总和。在领导科学理论的研究中，一般把领导者的素质分为政治素质、思想素质、道德素质、文化素质、业务素质、身体素质和心理素质，以及领导和管理能力等。那么，一个领导者到底要具备什么样的素质才能够实施好的领导呢？学者也做了一系列的研究，其中最著名的研究是20世纪70年代美国哈佛大学约翰·科特教授关于领导者素质的研究，在对多家企业的经理进行调查之后，科特认为一个领导者应该具备以下六个方面的素质：

1. 行业的知识和企业的知识

行业的知识主要包括市场情况、竞争情况、产品情况和技术状况。企业的知识主要包括领导者是谁、他们成功的主要原因是什么、公司的文化渊源、公司的历史和现在的制度。

2. 在公司和行业中拥有的人际关系

在公司和行业中拥有的人际关系首先要广泛，在企业活动涉及的各个领域拥有广泛的人际关系，越广越好。同时，必须是稳定的，不是短期的而是长期的，不是一次性的而是可以反复合作的。

3. 信誉和工作记录

一个好的领导者必须有良好的职业信誉，有良好的工作记录。因此，在探讨职业经理人的从业风险时，投资家会说，我把资金交给职业经理人，如果他干得不好我的投资就没有了，所以，我担的风险很大。但是理论家们说，职业经理人所担的风险其实更大，因为作为投资家，这笔投资失败了他还可以去进行其他的投资，在这里损失了，可以在别处找回来。但作为职业经理人，如果他把这个公司做垮了，这项事业做失败了，那么他的信誉就会受影响，这个很差的工作记录将永远无法抹去，这对他以后整个职业道路和人生发展都会产生不良影响。所以，投资商是拿着自己财产中的一部分来冒可逆的风险，而职业经理人是拿着自己整个职业生涯和人生发展来做赌注。

4. 基本的技能

领导者需要具备的基本技能包括社会技能、概念技能和专业技能。社会技能包括与他人交往的行为，如接受权威、谈话技巧、合作行为；与自我有关的行为，如情感表达、道德行为、对自我的积极态度；与任务有关的行为，如参与行为、任务的完成、遵循指导等。概念技能主要指分析判断全局的能力和进行战略规划的能力，要求有敏捷的思路、强大的抽象思维做支撑。专业技能是指个体所具备的专业技术水平及能力，一般主要是指从事某一职业的专业能力。

5. 要拥有个人价值观

价值观最基本的两条是：一要有积极的行为准则；二是要保持客观公正的评价态度。

6. 要拥有进取精神

具体来讲就是建立在自信基础上的成就和权力动机，并且保持充沛的精力，能够全身心地投入工作。

（四）领导者的影响力

影响力是一个人在人际交往过程中影响他人思想和行为的能力。人与人之间的影响力在速度、强度、持久性等方面存在着个体差异。领导者的影响力构成是多方面的，其中主要包括以下几方面：

1. 权力因素

权力因素包括传统因素（人们对领导的传统观念，属于非完全强制因素）、职位因素（强制性因素）、资历因素（非完全强制性因素）。

2. 非权力因素

非权力因素包括品格、能力、知识、情感等（完全非强制因素）。

（1）品格是非权力性感召力的重要前提。

品格是反映在人的一切言行中的道德、品行、人格、作风等的总和，是非权力性感召力的本质要素。优良的品格会给领导者带来巨大的感召力，使群体成员对其产生敬爱感。一种适应社会的好品格，常被人们作为典范来效仿。品格优良、作风正派的领导，必然带出一大批正直的下属。袁采说："己之性行为人所重，乃可诲人以操履之详。"一个领导应该懂得无论他（她）的职位有多高，倘若在品格上出了问题，其政治威望（感召力或亲和力）就会荡然无存。

（2）能力是非权力性感召力产生的重要内容。

能力是能够胜任某项工作的主观条件，是非权力性感召力的实践性要素。人的能力是多方面的，如果一个领导能够在安排下属的工作中，避其所短，扬其所长，例如，使下属的专长得到充分的发挥，使本群体的各项工作更加井然有序，这就是领导者的识人、用人本领和能力。"有才者不难，能善用其才则难"说的就是这样的道理。

（3）知识是非权力性感召力产生的重要依据。

知识是人们在改造客观世界的实践活动中所获得的直接经验和间接经验的总和，是非权力性感召力的科学性要素。知识是一个人的宝贵财富，是领导者领导群体成员实现群体目标的重要依据。丰富的知识会给领导者带来良好的感召力，会使下属对其产生依赖感。领导者如果具有某种专业知识，那么，必然会对他人产生影响，具备这种素质的领导要比不具备这种素质的领导，在行使权力上顺利得多。

（4）情感是非权力性感召力产生的重要纽带。

情感是人对客观事物（包括人）主观态度的一种反映，是非权力性感召力的精神性要素。领导者深入基层，平易近人，时时体贴关心下属，和下属同甘共苦，建立良好的情感，就容易使下属对其产生亲切感，下属的意见也容易反映到领导处，从而在领导做决策时可以根据群众的工作情况和思想状况做出更科学、合理的决策。同时，任何一个在位的现职领导者都同时拥有两种影响力——强制性影响力和自然性影响力。强制性影响力来源于领导者的地位权力，下级被动接受其影响，影响力持续的时间是短暂的；自然性影响力来源于领导者的个人条件，下级主动接受其影响，影响力持续的时间是持久的。

三、团队领导者的内涵

（一）团队领导者的定义

团队领导者是负责为团队提供指导、为团队制定长远目标，在适当的时候代表团队处理与组织内其他部门关系的角色。他们属于这个团队中的一员，并且从团队内部施加影响。

（二）团队领导者的内容

团队领导者不同于传统的领导，传统的领导其影响力的发挥主要是靠法定授权、奖励权、强制权、专长权和个人影响权即个人魅力来达到。虽然传统领导在做决策时会让下属不同程度地参与，但总的来说还是依靠命令来指挥下属的行动。团队领导与传统领导的区别在于，团队领导者主要是通过引导来影响下属的行为，其在团队中的作用如同教练在球队中的作用。团队领导者给予下属充分授权，激发下属的工作热忱，善当教练，营造良好的团队氛围等。团队领导者的作用不是靠法定授权和强制权，主要是靠专长权和个人魅力的影响来实现的。团队领导者通过引导来使团队成员设立共同的团队目标，使得团队的共同目标尽量地体现每个成员的意志和个人目标。当团队目标与个人目标出现不一致时，团队领导者致力于在团队目标与个人目标之间寻求动态的平衡。只有当团队共同目标体现了个人目标时，每个成员才能为实现团队共同的目标而努力。团队目标建立在全体团队成员思想和认识达成一致的基础之上，而不是妥协的产物。

团队领导者在团队中营造良好的人际关系，团队成员在彼此信任的气氛下坦率地表达自己的意见和想法，进行有效的沟通。

团队领导者让团队成员认识到他们具有不同的教育背景和工作经验、具有不同的专业知识和业务技能，他们不同的想法和意见对完成团队的目标和任务是有益的。团队成员应重视不同的意见，珍视不同的意见，把不同意见视为有利于团队集思广益、有效解决问题和冲突、提高团队决策质量、促进团队完成目标的宝贵资源。

团队领导者引导团队发展出团队精神和团队规范，使得团队成员产生强烈的归属感和忠诚度，使他们强烈地感受到自己是团队的一员，把自己的前途与团队的命运紧紧地联系在一起，愿意为团队的目标和任务尽心尽力。团队成员间互相信任、互相依存、互相协作、互相帮助。团队成员士气高昂，不畏艰难，时刻保持旺盛的斗志。团队形成了强大的凝聚力。

团队领导者在引导团队建立共同目标、营造良好的人际关系、培育团队的协作精神的基础上，充分调动团队成员的积极性、主动性、创造性，充分发挥团队成员的特长和能力，取长补短，优势互补，把每个人提供的分力整合成强大的合力，使得团队成员所提供的合力得到放大，形成 1＋1＞2 的效能，并将合力指向团队的共同目标，以保证团队目标高效地达成，从而把团队建设成为高效率的团队。

实训 9－1　认识团队领导力

实训形式：案例分析

实训步骤

第一步：实训前准备。要求提前阅读有关团队领导力的相关文献，了解团队领导力的理论知识。

第二步：对以下案例进行分析。

小赵是某幼儿园的教学骨干，样样都干得很出色，尤其是近几年，为幼儿园争得了不少荣誉。一次，她爱人不幸生病，住了医院，家里又有一个不满两岁的儿子，这无疑增加了她的负担。小赵经过反复考虑，不得不向园领导提出了请假的要求，并表示：照顾爱人期间，不忘教学，认真备课。

然而，园领导的答复却是硬邦邦的：请假可以，但要按章办事，每请一天假，扣奖金 50 元，如一个月超过三天，该月奖金当全部扣除。另外，还要从工资中支付部分代课金。显然，这对小赵是当头一棒，她心想：没办法，只好认扣了。不久后，小赵的爱人出院了，与此同时，小赵向园领导提出了调离本园的申请。这是园领导万万没料到的。于是，园长的态度来了个 180 度的大转弯，收回当初所说的一切，补发扣除的奖金和工资。然而，小赵却坚持一定要走。

第三步：请同学们根据案例，分析小赵坚持离开的原因，并完成实训表 9－1。

实训表 9-1 分析小赵坚持离开的原因

小组号_____ 姓名_____ 学号_____ 成绩_____

请同学们根据案例，分析小赵坚持离开的原因。	
原因一：_____	具体原因：
原因二：_____	具体原因：
原因三：_____	具体原因：

第四步：实训 9-1 任务评价。

1. 本次任务技能点评价（如表 9-1-1 所示）

表 9-1-1 团队领导者技能点评价

序号	技能点评价	佐证	达标	未达标
1	团队领导者的内涵	能够熟练掌握团队领导者的内涵		
2	能够熟练掌握团队领导者的基本职能			
3	能够对案例中所出现的原因进行分析和分类			

2. 本次任务的素质点评价（如表 9-1-2 所示）。

表 9-1-2 团队领导者素质点评价

序号	素质点评价	佐证	达标	未达标
1	创新意识	能够在分析团队领导者的原因中融入具有新意的主题和内容		
2	协作精神	能够和团队成员协商合作共同完成实训		
3	资源的查找、整合能力	能够进行相关资源的查找和整合		
4	职业道德、法律意识	能够掌握相应的团队规则和团队管理规范		
5	严谨的工匠精神	能够在团队领导者的案例中做出精确分析		
6	自我学习能力	能够运用团队领导者的相关知识和技能		

任务二　团队领导的基本原则

案例导入

迈克尔·戴尔的执行力

迈克尔·戴尔很早就意识到，互联网将彻底改变人的生活形态与工作习惯，而且是直销的一种利器，有必要大力宣传、推动人们对互联网的重视。为了做好这项工作，迈克尔·戴尔安排在公司内部到处张贴一种大海报，在海报上，迈克尔·戴尔本人一脸酷相，半侧着身子，一手直指向画外（观众），海报上印了一行大字："Michael wants you to know the net！"（迈克尔希望你把互联网搞通！）迈克尔·戴尔还在好几个公开演讲中热情洋溢地重申他对互联网的看法。此番努力的结果是：戴尔计算机有70%的营业额可以通过网络下单成交，公司的多数管理制度及工具可以在网络上实行。

案例分析

"执行力"的本质是"领导力"，戴尔的成功是迈克尔·戴尔本人执行力的体现。戴尔计算机的成功很大程度上可以归结为创始人迈克尔·戴尔先生的执行力。用前戴尔亚太区采购负责人方国健的话说就是："迈克尔·戴尔的特质之一是极有远见，他通常在认定一个大方向以后就亲自披挂上阵，带领全公司彻底执行。"

一、团队领导者的职能

弗莱什曼等人将有效的问题解决活动进行了分类，形成四个维度的领导职能。

（一）领导在问题解决中利用获得的信息来实现目标

一旦确定了团队的任务或者目标，领导就要弄清任务的需要和要求，寻找并评估可能的解决方案，制定实施方案的计划（此时领导的任务是将团队的任务或目标转化成可以操作的具体计划，计划中要充分利用一切现有的资源）。

（二）领导要将计划传达给团队成员

领导要将计划传达给团队成员是为了让队员理解方案的实施所需要开展的活动、如何协调这些活动以及任务本身的信息和任务完成的条件。

（三）管理人力资源

管理人力资源包括选拔、调配、激励、协调和监控个体，使其服从指令；整合队员的活动，训练提高队员的能力。

（四）管理物质资源

管理物质资源涉及获取、分配和利用等活动。这些活动可能是团队领导最为突出的活动，尤其是在较低的层级上。有效领导通过上述活动使团队适应环境的变化，实现团队目标。在弗莱什曼等人的基础上，佐卡罗提出三种重要的团队领导职能。

1. 团队联络

团队联络包含联络、意义赋予、表征活动。团队的大多数问题都来源于环境，领导需要诊断团队外的变化和事件，同时负责解释团队任务。例如，在军队中，连长和排长传达上级的命令时要转化成具体的行动，在这个转译过程中包含了多种领导活动，其中主要是获取有关团队任务的信息和完成任务的资源。

2. 团队目标的建立

团队是以目标为存在前提的，目标在广义上可以是远景，狭义上是具体可操作的任务步骤，目标可以是短期、中期或长期的。建立目标方向能使团队保持与外部环境的同步。

3. 团队运作协调者

为了提高团队有效性，即确保整体大于部分之和，团队领导要监控协调队员的活动，将队员的活动水平、步骤或顺序实现制度化，同时让队员理解这种顺序的合理性；当团队活动不能适应环境时，领导要负责做出适当的调整；建立和维持合适的心理氛围。

总的来说，一方面团队领导要对团队内部结构、任务分配、工作流动进行系统的监控和管理及组织，当组织的远景规划转化为团队的目标后，团队领导要明确任务需要、确定并评估可能的解决方案、选择最优方案并利用所有资源来实施方案，同时将这些方案计划有效地传达给队员（传达的内容具体包括实施方案所需要的活动、活动如何协调、评估作业或任务完成的方式）。

另一方面，领导要在组织框架下根据团队目标选拔和管理队员及资源：人员选拔与管理包含选拔、聘用、培养及激励队员，团队领导不需要在每次分配任务之后重新调整队员的知识、技能和态度。可以通过在每次任务完成过程中的培训和指导，使团队在面临新的任务时，队员有充分的准备和把握实施新计划并完成新任务，资源管理要求团队领导获取充足的资源并且有效地运用到团队活动中。

二、团队领导的基本原则

（一）明确目标与规划

领导者应该明确团队的目标，并制定相应的规划。一个明确的目标可以为团队成员提供方向和动力，使得团队的工作更加有针对性和高效率。

（二）激发潜能和动力

领导者应该激发团队成员的潜能和动力，鼓励和赞赏成员的优点和努力。通过有效的激励措施，领导者可以提高团队成员的工作积极性和参与度。

（三）合理安排任务

领导者应该合理安排任务，根据团队成员的能力和兴趣进行分配。任务的合理安排可以促进团队成员之间的合作和相互学习，提高整个团队的工作效率。

（四）促进沟通和协调

领导者应该积极促进团队成员之间的沟通和协调。通过定期的会议和沟通活动，领导者能够了解团队成员的需求和问题,并及时提供帮助和解决方案。

(五)激励与奖励

领导者应根据团队成员的表现和贡献给予适当的激励与奖励。这些奖励可以是物质上的,也可以是口头上的认可和赞赏。激励与奖励可以增强团队成员的工作动力和参与度。

实训 9-2 团队领导的原则

实训形式:案例分析

实训步骤

第一步:实训前准备。要求提前阅读有关团队领导原则的相关文献,了解团队领导原则的理论知识。

第二步:对以下案例进行分析。

沃尔玛公司是一家美国的世界性连锁企业,以营业额计算为全球最大的公司,其控股人为沃尔顿家族。总部位于美国阿肯色州的本顿维尔。沃尔玛主要涉足零售业,是世界上雇员最多的企业,连续三年在美国《财富》杂志全球 500 强企业中居首。

美国沃尔玛公司总裁萨姆·沃尔顿曾说过:"如果你必须将沃尔玛管理体制浓缩成一种思想,那可能就是沟通。因为它是我们成功的真正关键之一。"沟通就是为了达成共识,而实现沟通的前提就是让所有员工一起面对现实。沃尔玛决心要做的,就是通过信息共享、责任分担实现良好的沟通交流。

沃尔玛公司的行政管理人员每周花费大部分时间飞往各地的商店,通报公司所有业务情况,让所有员工共同掌握沃尔玛公司的业务指标。在任何一个沃尔玛商店里,都定时公布该店的利润、进货、销售和减价的情况,并且不只是向经理及其助理们公布,也向每个员工、计时工和兼职雇员公布各种信息,鼓励他们争取更好的成绩。

第三步:请同学们根据案例,分析沃尔玛团队领导的原则,并完成实训表 9-2。

实训表 9-2 沃尔玛团队领导原则分析

小组号_____ 姓名_____ 学号_____ 成绩_____

请同学们根据案例,分析沃尔玛团队领导原则	
原则一:_____	具体内容:
原则二:_____	具体内容:
原则三:_____	具体内容:

第四步:实训 9-2 任务评价。

1. 本次任务技能点评价(如表 9-2-1 所示)。

表9-2-1　团队领导原则分析技能点评价

序号	技能点评价	佐证	达标	未达标
1	团队领导者的职能	团队领导者的职能		
2	能够熟练掌握团队领导的基本原则			
3	能够利用团队领导基本原则对案例中的问题进行分析和分类			

2. 本次任务的素质点评价（如表9-2-2所示）。

表9-2-2　团队领导原则分析素质点评价

序号	素质点评价	佐证	达标	未达标
1	创新意识	能够在分析团队领导者的职能过程中融入具有新意的方法和内容		
2	协作精神	能够和团队成员协商合作共同完成实训		
3	资源的查找、整合能力	能够进行相关资源的查找和整合		
4	严谨的工匠精神	能够对团队领导者的基本原则做出精确分析		
5	自我学习能力	能够运用团队领导者基本原则的相关知识和技能		

任务三　认识管理方格理论

案例导入

某汽车公司装配厂的任厂长，从一上任开始，就不同意公司裁员的做法，他给厂里每个人机会以充分证明自己的价值。在他任期内，全厂5 000名职工中只有极少数人被解雇。他首先建造了供职工们使用的餐厅和卫生间。午餐时，他还亲自上餐厅跟职工们打成一片。他倾听他们的抱怨，征求他们的意见和合理化建议，鼓励班组定期开会来解决共同的问题。通过"一日厂长制"等活动，创造一切可能的机会让职工们参与全厂的长远规划。任厂长不仅坚持每日2小时在现场走动办公，还为管理人员和一线工人安排了不断解决问题的对话，通过对话，他希望管理人员知道他们为一线工人提供的服务有哪些"不到位"，从而激发职工对企业的忠诚。

他对下属关怀备至，下属人员遇到什么难处都愿意和他说，只要厂里该办的，他总是很痛快地给予解决。职工私下说他特别会笼络人。

当然，任厂长也承认，装配厂生产率暂时不如其他同类企业，但他坚信，只要他的职工们有高昂的士气，定会取得高的绩效。

案例分析

任厂长对人和工作的关心都达到了最高点。这种领导者能将组织的目标与个人的需要最有效地结合起来。工作任务完成得好，职工关系和谐、士气高昂，齐心协力地完成工作任务。职工感到个人与组织是同命运的。

一、管理方格理论

（一）管理方格理论的提出

管理方格理论（Management Grid Theory）来源于领导方式双因素理论，1945年，俄亥俄州立大学工商研究所的斯托格第尔（Ralph M. Stogdill）和沙特尔（Carroll L. Shartle）两人主持了这一研究。他们把领导行为归纳为"关心人员"（体谅）和"关心工作"（结构）两个方面，每个方面又分为高与低两个区域，并设计出了著名的"领导行为"四分图（即高体谅高结构、高体谅低结构、低体谅高结构、低体谅低结构四个象限）。在他们的基础上，美国得克萨斯大学的行为科学家罗伯特·布莱克（Robert R. Blake）和简·莫顿（Jane S. Mouton）在1964年出版的《管理方格》一书中提出研究领导方式及其有效性的管理方格理论。管理方格图的提出改变了以往各种理论中"非此即彼"式（要么以生产为中心，要么以人为中心）的绝对化观点，指出在对生产关心和对人关心的两种领导方式之间，可以进行不同程度的互相结合。

罗伯特·布莱克（1918—2004）和简·莫顿（1930—1987）都是得克萨斯大学的教授。布莱克生于马萨诸塞州的布鲁克林，于1941年在弗吉尼亚大学获得心理学硕士学位，1947年在得克萨斯大学获得心理学博士学位，毕业后留在得克萨斯大学任教，从事心理学和行为科学研究。莫顿于1957年在得克萨斯大学获得心理学博士学位，毕业不久即在该校任副教授，从事组织与管理领域的行为科学应用研究。

（二）管理方格理论的内容

1. 理论背景

管理方格理论是研究企业的领导方式及其有效性的理论，这种理论倡导用方格图表示和研究领导方式。罗伯特·布莱克和简·莫顿认为，在企业管理的领导工作中往往出现一些极端的方式，或者以生产为中心，或者以人为中心，或者以X理论为依据而强调监督，或者以Y理论为依据而强调相信人。为避免趋于极端，克服以往各种领导方式理论中"非此即彼"的绝对化观点，他们指出：在对生产关心的领导方式和对人关心的领导方式之间，可以有使二者在不同程度上互相结合的多种领导方式，为此，他们就企业中的领导方式问题提出了管理方格法。

2. 管理方格图

管理方格图是一张纵轴和横轴各9等分的方格图，如图9-1所示，纵轴表示企业领导者对人的关心程度（包含了员工对自尊的维护、基于信任而非基于服从来授予职责、提供良好的工作条件和保持良好的人际关系等）；横轴表示企业领导者对业绩的关心程度（包括政策决议的质量、程序与过程、研究工作的创造性、职能人员的服务质量、工作效率和产量），其中，第 1 格表示关心程度最小，第 9 格表示关心程度最大。全图总共 81 个小方格，分别表示"对生产的关心"和"对人的关心"这两个基本因素以不同比例结合的领导方式。

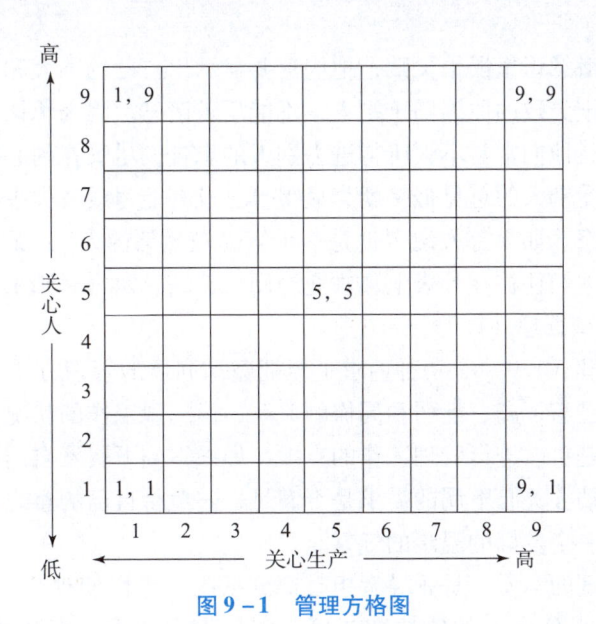

图 9-1 管理方格图

（1）贫乏型管理（1.1）。

贫乏型管理（1.1）是一种既不关心生产，也不关心人员的管理方式。这种方式的领导者并不是组织的叛逆，恰恰相反，他们对组织有高度的依恋，仅仅是缺乏热情和上进心而已。他们是理性的而不是糊涂的，其行为总是试图以最小的付出来保住自己的职位。他们往往具有"熬"出来的资历优势。国内的书籍在介绍这一类型时，经常出现一些误导性的解释，如把贫乏型管理者理解为能力低下者，这是有偏差的。管理水平低下不等于领导人的能力低下，不努力工作不等于不依赖组织。有时情况恰恰相反，领导人能力很高管理效果却不好，越是混日子的职员对组织的依附性越强。在中国，判断是否为贫乏型管理，有一个简易标准，凡是那种把"没有功劳也有苦劳，没有苦劳也有疲劳"挂在嘴边的领导者，恰恰就是布莱克和莫顿强调的贫乏型管理者的写照。

贫乏型管理者会用漠不关心的态度，最小的努力去完成必要的工作并维持人际关系。他们所求不多，但付出更少。他们只是按符合规定的标准去做事，且认为多一事不如少一事。用八个字形容最合适——"无精打采，放任自流"。他们的心理是要抓住现状，而不是抓住未来。他们为自己辩解的理由往往是"现代化的激烈竞争会导致人性丧失""公司追逐利润是钱迷心窍""不遗余力向上爬肯定会不择手段不讲道德"等，其实不过是给自己无所作为寻找一个借口，实现心理平衡。

（2）权威型管理（9.1）。

权威型管理（9.1）是一种"一心扑在工作上"的管理方式。这种领导人可能表现出对工作非常关心，但忽略对人的关心。他们往往强调工作环境对工作效率的影响，而不大重视人的因素对工作效率的影响。这种方式的领导者往往有极强的控制欲，希望可以有效地控制部属。从个性上看，这种领导者通常具有坚强的信念，不易屈服，并且有信心做好管理工作。所以他会主动选定工作方向，命令下属去服从。若有人不服从便会被他认为是工作中的障碍。当遭遇失败时，他会以暴怒来发泄。当组织中发生冲突时，他会以压制的态度来对待。

权威型管理者在潜意识里惧怕失败，他们总要显示出自己的强大和优势，所以，一旦遇到挫折，他们往往会把失败的原因归于别人，不能反求诸己。因为承认自己失误，就等于否定自己的能力。同样，他们常常不大听得进去别人的忠告，尽管在内心里也有可能觉得别人的意见有道理，但接受别人的意见似乎就会显得自己没有能力或者失去独立性。这种人遭到失败的典型特征是发怒。如果有人说"他是一个容易被激怒的人"，那么，他八九不离十就属于权威型管理者。他们往往在外表上喜欢充当硬汉，缺乏实力时则采取虚张声势的策略。

（3）乡村俱乐部型管理（1.9）。

乡村俱乐部型管理（1.9）是一种追求下级拥戴和同情的管理方式。这种领导人对人非常关心，十分重视自己与下属、上司和同僚的关系，但忽视工作的状况。这类领导者往往认为下属的态度和情感是自己进行管理工作的支撑，如果得到下属发自内心的支持，他就是安全的。因此，他会主动去关心下属的需求是否满足，避免将自己的意志强加于人，致力于搞好上下级关系，创造一个友好的温暖的气氛。

乡村俱乐部型管理的本质，是领导者担心遭到抵制。恐惧使他们尽可能对别人表现出默许和顺从。他期望得到他人的感情和认可，害怕失去拥戴。直观地看，这种领导人是用"讨好"的方式来增强他人对自己的认可。他们的信念是只要我对别人好，别人就不会伤害我。他们为自己这种"多栽花，少栽刺"的心态找了一个冠冕堂皇的理由：领导者应当维持组织中的融洽气氛并保持高昂的士气，做到人人心情舒畅。他们外表上是笑面弥勒，而内心却充满焦虑。在表象上，他们能够给部属尽可能的支持和帮助，而实际上，他们把部属看作自己最重要的财富，其目的是要换取部下投桃报李式的追随。所以，这种组织会形成懒散、自由、类似于中国乡村"老碗会"式的氛围。"乡村俱乐部"的名称即由此而来。

（4）中庸型管理（5.5）。

中庸型管理（5.5）是一种介于"铁面包公"（9.1）式和"笑面弥勒"（1.9）式之间的管理方式，不走极端。这种领导人对工作的关心和对人的关心兼顾，尤其重视群体归属和组织人格。他们很重视同僚和员工对自己的评价，力求在群体中稍有优势。所以，他们往往健谈，喜欢交友，善于应酬，不失风趣，仪态得体。他们的适应性很强，流行的意见就是他的意见，别人抵制的东西他也抵制，大家的看法等于他的看法，始终能够与多数人保持一致。但他们还是努力的，如果得到别人好的评价，会使他们感到发自内心的喜悦。他们的信念是，只要能站在大众一边而且比较出色，就是一个地位牢靠的领导。所以，他们的管理风格是组织化的，很少形成鲜明的个人特色。

中庸型管理者往往采取"应答式"策略，力图与大家保持一致，办事有度，处理适中，不标新立异。所以，他的工作往往不是开拓式的，而是修修补补式的。这种领导的实质是突出"权宜"二字。他们在领导方法上，不太赞成命令式，也不大喜欢放任自流式，而是以激励和沟通为主。在制定计划时，他们重视部下的想法和意见，尽可能做到实施阻力最小。

在布置工作时，他们常用说服甚至恳求的方法，对部下以鼓励为主，也乐意给部下以力所能及的支持和帮助。在人事安排上，注重能够配合的程度，技术能力反倒在其次。在他们眼里，多数人都是通情达理的，偶尔有怪话和牢骚也很正常。这种领导一般不会着眼于最大产量，而是把定额控制在人们乐于接受同时又要适度努力的界限内。"讲求实际""权衡""不仅……而且……"是他们的口头禅。他们不是寻求最佳，而是寻求妥协。在沟通中，他们更乐意采用非正式的和轻松的方式。在他们看来，领导活动不过是催化剂和促进剂。所以，他们在表扬部下时不忘记附带提出更好的希望，而在批评部下时则特别要强调还有哪些是可取之处。

（5）团队型管理（9.9）。

团队型管理（9.9）是一种个人与组织、工作与情感达到高度和谐的管理方式。领导人不但对工作和人员都予以高度关心，而且还会把二者融为一体，他们才智和热心兼备，能够推动自愿合作、自主创新、组织开放和责任分担。他们寻求组织发展与个人成长的吻合，追求做出重大贡献的喜悦和兴奋。他们也有可能在复杂问题面前受挫，从而出现短期的心神不宁甚至沮丧，但他们不会气馁，而是相信采取慎重态度、通过献身精神和进行多种探索，能够解决真正的棘手问题，走向成功。

团队型管理的本质是建立个人发展与组织成长之间的内在联系，个人通过组织目标凝聚为团队，组织在个人自我实现中获得成就。这种类型的领导人，会把自己的精力集中于决策上，计划的制定要同利害相关者一起完成，组织构架能做到责任明确、程序清晰、规则完善。对部下，富有前瞻性的指导和真诚的帮助同步进行，组织的目标控制和员工的自我控制互为补充。在人事配置上，把工作要求和员工能力开发结合起来。总之，这种管理，是要在员工参与中实现对组织目标的理解、赞同和支持，从而实现真正的协作（这需要把协作与妥协折中加以明确区别）。按照布莱克和莫顿的观点，只有这种团队型管理，才能真正推行目标管理。

二、"9.9"管理方式发展的五个阶段培训

布莱克和莫顿认为，作为领导者应该客观地分析组织内外的各种情况，把自己的领导方式改造成"9.9"型的方式，以求得最高效率。布莱克和莫顿还根据自己从事组织开发的经验，总结出向"9.9"管理方式发展的五个阶段的培训：

阶段1：组织的每个人都卷入方格学习，并用它来评价自己的管理风格。

阶段2：进行班组建设，以健全的协作文化取代陈旧的传统、先例和过去的实践，建立优秀的目标，增强个人在职位行为中的客观性等。

阶段3：群体间关系的开发，利用一种系统性的构架来分析群体间的协调问题，恰当地利用好群体间的对抗以从中发现组织中存在的管理问题，利用这种有控制的对抗来识别为建立一体化所必须解决的症结问题，为使各单元之间的合作关系不断改善做下一次实施计划。

阶段4：设计理想的战略组织模型，要明确确定最低限度的和最优化的公司财务目标，在公司未来要进行的经营活动、要打入的市场范围和特征、要怎样创造一个能够具有协力效果的组织结构、基本政策的制定和开发的目标等方面有明确的描述，以此作为公司的基本纲领，作为日常运作的基础。

阶段5：贯彻开发。研究现有组织，找出目前营运方法与理想战略模型的差距，明确企业应该在哪些方面进行改进，设计出改进的目标模式，在向理想战略模型转变的同时使企业正常运转。布莱克和莫顿认为，通过这样的努力，就可以使企业逐步改进现有管理模式中的缺点，逐步进步到"9.9"的管理定向模式上。

三、管理方格理论的意义

从理论角度看，布莱克和莫顿试图用坐标体系走出此前的学术迷宫，寻找出一个唯一的、正确的、公理式的管理理论框架。他们对权变理论进行了不留情面的批评，认为权变理论的实用主义方式会把管理者引入歧途，甚至会引起人类发展道路上不必要的绕行或倒退。《管理方格》的修订版《新管理方格》主张，管理存在着最优方式，可以建立起唯一正确的体系。

管理学是行为科学的衍生学科，而行为科学是同物理学、生物学并列的。物理学对无生命的自然界提供了解释，生物学对有生命的自然界提供了解释，而行为科学为人类社会提供了解释。它们都有公理系统和科学方法，可以使研究对象的发展变化成为可预测的。设计一架飞机，不可能违背空气动力学，而空气动力学立足于物理学的地心引力法则；为一个婴儿的搭配饮食，不可能违背营养学，而营养学立足于生物学的营养法则；同样，采取某种管理措施，不可能违背管理学原理，而管理学原理立足于行为科学的相关法则。所以，布莱克与莫顿以理想主义的姿态，试图在管理活动中寻找出最优模式和原则，并由此彻底推翻权变学派的情景决定论。他们坚信，管理方格理论是按照行为科学的相关法则建立的，由多种方格的相互比较和逻辑推论，可以得出结论——"9.9"型团队管理是迄今最理想的管理模式，是人类社会通向理性、思辨和美好的康庄大道。

四、管理方格理论的实践价值

要练就团队式管理，前提是准确判断自己的管理类型，然后才能看出差距，有针对性地进行训练。布莱克和莫顿发现，现实中的管理者往往会高估自己的管理水平。他们统计的数据是：管理人员没有学过方格理论时，大约有75%会把自己的管理方式说成"9.9"型，然而当学习和进行科学的自我测定后，坚持自己的管理方式为"9.9"型的比例会减少到25%。在判断自己的管理类型时，特别要防范自我欺骗，尤其是不自觉的自我欺骗。这就需要以客观的、可衡量的标准尺度来衡量现实中的管理表现。

布莱克和莫顿根据对管理坐标定位的影响大小，筛选出决策、信念、冲突、性情、涵养、努力六大要素，对每个要素给出不同的行为表述，供读者进行自我测验。这种自我检测，可以排除大部分无意识的自我欺骗。在《新管理方格》一书中，他们还设计了一个详细的"方格风格动态一览表"，帮助读者分析和辨认自己的管理风格。"一览表"分为管理职能、头头行为、后果、动态、儿童期起因五个大类，每类的评价指标又分为数量不等的子项，每个子项下列举不同方格的管理表现特征。管理职能包括计划、组织、指导、控制、人员配备、目标管理、作业评价等子项；头头行为包括沟通、冲突、咨询倾向、外表等子项；后果包括"头头—部属"的协调基础、部属反应、组织特征、长期的组织含义、事业成功程度、精神后果、身体后果等子项；动态包括正激励、负激励、核心情绪、思想方法等子项；儿童期起因不再划分子项。借助这个一览表，管理人员可以进行较为准确客观的自我鉴定。

实训 9-3　管理方格理论分析

实训步骤

第一步：实训前准备。要求阅读有关管理方格理论的相关文献，了解管理方格理论的理论知识。

第二步：对以下案例进行分析。

赵大伟是一位经验丰富的企业家。当某市齿轮厂严重亏损、濒临倒闭时，他开始出任该厂的厂长。他的管理哲学是："管理既是无情的，又是有情的。对工人既要把'螺丝'拧得紧紧的，又要给予其温暖。"赵厂长对下属完全信赖，倾听下情并酌情采用。通过职工参与制，让下属参与生产与决策并给予物质奖赏。所形成的全厂长远规划，也请职工们"评头论足"。厂里上下级信息沟通快，赵厂长鼓励下级自己做出相应决定。他认为：生产率的提高，不在于什么奥秘，而在于职工及其领导人之间那种充满人情味的关系。他还亲自为员工做出表率，赵厂长深有感触地说："走得正，行得端，领导才有威信，说话才有影响，群众才能信服，才能对我行使权力颁发'通行证'"。

他到该厂上任后不久采取了一系列措施，诸如树立效益、以人为本的观念；推行融效率与人于一体的目标管理法，让每个管理人员和职工为各自的部门和个人设置目标，并负责完成，想方设法提高工厂的生产率；遵循系统管理和专业化分工的原则，综合考虑管理幅度和层次以及职权的划分，建立了责权明确、分工合理的组织结构体系；突出了产品质量和降低成本两个重点。

在赵厂长上任后的一年里，齿轮厂的生产绩效有了显著提高。

第三步：请同学们根据案例，分析赵大伟的管理方格理论应用情况，并完成实训表9-3。

实训表 9-3　赵大伟管理方格理论分析

小组号_____　姓名_____　学号_____　成绩_____

请同学们根据案例，分析赵大伟管理方格理论的应用情况。	
内容一：_____	具体步骤：
内容二：_____	具体步骤：
内容三：_____	具体步骤：

第四步：实训9-3任务评价。

1. 本次任务技能点评价（如表9-3-1所示）。

表 9-3-1　管理方格理论技能点评价

序号	技能点评价	佐证	达标	未达标
1	管理方格理论的概念	能够熟练掌握管理方格理论的概念		
2	能够熟练掌握管理方格理论的内容			
3	能够对管理方格理论进行分析和实施			

2. 本次任务的素质点评价（如表 9-3-2 所示）。

表 9-3-2　管理方格理论素质点评价

序号	素质点评价	佐证	达标	未达标
1	创新意识	能够在管理方格理论中融入具有新意的主题和内容		
2	协作精神	能够和团队成员协商合作共同完成实训		
3	资源的查找、整合能力	能够进行相关资源的查找和整合		
4	职业道德、法律意识	能够掌握相应的团队规则和团队管理规范		
5	严谨的工匠精神	能够在管理方格理论中做出精确分析		
6	自我学习能力	能够运用管理方格理论的相关知识和技能		

任务四　构建团队领导力

案例导入

经营之神杰克·韦尔奇的领导守则

在通用电气（GE）前 CEO 杰克·韦尔奇丰富的实务经验中，最广受外界推崇的就是他领导团队的哲学，他成功将通用电气带上全球市值第一大企业。韦尔奇认为最重要的领导之道，就是要懂得栽培其他人，让每一位成员都能获得成长。回顾自己超过 40 年的管理实务经验，韦尔奇归纳出一套"领导守则"，值得每位经理人学习。

领导守则 1：把每一次接触部属，都当作评量、指导和培养部属自信的机会。韦尔奇认为，经理人最常出现的错误，就是以为部属培训与沟通，只有在每次绩效评估时才要做。事实上，日常工作的每件事，都可以拿来进行部属培训，并从中观察、发掘部属的潜力。例如，拜访客户，就是评估业务人员能否解决顾客问题的好机会；甚至会议中场的休息时间，都可趁机指导上台报告的部属做简报的技巧。利用所有与部属接触的机会进行人员培训、沟通工作内容、灌输他们自信,是提升团队整体素质最好的方法。

领导守则2:不但力求让部属看到愿景,也要让部属为愿景打拼,起居作息都围绕着愿景运作。领导人必须为团队描绘一幅愿景,但是韦尔奇认为,愿景不只是"谈",必须让愿景"活起来"。如何让愿景活起来?他认为方向必须鲜明、清楚,绝对不能是听起来崇高却含糊的目标。目标要清楚明确到"即使哪位员工半夜被叫醒,半睡半醒之间仍旧说得出来"的程度。"领导人必须一直谈愿景,谈到令人耳朵长茧的地步。"韦尔奇指出。愿景要通过在各种场合不断重复、强调,才能落实到每一个人身上。唯有这样,团队的所作所为才能不断聚焦在愿景上,只有靠领导人不断传递、沟通,并用酬赏加以强化,愿景才会跃出纸面,拥有生命力,不流于口号。否则,"愿景的价值,还不如印愿景的纸张。"

领导守则3:带人要带心,领导人应该散发正面能量和乐观气氛。"领导人心情是会传染的。"韦尔奇指出。领导人开朗乐观,他的团队也会充满正面观点;反之,领导人若是悲观阴沉,团队成员的态度也会和他一样。他认为,身为领导人,就是要极力抵挡负面能量产生的冲击。大环境再不佳,领导人都要振奋精神,表现出任何问题都有办法解决的态度,并走出办公室,将此态度感染给团队成员,一同找出解决问题的办法。"不能真正带动部属的心,一定会失掉某些东西。这样一来,工作就只是工作而已。"

领导守则4:领导人只会因胸襟坦率、作风透明、信誉声望而获得信赖。站上领导位置,展现权力、控制他人、分配资源,甚至不轻易吐露对人和绩效的看法,显出一副"天威难测"的派头,这些行为虽然有助于确立领导人的"老板"地位,却也会侵蚀掉团队的信赖。韦尔奇认为,当领导人作风透明、坦诚、讲信用,就能让团队产生信赖。例如,不隐匿坏消息;不居功,把功劳归给该得的人;绝对不人前一套、人后一套;在外人面前,提供支持部属的肩膀;团队发生错误,能一肩扛起责任。

案例分析

领导力可以被形容为一系列行为的组合,而这些行为将会激励人们跟随领导去要去的地方,而不是简单的服从。所谓领导力,就是一种特殊的人际影响力,组织中的每一个人都会影响他人,也要接受他人的影响,因此每个员工都具有潜在的和现实的领导力。领导力的关键就在于领导者和其他成员之间的互动,在于能否使双方的互动形成统一的认识。情感和行为活动是领导力正确发挥的必要条件。

一、特征视角——有效领导的特征

早期的一些研究人员发现,领导往往具备诸如智慧、热情、自信、控制力强、社会参与特征度高以及信奉平等主义等特征。同时,他们还探索了一些与领导力相关的物理特征,认为相比其他团队成员,担任领导的人似乎身形更魁梧、更积极、更充满活力,并且外表也更胜一筹。此外,还有些研究人员发现领导者往往机敏老练、乐观向上、公正守纪、多才多艺且具备自控能力。特征视角(Trait Perspective)将领导力视为领导者所具备的个人属性或品质,这一观点乍看合理,但其实透露出的有用信息实在有限。一些领导者在特定情形下表现出来的特征,比如将军带领军队冲锋陷阵,其所展现的品质特征并不适合其他领导职位,如企业的主管等。这一视角的另一个缺陷在于无法界定哪些特征对于成为领导很重要，而哪些特征又对长期担任领导不可或缺。相关研究也没能对领导以及具备相同特征的下属进行充分的区别，无法为想要提升领导力技能的团队成员提供帮助。

二、功能视角——有效领导的行为

功能视角（Functional Perspective）将领导力视为任何团队成员都可以展现出来的、能将团队效力最大化的行为表现。对想要提升领导能力的人而言，这种方法更为有效。尽管特征视角能帮助人们判断怎样的人更适合成为领导者，但功能视角定义了领导者所需具备的、帮助团队有效运转的沟通行为。通过了解这些行为，人们可以更有效地参与团队活动。这一方法的支持者认为，主要的领导行为可以分成两类：任务型领导力（Task Leadership）和进程型领导力（Process Leadership）。以任务为导向的行为就是专注于实现团队目标，而以过程为导向的行为则更注重维持良好的团队内部人际关系。

（一）任务型领导力

当团队召开会议、商讨问题、制定决策、策划活动或者制定方针时，成员的随意表现往往会成为阻碍。即便是在切入正题时，讨论也可能迷失方向并开始离题，团队整体就会逐渐偏离轨道。有时候，一个人可能会垄断整个对话，其他人则保持沉默；有时候则会出现迟迟无法切入讨论主题的局面。此时，成员们可能会埋怨所指定的领导者失职。以下四种任务型领导行为可以有效帮助团队实现目标。

1. 发起

任务导向的团队讨论需要构思想法，有时候想法与程序事项挂钩，有时候团队需要想方设法解决问题。然而在提出解决建议之前，你所在的团队可能并没有充分理解问题所在。这时你可以提议说："我觉得我们还没有真正把问题解析透彻，就已经开始提出解决方案了。让我们花几分钟时间进一步分析问题，这样就能确保大家都在讨论同一件事了。"在这个例子中，通过提出改变团队讨论进程的建议，你就发起了一次程序变革，这可能会对团队有利。"发起"意味着"开始"，如果你说"让我们开会吧"，就意味着改变开始了（假设团队依照你的建议行动）。如果随着会议的深入，你说"让我们考虑一下是否有其他选择"或者"在做出评估之前让我们多想些点子"，同样可以改变团队讨论的进程。如果没有人发起讨论，团队就会没有方向。担任发起人、提出新想法或者提议采取不同步骤是非常重要的团队行为，任何人都能做到。

2. 阐释

有时候好的想法容易被忽略，除非提出者能够对这些想法进行详尽阐释，使其变得更形象具体。假设你去参加一场兄弟或者姐妹间的聚会，讨论主题就是如何扩大明年新人入会规模，有人提议重新装修娱乐室可能会有所帮助。在这次讨论中，可能会发生这样一些事：成员可能开始评估这个点子，有人赞同，有人反对，有人提出新的想法。而你（或其他人）可能会详尽描述当娱乐室换上新地毯，摆上台球桌和新沙发，再加上柔和的灯光后，会变得焕然一新。尽管装修娱乐室这个提议最终可能不会通过，但你的阐释让其有了更多希望。

3. 协调

不同的人会有不同的期望、信念、态度、价值观以及经历。团队中每个成员的贡献都是独一无二的，并且都应该被引向实现团队的共同目标。鉴于团队以及团队成员的多样性，协调往往是种重要的领导力表现，因而有助于团队了解所有成员贡献的沟通行为就显得十分可贵。例如，如果发现两位成员提出的想法有关联，就应该指出来，这样有利于展开团队讨论。领导者为各成员提出的想法意见搭建桥梁，进行协调，不仅能让他们有"团队感"，还可以减少他们对于团队所需处理的问题及解决方案等方面的不确定感。

4. 总结

团队讨论可能会变得冗长啰唆，常常会出现成员不知道讨论从何开始、去向何处的情况。事实上，不用太多的题外话，就会使团队偏离讨论轨道。即便团队没有偏离轨道，有时候停下来，对进展进行总结也是有用的。通过对讨论进行到哪一步、还需要做些什么等进行总结归纳可以降低讨论的不确定性。了解团队何时需要进行总结，并及时采取行动，你就能带领团队朝着实现目标的方向迈进。即便其他成员不接受你的总结，你也能察觉到成员之间的观点差异，使讨论更加开诚布公，降低不确定性。

发起、阐释、协调和总结是四种不同类型的团队领导行为，虽说这些行为表现很重要，通过这些行为可对其团队有所贡献，但任务型领导力并非只有这些。任务型领导力体现为任何能够影响团队工作进程并帮助团队完成任务的行为。提出建议、构想新点子、提供信息资源或见解以及观察工作程序步骤等都属于任务型领导行为。

（二）进程型领导力

团队要有效运作，就需要时刻留意自身发展。团队是由人组成的，人都有需求。有效的团队沟通必须同时满足团队任务以及成员需求。若无法营造良好的团队氛围，就可能导致团队整体表现不佳。从这方面看，团队就如同一辆汽车。汽车可以载你去想去的地方，但它们需要定期维护保养来保障性能。如果主人不对汽车进行保养，汽车最终会发生故障。团队亦是如此，他们也需要维护和保养。

领导力的相关研究始终认为团队既有任务要求，也有进程需求。进程通常被称为"团队的构建和维系"。进程型领导行为能够维护团队的人际关系，营造出良好的气氛，既能提高成员满意度，又有利于团队完成任务。进程型领导力是真正的沟通"润滑剂"。以下是几种有助于改善团队氛围的进程型领导行为：

1. 舒缓紧张氛围

有时候，领导者能为团队提供的最有效的领导行为就是建议大家喝杯咖啡或茶，小憩一下。当成员感觉到疲惫时，当任务格外棘手时，或当氛围极度紧张、所有人都承受不小压力时，就意味着团队需要放松一下。开个玩笑、展现下幽默感、休息片刻，或者提议休会，往往能满足团队成员的需求，舒缓紧张氛围。偶尔的休息或者开玩笑能让成员恢复精力，提升他们的满足感。

2. 把关

团队成员的多样性使得团队沟通复杂化的同时，也可以成为团队可利用的优势。俗话说："三个臭皮匠，顶个诸葛亮。"拥有更多经验和智慧的团队强于任何个体，个人经验以及洞察力只有在共享的情况下才对团队有利。把关行为旨在协调讨论进程，让所有成员都有机会发表见解。领导者可能需要先起个头（"小王，你肯定深入分析过这个问题，你对此有什么看法？"），或是限制那些总是发表长篇大论的成员（"在休会之前，我们或许应该把发表评论的时间限制在两到三分钟，这样每个人就都能发表看法了。"）。把关是一种很重要的领导力，因为它能确保更多成员对团队有所贡献，既满足了团队的任务需求，也提升了成员的满足感。

3. 鼓励

人们喜欢受到称赞，当有人认可他们做出的贡献时，他们会非常开心。给予鼓励能增强成员的自尊心，同时其期望、自信和抱负都会进一步提升，从而提升团队士气，增强凝聚力、满足感和提高工作效率。

4. 调解

出现冲突是正常的，是团队互动的良性组成部分。然而，无法有效管理冲突就会导致成员受伤、身心俱疲，团队凝聚力降低，甚至分裂。调解的目的就在于化解成员之间的冲突，释放与冲突有关的紧张情绪。无论何时，一旦冲突从问题导向上升至个人导向，演变成人身攻击，就需要进行调解。任务型和进程型领导力对于团队成功都起着关键作用。如果团队在完成任务方面没有取得进展，成员可能就会感到沮丧，得不到满足；而如果团队无法营造良好的氛围，成员就会将注意力和精力集中到对团队的不满上，而不是专注于完成分配到的任务。

三、情境视角——根据实际情况做出调整

情境视角（Situational Perspective）在构建领导力时，不仅要考虑上述因素，而且需要考虑到不同的领导风格和具体的情境。

（一）领导风格

1. 领导风格的定义

领导风格是领导者的行为模式。领导者在影响别人时，会采用不同的行为模式来达到目的。企业领导风格就是习惯化的领导方式所表现出的种种特点。习惯化的领导方式是在长期的个人经历、领导实践中逐步形成的，并在领导实践中自觉或不自觉地起稳定作用，具有较强的个性化色彩。每一位领导者都有其与工作环境、经历和个性相联系的，与其他领导者相区别的风格。

2. 领导风格的组成

领导风格有时偏重于监督和控制，有时偏重于表现信任和放权，有时偏重于劝服和解释，有时偏重于鼓励和建立亲和关系。这些行为模式是可观察的，也是可以由被领导者"感受"得到的。领导风格由两种领导行为构成：工作行为和关系行为。

（1）工作行为。

工作行为是领导者清楚地说明个人或组织的责任的程度。这种行为包括告诉对方"你是谁"（角色定位）、该做什么、什么时间做、在哪里做以及如何做。从领导者到被领导者的单向沟通是工作行为的典型特征。你做血液化验的情形就是一个存在大量工作行为的例子。在进行抽血化验时，化验员可能一直在命令你。他对你的不安毫不理会，命令你挽起衣

袖，伸直胳膊，告诉你在抽血的时候要握紧拳头。抽完血以后，他又会给你棉球要求你压住刚才抽血的地方。在抽血的过程中，你可能会感到有点恐惧，但化验员还是会按部就班地把工作做完。有趣的是，化验员的命令语气，不会让你感到不满，相反，还能够帮助你增加信心和帮助你克服恐惧感。命令并不意味着言辞粗鲁或脾气暴躁。那个化验员对你的态度可能是非常友好的，但他的行动和语言都是为了完成工作。

（2）关系行为。

关系行为是领导者满足被领导者心理需求的领导行为，包括倾听、鼓励、表彰、表现信任、提升参与感、建立亲和关系和归属感等。领导者与被领导者进行双向或者多向沟通，是关系行为的主要特征。假设一个员工连续加班，产生了严重的焦虑感，同时工作中开始频繁出现失误，那么，他的上司首先将注意力放在失误上还是体贴关怀上，对于这位员工迅速恢复状态的影响是不一样的。假如上司找时间与这位员工聊聊天，倾听他当下的感受，并且对他工作中的闪光点多给予肯定和认可，而暂时不去谈论他的失误，这就表现出了"领导者的关系行为"，相信会更加有利于这位员工保持工作热情和提升对于工作质量的承诺度。

3. 不同的领导风格

团队领导者的领导方式会影响该团队所执行任务的成败。管理方格理论指出，领导者的管理工作主要考虑两方面的因素，即所面临的工作与完成这项工作的团队成员间的关系，对这两方面因素的不同态度与倾向形成四种不同类型的领导风格。

（1）委托型。

委托型领导不注重工作任务本身也不注重人际关系。这种风格的领导者对工作任务和与成员间的关系都不甚关心。他们相信团队成员有解决问题的能力，因此只指出大致方向和目标。这给团队成员留有宽松的选择余地，由他们自主决定如何完成目标。

（2）激励型。

激励型领导不注重工作任务本身而注重人际关系。这种风格的领导者会花大量的时间和心血构筑与团队成员间的关系。对他们来说，组织中人的因素居于实现目标的各项因素之首。他们通常只提出大致的工作目标，而致力于细致入微地做人的思想动员工作。他们认为只要能调动起团队成员的工作劲头，就能完成工作任务。

（3）指挥型。

指挥型领导注重工作任务本身也注重人际关系。他们认为团队成员没有足够的能力和动机完成任务，因此，领导者事必躬亲，详尽地监督指挥团队成员采取行动，并且控制团队成员如何行动甚至如何思考。

（4）教练型。

教练型领导注重工作任务本身而不注重人际关系。这种风格的领导者相信团队成员有完成任务的动机，但缺乏必要的能力。他们不断地教团队成员如何去做某项具体的工作，而不大考虑错综复杂的人际关系。

领导者的领导方式通常是上述四种类型的领导风格的混合，但很多领导者会使用最为便利的一种，从而使他们所偏好的工作风格与工作任务的价值及对人际关系的态度倾向相协调。团队领导究竟采用哪种领导模式，与一个团队成员的人性假设相关。

管理学界有"经济人假设""社会人假设""自我实现人假设""复杂人假设"等不同

假设，不能武断地说哪种人性假设理论比另外一种更好。上述四种团队领导模式分别基于特定的人性假设。指挥型和教练型领导模式往往认为下属缺乏积极性、创造性和主动性，不愿或不敢承担责任，需要领导为其提供相应的方法指导；激励型和委托型领导模式往往认为下属具有非常强烈的创造欲和成就欲，勇于或敢于承担责任，并能接受有挑战性的任务。进入21世纪以来，组织结构的扁平化和知识更新的加速化倾向日益明显，激励型和委托型领导应当成为优选模式，这样可以培养下属，鼓励和支持下属承担更为艰巨的任务。

（二）情境领导模式

1. 情境领导模式的定义

保罗·赫塞（Paul Hersey）和肯尼思·布兰查德（Kenneth Blanchard）在俄亥俄州立大学心理学家卡曼（A. Karman）于1966年提出的领导生命周期理论的基础上，吸取了阿吉里斯（Argyris）的不成熟——成熟理论，于1976年形成了一个重视下属成熟度的权变理论，即情境领导理论。阿吉里斯强调领导者要帮助员工从不成熟向成熟转变，以更好地为组织服务。赫塞和布兰查德认为，领导者的领导方式，应同下属员工的成熟程度相适应，在下属员工渐趋成熟时，领导者依据下属的成熟水平选择正确的领导风格才能取得成功。赫塞和布兰查德将成熟度定义为：个体对自己的直接行为负责任的能力和意愿。它包括两项因素：工作成熟度与心理成熟度。前者包括一个人的知识和技能，工作成熟度高的个体拥有足够的知识、能力和经验去完成他们的工作任务，而不需要他人的指导。后者指的是一个人做某件事的意愿和动机。心理成熟度高的个体不需要太多的外部鼓励，他们更多靠内部动机激励。

2. 情境领导模式的维度

在分析领导风格时，赫塞和布兰查德从两个维度来进行考察，即工作行为和关系行为。工作行为——向部属说明或示范要"做什么""何时做""如何做"，并且对工作成果提供经常的反馈。关系行为——赞扬、倾听、鼓励，以及让部属参与决策制定。准备度是被领导者完成某项特定工作所表现出来的能力和意愿水平，其中能力是指表现出来的知识、经验与技能，意愿是指表现出来的信心、承诺与动机。根据员工能力与意愿的高低程度不同组合，可以形成以下四种不同的准备度水平。准备度一（R1）：没能力，没意愿或不安。准备度二（R2）：没能力，有意愿或自信。准备度三（R3）：有能力，没意愿或不安。准备度四（R4）：有能力，有意愿并自信。工作行为与关系行为的组合，构成一个关于领导风格的二维模型（见图9-2），示意图中的X轴显示的是工作行为，由低到高；Y轴显示的是关系行为，也是由低到高。通过高低组合，可以把领导风格简化为四种模式：第一种是高工作低关系（S1）；第二种是高工作高关系（S2）；第三种是低工作高关系（S3）；第四种是低工作低关系（S4）。

赫塞和布兰查德认为，每一维度可以有高低之分，并可以组合成四种具体的领导风格，与员工的发展阶段相对应的是四种不同的领导类型：第一种为告知（教练）型领导，向员工解释工作内容以及工作方法，同时继续指导员工去完成任务；第二种为推销（指令）型领导，对员工的角色和目标给予详尽的指导，并密切监督员工的工作成效以便对工作成果给予经常的反馈；第三种为支持型领导，领导者和员工共同面对问题，制定解决方案，并给予鼓励和支持；第四种为授权型领导，提供适当的资源，完全相信员工的能力，将工作任务交由员工全权负责、独立作业。

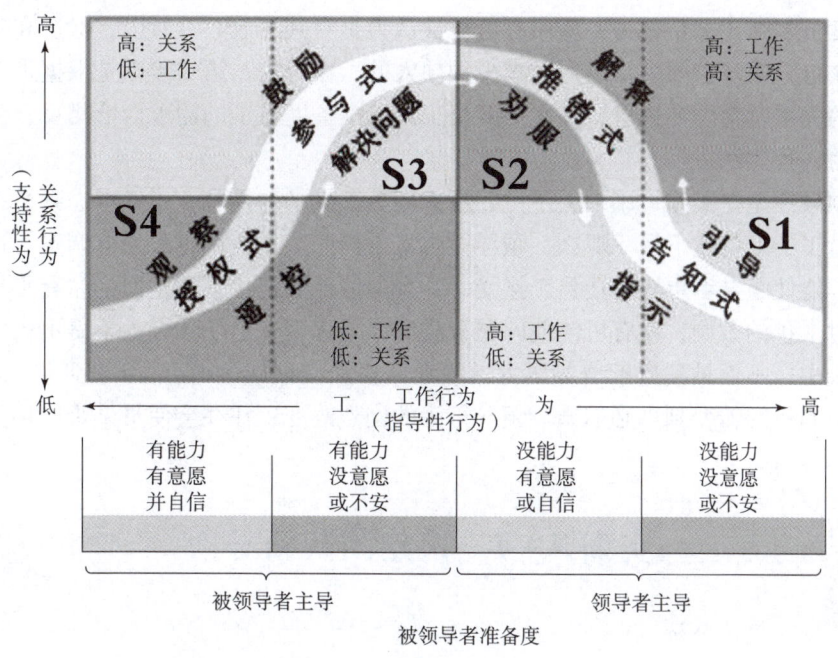

图 9-2 被领导者准备度

3. 情境领导模式的应用

随着下属成熟水平的不断提高，领导者可以减少对下属活动的控制，还可以减少关系行为。在员工成长的第一阶段，他们需要得到明确而具体的指导。在员工成长的第二阶段，领导者需要采取高任务—高关系行为；高任务行为能够弥补下属能力的欠缺，高关系行为能够使下属在心理上"领会"领导者的意图，或者说能够给下属提高技能和能力的愿望以更大的激励。在员工成长的第三阶段，领导者运用支持性、非指导性的参与风格能够有效地满足下属的参与欲望，消除其现实的挫折感，从而向下属提供更强的内在激励。在员工成长的第四阶段，领导者无须做太多的事情，因为下属既愿意又有能力完成工作任务。情境领导模式提供了一种帮助领导者确定恰当领导方式的方法，但是并非能取得一劳永逸的效果。即使把领导情境简化为单一的员工准备度，员工本身也处于不断变化之中。领导者应该对员工的潜力有积极的假设，并帮助他们成长，而且随着员工准备度的改变，领导风格也应该随之改变。

对此，赫塞和布兰查德在后续研究中进行了一定的修正。他们提出，领导人应通过对工作行为和关系行为的微调，来推动员工准备度的提升。对处于 R1、R2 准备度水平的员工，领导者要通过两个步骤来促使他们成长和发展。第一步是随着部下技能的提高，适量减少对他们的指示或监督；然后观察员工的情况，看他们的表现是否达到了领导人的预期。第二步就要增加关系行为的数量。这两个步骤不能颠倒，必须确定领导人的工作行为减少后，员工对此反应良好，才能进一步增加关系行为。在这里，领导人的关系行为可以看作一种对员工成长的奖励，奖励当然要在有令人满意的表现之后才给予。

对处于 R3、R4 准备度水平的员工，领导行为微调的方向不同。随着员工的成长，需求会发生变化，当然就需要不同的激励方法。对低准备度水平的员工来说，增加关系行为是一种奖励；而对高准备度水平的员工来说，让他们独立承担责任的信任才是奖励。如果领导人对高准备度员工强化关系行为,反而有可能被认为是对其不放心。所以,促进高准备度水平员工的方法也分两步:第一步是适量减少领导人的工作行为,第二步则是根据员工表现来减少领导人的关系行为。在这里,高准备度员工同低准备度员工的需求恰恰相反,关系行为的减少可视为一种奖励。

情境领导模型在实际运用中,不但要考虑到员工水平的提升,还要考虑到员工水平的下降。如果员工的准备度下滑,那么,领导行为就得按照上述微调过程逆向调整。这种细小的风格改变,能使领导者更容易让员工接受,并且促使他们终止下滑,回到原有水平。如果缺乏这种及时干预的微调,就有可能使问题积累到严重程度,迫使领导人不得不大幅度改变行为。在实践中,不乏见到迫于情势压力,领导风格从授权式 S4 猛然下滑到告知式 S1 的情况,即从不闻不问转变到事必躬亲。领导行为的剧烈改变,往往会使员工难以接受,影响领导效果。

实训 9-4 构建团队领导力

实训步骤:案例分析

第一步:实训前准备。要求阅读有关构建团队领导力的相关文献,了解构建团队领导力的理论知识。

第二步:对以下案例进行分析并完成实训表 9-4。

乔丹——传奇的篮球领袖

迈克尔·乔丹是篮球界的传奇人物,也是一个杰出的领导者。他在职业篮球生涯中多次带领芝加哥公牛队获得 NBA 总冠军,并成为全球篮球迷心中的偶像。乔丹的成功不仅源于他出色的球技,更因为他独特的领导风格。

乔丹注重团队合作。他不仅是一位得分王,更是一位能够调动团队士气的领袖。他善于发现队友的优点,并鼓励他们充分发挥自己的才能。他经常在比赛中给予队友支持和鼓励,在关键时刻挺身而出,带领团队走向胜利。

乔丹强调自身表率作用。作为领导者,他时刻以身作则,用自己的努力和拼搏精神激励着全队。

实训表 9-4 乔丹构建团队领导力分析

小组号_____ 姓名_____ 学号_____ 成绩_____

请同学们根据案例,分析乔丹如何构建团队领导力。	
步骤一:_____	具体步骤:
步骤二:_____	具体步骤:
步骤三:_____	具体步骤:

第三步：实训 9-4 任务评价。

1. 本次任务技能点评价（如表 9-4-1 所示）。

表 9-4-1　团队领导力技能点评价

序号	技能点评价	佐证	达标	未达标
1	构建团队领导力的概念	能够熟练掌握构建团队领导力的概念		
2	能够熟练掌握构建团队领导力的三种视角			
3	能够对构建团队领导力案例进行分析			

2. 本次任务的素质点评价（如表 9-4-2 所示）。

表 9-4-2　培训方案团队领导力素质点评价

序号	素质点评价	佐证	达标	未达标
1	创新意识	能够在构建团队领导力中融入具有新意的主题和内容		
2	协作精神	能够和团队成员协商合作共同完成实训		
3	资源的查找、整合能力	能够进行相关资源的查找和整合		
4	职业道德、法律意识	能够掌握相应的团队规则和团队管理规范		
5	严谨的工匠精神	能够在构建团队领导力中做出精确分析		
6	自我学习能力	能够运用构建团队领导力的相关知识和技能		

任务五　识别团队领导管理误区

案例导入

某建筑公司经过几十年的发展，已经成为当地知名的建筑龙头企业。总结企业成功的经验，许多管理人员归结为天时、地利、人和，如国家经济的持续发展，与当地政府、银行的良好关系，几十年形成的固定客户和良好的信誉，良好的员工素质等。

在 2008 年北京奥运带动的一系列商机鼓舞下，公司确立了打破地区界限，成为全国乃至世界知名建筑企业的愿景和使命。当企业树立这样的愿景和使命并为之努力时，发现曾经作为优势的"天时、地利、人和"似乎不在了。例如，就在前不久，日本一家建筑企业在与公司谈判时，让公司在两天内给出一个项目的报价。由于公司没有既懂建筑专业又精通日语的人员，没有能够及时报价，很遗憾地没有抓住这个项目。

案例分析

天、地、人是对公司内外部环境的概括描述。从案例中可以看出公司过去的成功来自天时、地利、人和，这些因素构成了公司的竞争优势。当公司重新确立了"成为全国乃至世界的建筑企业"时，其在政府、银行关系、地理、人员素质等方面的要求，都相应发生了变化，所谓的天、地、人已经不再是优势。

误区一：急于变革

无论你要组建一个新的团队，还是从前任手里接过领导岗位，都别忘了：你在努力适应自己的新角色时，下属也需要适应你这个新经理。上任初期，你要做的是观察和了解团队成员，而不是匆忙进行人员调整，或者试图改造下属的工作方式。

作为管理者，做决策之前应当首先做到以下三点：

第一点，充分理解并接受成员之间的个性差异。

一个优秀的团队里，不仅要有"在专业领域有突出贡献的人"，还要有"能够为别人提供支持与服务的人""保持乐观心态活跃团队气氛的人"等。只有发挥每个人的所长，才能提高团队的整体绩效。

第二点，鼓励下属主动提出想法。

下属的意见是你做决策前需要重点考虑的信息，让他们被动地听"你的计划"，并不等于沟通。你需要保持开放的心态，认真倾听他们的想法。

第三点，确保自己能以身作则。

很多时候，建立一定的标准、强调团队纪律是不可或缺的，但你要确保这个标准切合实际，至少自己能百分之百执行。换位思考，可以帮助你提高决策的可行性。

误区二：事必躬亲

作为管理者，初期可能还要承担一部分的专业工作，但随着你的经验增加、职责扩展，就需要把时间更多地用于帮助下属、制定计划、教练辅导等管理工作。你需要学会在恰当的时机，选择恰当的任务进行授权。

一般而言，组员能够胜任的例行事务，都应当授权；有一定难度和挑战，但可以提高下属技能的任务，需要适当授权；而自己作为管理者最核心的职责，则不应授权。

授权四步法：

第一步，仔细选择授权的对象：把任务分配给"愿意做并且能做好"的下属。

第二步，讨论事情该怎么完成：问问对方，主要步骤是什么？哪些难点可能会出现问题？还需要什么人参与？达成一致后，可以让下属再复述一遍，以确保他完全理解。

第三步，确认任务目标和责任边界：要让对方清楚地知道，任务的要求和检查期限是什么。为了达成目标，哪些事情是他可以自己决定的；哪些则需要先拟定方案，跟你确认。

第四步，定期检查并反馈意见：在工作过程中要给予下属足够的空间，让他们可以自己想、自己做。你要做的是定期检查反馈，告诉下属哪些地方做得好，哪些地方可以再改进。

误区三：压力下的情绪失控

把任务授权给下属，并不等于你作为领导就可以摆脱责任。成为团队领导，意味着自己要承担更多的压力。对管理者来说，别人还会根据你处理压力的情况来判断你的领导能力，这难免会给你带来更大的压力，导致恶性循环。为了走出这个恶性循环，第一步就是提醒自己不要那么紧张。情况并没有你想象的那么糟，总有恰当的方法来应对。

为了成功应对有压力的局面，找出解决问题的方法，这里有四点建议：

第一，不要过度批评下属、火上浇油。

成熟的经理没有乱发脾气的习惯。可能有时你只是眉头紧锁、默不作声，但下属对你的情绪反应，往往比你想象的更为敏感，尤其是当整个团队都面临压力的时候。因此，你必须比他们更有信心、更坚定。

第二，深呼吸，放慢语速。

在跟下属沟通之前，做几次深呼吸，努力放松自己。即使你不习惯，也要放慢说话的速度，这会让你身边的人保持冷静。他们会想："领导还没有失去理智，所以我也不能乱了阵脚。"

第三，虚心征求意见。

反思自己的管理与沟通技巧，向有经验的同事和上级征求建议，问问他们遇到类似的情况会如何处理。

第四，分解任务，要事第一。

收集意见之后，可以把任务分解成几个能够立刻着手解决的关键点，以化解手忙脚乱的局面。然后再考虑把工作授权给团队成员，大家分头行动，提高效率。

实训 9-5　团队领导管理误区分析

实训步骤：案例分析

第一步：实训前准备。要求阅读有关团队领导管理误区的相关文献，了解团队领导管理误区理论知识。

第二步：对以下案例进行分析并完成实训表 9-5。

伴随着我国对外开放政策，某生产地方传统工艺品的企业逐渐发展壮大起来，销售额和出口额近十年来平均增长 15% 以上，员工也由原来的不足 200 人增加到了 2 000 多人。企业还是采用过去的类似直线型的组织结构，企业一把手王厂长既管销售，又管生产，是一个多面全能型的管理者。最近企业发生了一些事情，让王厂长应接不暇。其一：生产基本是按定单生产，由厂长传达生产指令。碰到交货紧张时，往往是厂长带头，和员工一起挑灯夜战。虽然按时交货，但质量不过关，产品被退回，并被要求索赔。其二：以前企业招聘人员少

团队建设与管理

时，王厂长一人就可以决定了。现在每年要招收大中专学生近50人，还有牵涉人员的培训等，以前的做法就不行了。其三：过去总是王厂长临时抓人去做后勤等工作，现在这方面工作太多，临时抓人去做，已经做不好了。凡此种种都表示，以前有效的管理方法已经失效。

实训表9-5　王厂长管理误区分析

小组号_____　姓名_____　学号_____　成绩_____

请同学们根据案例，分析王厂长的管理误区。	
误区一：_____	具体内容：
误区二：_____	具体内容：
误区三：_____	具体内容：

第三步：实训9-5任务评价

1. 本次任务技能点评价（如表9-5-1所示）。

表9-5-1　团队领导管理误区技能评价

序号	技能点评价	佐证	达标	未达标
1	识别团队领导管理误区	能够熟练掌握识别团队领导管理误区		
2	能够熟练掌握团队领导管理误区的内容			
3	能够对团队领导管理误区进行分析			

2. 本次任务的素质点评价（如表9-5-2所示）。

表9-5-2　团队领导管理误区素质点评价

序号	素质点评价	佐证	达标	未达标
1	创新意识	能够在团队领导管理误区中融入具有新意的主题和内容		
2	协作精神	能够和团队成员协商合作共同完成实训		
3	资源的查找、整合能力	能够进行相关资源的查找和整合		

续表

序号	素质点评价	佐证	达标	未达标
4	职业道德、法律意识	能够掌握相应的团队规则和团队管理规范		
5	严谨的工匠精神	能够在识别团队领导管理误区方面做出精确分析		
6	自我学习能力	能够运用相关知识和技能分析团队领导管理误区的成因及改进措施		

项目拓展资源

项目同步测试

项目十

团队执行力

知识目标

了解执行力概念，学习如何提升执行效率，如何进行团队激励

了解4C模型，能使用模型分解任务

掌握团队执行力优化策略

能力目标

能够设定团队整体目标与战略目标

能够根据目标制定策略，明确如何分配资源、确定工作优先级以及采取何种战术措施来达成目标

能够监控和评估策略实施效果，跟踪团队进度，制定团队激励策略

素质目标

培养学生的团队精神

培养学生的团队管理意识

培养学生对中华传统文化的热爱情怀

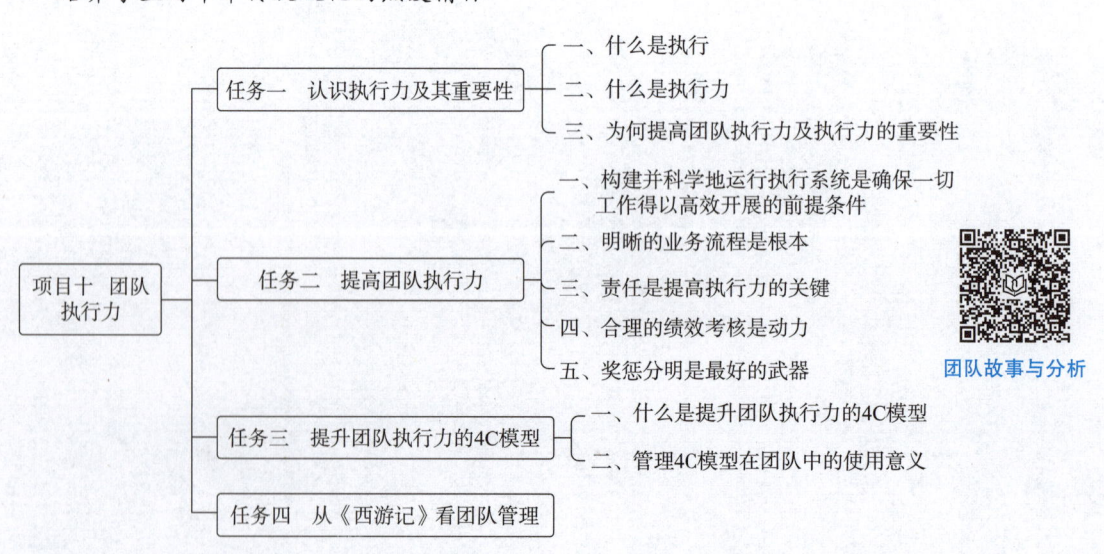

项目十 团队执行力
- 任务一 认识执行力及其重要性
  - 一、什么是执行
  - 二、什么是执行力
  - 三、为何提高团队执行力及执行力的重要性
- 任务二 提高团队执行力
  - 一、构建并科学地运行执行系统是确保一切工作得以高效开展的前提条件
  - 二、明晰的业务流程是根本
  - 三、责任是提高执行力的关键
  - 四、合理的绩效考核是动力
  - 五、奖惩分明是最好的武器
- 任务三 提升团队执行力的4C模型
  - 一、什么是提升团队执行力的4C模型
  - 二、管理4C模型在团队中的使用意义
- 任务四 从《西游记》看团队管理

团队故事与分析

· 232 ·

任务一　认识执行力及其重要性

一、什么是执行

案例导入

有一群老鼠开会，研究怎样应对猫的袭击。一只被认为聪明的老鼠提出，给猫的脖子上挂一个铃铛。这样，猫行走的时候，铃铛就会响，听到铃声的老鼠不就可以及时跑掉了吗？大家都公认这是一个好主意。可是，由谁去给猫挂铃铛呢？怎样才能挂得上呢？这些问题一提出，老鼠都哑口无言了。

案例分析

科学合理的战略部署是执行的前提！战略如果脱离实际，就根本谈不上执行。

（一）执行的概念

"执行"这一概念，在不同个体的认知框架与理解深度中，确实存在着显著的差异性。它不仅涵盖了对任务、决策乃至规则落实过程的具体把握，也深深根植于每个人的价值观、信念以及行动力之中。在中国，对于"执行"的探讨与重视，最早且大规模地出现在司法领域这一特殊的社会治理范畴内。在司法实践中，"执行"既表现为法律判决的有力贯彻，也体现为公正裁决的有效落地，其重要性不言而喻，因为它关乎法律权威的树立和社会公平正义的实现。从这个意义上讲，中国司法领域的"执行"问题，无疑成为全社会理解和认识"执行"这一词语内涵与外延的重要窗口和实践样本。在经济管理这一学科领域中，"执行"这一术语实际上承载着一种源自国外、经过翻译并被引进的概念内涵，它并非本土学术语境下的自发产物。其所对应的英文原词为 Execute，该词在西方经济管理学理论体系中扮演着至关重要的角色，涵盖了规划实施、决策落实、目标达成等一系列与实践操作紧密相关的深层含义。执行不仅要求将战略构想转化为实际行动，更涉及对各类资源的有效配置和利用，以确保组织或企业的高效运作和持续发展。因此，在我国的经济管理研究与实践中，对"执行"概念的理解和应用，实质上是对国际先进管理理念与方法的一种借鉴和吸收，旨在提升我国经济管理水平和国际竞争力。

（二）执行的含义

"执行"主要有两层含义：第一种含义指的是完成计划。可以说，此时的"执行"是与计划小"目标"相对应的，这在某种意义上是一个狭义的解释。第二种含义是指如何完成任务的学问和策略。这是一个更加宽泛的解释：凡是事情都可以"执行"，甚至在某种意义上，制定计划、规划战略等都是执行的对象；制定计划、规划战略，如未能按照要求的时间、水准完成，都是执行力不强的表现。而这也是本书要讲的"执行"概念。

在中国人的习惯说法中，涉及"执行"的提法也有很多。如"眼高手低"，它讲的就是"执行力差""实干能力差"。"眼高手低"并不是否定"眼高"（相当于战略规划能力强），而是与"眼高"对应的"手低"（指执行力不强）。因此，无论是组织还是个人，"眼与手"的能力都应相互匹配，要么自己具备，要么与外部资源相结合后匹配。与此类似的，还有"落实""贯彻"等词语都指向了"执行"。

（三）什么是执行

要提升组织或个人的执行力，就必须系统地认识和全面深刻地理解执行和执行力的概念、构成要素、意义和价值等基础问题。

1. 执行是一门学问

执行是一门学问，是战略的重要组成部分，它贯穿于组织经营管理的始终。选择行业、制定计划、确定目标、规划战略、实施战略等都需要执行，离开执行，组织将寸步难行。组织经营的三个核心环节是：制定战略、人员匹配、实施运营，而执行则贯穿于这三个核心环节的始终。

2. 执行是一个系统

对组织而言，执行是一套系统化的流程，它包括对方法和目标的严密讨论、质疑，坚持不懈地跟进，以及责任的具体落实；包括对组织所面临的环境做出假设，对组织的能力进行评估，将战略与运营及实施战略的相关人员相结合，对相关人员及其所在的部门进行协调，以及将奖励与工作绩效相结合；还包括一些随着环境变化而不断变革以前提出的假设和提高执行力以适应变化所带来的挑战的机制。从最基本的意义上来说，执行就是将想法变成计划、目标和战略，并将其落到实处、变成结果的过程，是一种暴露现实问题并根据现实情况采取行动的系统化的流程。

3. 执行是组织所有成员的工作

对任何一个组织而言，要想完成计划和任务、达到目标，领导者必须全身心地投入组织的日常运营当中。执行是上至最高领导者，下至门卫、清洁工都应该认真对待的工作。领导者并不只是从事高瞻远瞩的谋划和构思，也不只是从事所谓的决策，领导者必须切身地融入组织具体的运营当中，带领自己的团队将计划和目标落到实处。领导者要学会执行，要带头执行，如亲自挑选其他领导者、确定战略方向、引导组织运营、跟踪并掌控执行进度、检查并评估执行效果、落实各项计划等，这些工作都是执行的核心，而且无论一个组织的规模有多大，领导者都不能将自己应该亲力亲为的工作交付给其他任何人。领导者不但要做好属于自己的执行工作，还要带领和指导下属做好属于他们的执行工作。只会谋划、构思，不能执行、落实的领导者是不合格的，如果不能执行、落实的话，领导者的一切规划、目标和计划都会变成一纸空文或一场空谈。缺乏执行力的领导者不可能带出一支执行力强的团队。同样，不懂得服从、不懂得执行、不懂得如何完成任务的员工也是不合格的员工。

4. 执行是一种文化

如果一个组织里的多数人都认为没有执行力、执行力弱，不丢人、不难堪，无所谓、没什么大不了，那么，这个组织就不可能建立起强执行力。如果无论是高层领导者还是基层员工，组织里的多数人都认为执行力是评判一个人的重要指标，认为执行力差的员工或领导者应该被调职，每个人都习惯于评估自己的执行力，努力提升自己和团队的执行力，那么这样的组织就可以建立起强执行力。在强执行力的组织里，组织成员对执行不到位的现象、行为深恶痛绝，他们以执行到位为荣，以执行不到位为耻。"执行力"随着日久天长的磨砺，逐步转换为组织成员的本能、习惯，成为他们的DNA（基因），这时组织的执行力文化就构筑起来了。

所以，终极意义上的"执行"是"行动"，是"动作"，它几乎涉及了所有的人与事，涵盖范围极广。执行力是"行动"出来的，不是"想"出来和"说"出来的，在这里，"想"和"说"都应围绕着"行动"，都应为"行动"服务。

二、什么是执行力

导学：团队执行力是什么

执行力，从学术的概念上说，是一种揭露现实并根据现实采取行动的系统化的方式；从学术的范围上讲，执行力是一门如何完成任务的学问。一家企业成功与否很大程度上取决于执行力的强弱，没有执行力就没有竞争力。以往的调查研究显示，一个企业能否取得竞争优势，20%取决于战略与决策的制定，20%取决于机会与未知因素的影响，而60%取决于战略与决策的执行程度。以华为公司为例，华为公司在全球电信设备市场和智能手机领域的崛起，就很能说明执行力的重要性。华为制定了清晰的战略目标，如成为全球领先的ICT解决方案提供商，并且紧紧抓住了从2G到3G、4G，乃至5G的技术迭代机会。这是其战略与决策制定（20%）以及把握市场机会（20%）的体现。而且在执行层面，华为展现了极高的效率和决心。例如，为了加速5G技术的研发和商业化，华为投入巨资用于研发，建立了庞大的研发团队，并在全球范围内建立多个研发中心。他们不仅注重技术创新，还非常重视供应链管理和生产效率的提升，确保产品能够快速、高质量地推向市场。此外，华为还构建了严密的客户服务网络，确保能够快速响应客户需求，提供定制化解决方案，这些都是其强大执行力（60%）的具体表现。尤其是在面临国际市场的不确定性和挑战时，华为通过灵活调整市场策略、加强本土化运营、深化与合作伙伴的关系等措施，有效应对了外部环境的未知因素，进一步证明了其在执行层面的强大能力。因此，华为能够在激烈的全球竞争中不断巩固和扩大其市场份额，正是得益于其在战略执行上的卓越表现。

（一）执行力的种类

根据执行主体，执行力可分为个人执行力和团队执行力。

1. 个人执行力

个人执行力是指组织机构中个体按照上级的指令转化为具体行动，让具体行动产生实际结果，按时间节点高质量完成任务的能力。个人执行力在接受上级的指令后，发挥主观能动性，利用现有条件和资源，制定切实可行的行动方案，根据方案逐步去落实。个人是否有正确的工作思路与方法，是否具有良好的沟通协调能力，是否具有学习能力，是否对组织的规章有深刻的认识，这些直接决定个人执行力的强弱。

组织内不同的职务层级对个人执行力的要求也不一样，管理层级的个人执行力主要体现在组织协调能力和工作指标分解、落实能力上，普通员工的执行力指按照组织规程完成工作指标的能力。

2. 团队执行力

团队执行力是指一个团队把战略目标不断地转化成实际结果的能力，这是一套复杂系统，体现出来的就是团队的凝聚力、协作能力、战斗力。团队执行力是具备将目标有效转化为成果的能力，这一概念深深植根于企业战略管理的核心地带，它强调的是在全面遵循企业战略导向的基础上，对各项任务进行精准无误地执行，并确保最终能够达成预设的各项业务目标和绩效指标。这种运作效能不仅体现了企业的高效执行力，更是其在市场竞争中立于不败之地的关键性竞争优势，是企业战略规划从蓝图走向现实、从理论转化为实际效益与丰硕成果的重要桥梁。

首先要理解并高度重视的是，执行力的本质内涵是在既定的时间框架内，以严谨的态度和精确的操作，严格按照预先设定的标准和目标来完成每一项工作任务。执行力的强弱，直接决定了企业在实现战略目标的过程中能否步步为营、稳扎稳打。若执行力出现短板或不足，这无疑会给企业带来严峻的挑战，不仅可能导致大量的人力、物力、财力等宝贵资源被无效消耗，更会因为延误时机而错失市场机遇，进一步影响到企业战略规划的有效落地实施，甚至拖慢乃至阻碍企业整体发展进程的步伐。

因此，为了提升执行力，企业必须首先设定清晰、具体且具有可操作性的目标，确保每个团队成员都明确知晓自己的工作方向和期望成果；其次要建立健全科学合理、规范有序的企业规章制度，为执行力的发挥提供有力的制度保障；最后要采取有效的管理团队方法，包括但不限于激励机制、沟通协调、培训发展等手段，全方位提升组织内部的执行力水平，从而推动企业稳健前行，不断取得新的突破与发展。

对于团队执行力，世界500强企业通用电气公司前总裁杰克·韦尔奇认为，团队执行力就是企业内部奖惩激励等各项制度的严格落实。国内一些优秀企业家认为，执行力是一个选人用人的过程，团队执行力是选用合适的人、干合适的事。归根结底，团队执行力就是当团队目标任务明确后，管理者做出相应的部署，身先士卒，带领员工通过沟通和团队协作完成任务，根据任务完成情况做出奖惩的能力。

案例导入："巨无霸"平安的
执行力和协同性从何而来？

三、为何提高团队执行力及执行力的重要性

导学：团队执行力提升

（一）为何提高团队执行力

我们为何必须高度重视并持续致力于提升团队执行力这一关键能力呢？

执行力作为实现目标与计划的重要桥梁，是衡量个人、团队乃至整个组织效能的关键指标。它不仅关乎着我们能否将策略转化为实际行动，更决定了我们在面对挑战与机遇时，能否迅速响应并有效利用资源以达成预期成果。

首先，执行力的强弱直接影响了我们的工作效率和质量。一个具备高效执行力的个体或团队，能够准确理解任务要求，制定出切实可行的执行方案，并在预定的时间内高质量地完成工作。反之，执行力不足则可能导致决策拖延、行动滞后，甚至错失良机，最终影响整体绩效。其次，提高执行力有助于塑造积极进取的企业文化。当每个人都致力于提升自身执行力，形成一种追求卓越、说到做到的工作氛围时，这种精神风貌将会深深植根于企业文化之中，进一步激发员工的积极性和创新性，推动企业持续健康发展。再次，在日益激烈的市场竞争环境下，强大的执行力成为决定企业生存与发展的重要竞争力。只有那些能够快速适应市场变化、精准执行战略规划的企业，才能在竞争中立于不败之地，不断巩固和扩大市场份额。因此，重视并致力于提高执行力，实则是对个人职业素养、团队协作效率以及企业核心竞争力的全面提升。

因此，无论对个体还是组织而言，都应当将提升执行力视为一项至关重要的任务，通过不断学习、实践和完善，努力打造一支具有强大执行力的队伍，从而确保我们在各自的领域中取得更加辉煌的成就。

1. 团队执行力是组织发展的利器

即使组织里的规章制度相当完善，领导者仍会整天抱怨开展工作举步维艰，命令得不到充分地执行，好的创意和方法无法开展和实施。有时不乏颇有远见的目标和周密的计划，但由于种种限制而无法实现，其中最主要的原因就是执行不力。

以前很多组织较少关注此方面的问题，所以造成了今天执行力成为管理中的黑洞，它消耗了大量的时间资源，增加了不稳定因素，不仅使得目标无法实现，还危及了组织的兴衰存亡。有效的执行力是受到以下多方面因素影响的：

（1）执行力文化。

在全球化竞争的时代里，企业能否存活下来进而实现可持续发展的目标，关键取决于它是不是学习型的组织，能不能迅速感知外界的变化，并迅速地改变自己以适应这种变化。在这个过程中，执行力的作用至关重要。

从某种意义上可以说，团队的竞争就是执行力的竞争，而执行力的有效性需要有良好的

执行力文化做支持。

（2）核心竞争力。

如果企业有了强大的执行力文化，就会拥有核心竞争力，即它自身区别于其他企业的、不可被效仿的关键成功因素。

企业核心竞争力的实质就是领导力、竞争力、执行力的完美组合。领导力是成功的先决条件，它需要领导者将个人的谦逊品质和职业化的坚定意志相结合，建立持续的卓越业绩。一个卓越经理人的胸怀是他（她）担任领导者的企业执行力的上限。

竞争力是组织成功的坚实基础。现在的商业竞争局面日趋激烈，是以前没有遇到过的，只有培养和打造自己独特的竞争力，才能实现组织的持续发展，而执行力是组织成功的必要保证和重要手段。

（3）执行力所处环境。

环境不仅指团队所处的外部环境，如国家的政策、法律法规、行业的惯例等，还包括团队的内部环境，如公司的大小、人员的多少等。内、外部环境对团队执行力的有效性确有一定的影响，有时在某些方面甚至左右着团队执行力的大小。但是，更重要的还是领导者和成员对于团队执行力的重视程度。每个人、每个管理者都会有一种固有的思维模式，并已经形成了行为和习惯，就像蚕作茧自缚一样，在创业初期即已形成一种价值观，冲破这层茧是非常困难和痛苦的。这就是为什么在变革时期，每当推出一次重要的改革举措的时候，创业之初的"主力军"就成了改革的"阻力军"的根本原因。

（4）领导者的行为倾向。

领导者的素质和技能也是影响团队执行力的重要因素。领导者是团队中最大的执行者，领导者自身能力的强弱、高低，直接影响了团队决策的运行。在现实情况下，领导者往往在执行过程中犯各种看似很小的错误和过失，可能当时无法被觉察或虽然觉察到了但没有看到它的危害性，经过一段时间后，危害性才逐步显现出来，当意识到时，却为时已晚。

比如领导者在接受上级任务时，可能授权本身就不明确，而自身在不清楚目标的情况下就分派下属去执行；或者在日常工作中事前无计划，执行过程中无检查、监督，事后没有考核，整个过程没有形成控制体系；或者错误地理解了领导者的意图，丢了西瓜捡了芝麻，本末倒置，对工作不分轻重缓急；或者根本没有先后次序重要程度的区分等。在领导者的实际执行过程中，存在多种不良行为倾向，这些行为不仅影响了任务的高效完成，也阻碍了团队的成长与进步。

以下是领导者在执行过程中的几种行为倾向：

第一种情况是主次不分、本末倒置的执行方式，即领导者未能准确把握工作重点，将次要问题过度放大，导致核心目标被忽视或滞后处理。

第二种情况是救火式的执行模式，这也是较为突出的现象，这种情况下，领导者往往只在问题突发、紧急时才采取行动，缺乏对潜在风险的预见和预防，长期处于被动应对的状态。

第三种情况是目标模糊不清且无明确计划的执行行为同样值得警惕。领导者没有为团队设定清晰可衡量的目标，也没有制定详尽的实施步骤和时间表，使得团队成员无所适从，执行力大打折扣。

第四种情况是虎头蛇尾地执行,即开始阶段热情高涨,投入大量资源,但随着项目推进,逐渐失去动力,无法坚持到底,导致许多工作半途而废,无法实现预期成果。

第五种情况是过度依赖上级指令或是替代部下职责开展执行,这既剥夺了下属锻炼成长的机会,也可能造成领导者自身角色错位,无法充分发挥团队整体效能。

第六种情况是领导者在执行过程中缺乏主观能动性和创新意识,他们可能只是机械地按照既定规则操作,不愿意尝试新的方法和策略,从而限制了组织的发展潜力。

第七种情况是领导者满足于现状,不追求卓越,他们对于工作成果的标准设定较低,安于平庸,不能激发团队挑战自我、超越极限的动力。

第八种情况是信息沟通不畅、数据不明晰的执行方式,领导者在决策和执行过程中未能充分利用有效信息和精确数据,导致决策失误和执行偏差。

第九种情况是推卸责任的执行态度,当出现问题时,领导者不愿承担责任,而是试图将错误归咎于他人,这种行为会严重损害团队的信任度和凝聚力。

第十种情况是粗放型执行以及流程未细化的问题也不容忽视,领导者在管理过程中忽视细节把控,流程设计粗糙,可能导致工作效率低下,质量难以保证,同时也无法形成有效的标准化作业体系。

领导人员能力培养在企业运行中的地位,以及他们对于执行力影响的能动作用,只有从团队、激励、控制、系统、方法等多个方面去理解和感悟,并提高到战略的层面上加以审视和关注,才能更好地解决这一问题,从而去填补战略目标和现实结果之间的鸿沟,使美好的远景规划变为现实。

2. 执行力是团队发展的护身符

领导者在推动团队和组织发展时,应当秉持务实的精神,脚踏实地地扎根于市场这片肥沃土壤中,进行深度耕耘与探索。他们不仅需要具备广阔的视野去全面理解市场的复杂性和多元性,更需以精准的洞察力把握产品内在的本质属性以及外在的个性化特征,洞悉其中蕴含的运行规律和发展趋势。这一过程要求领导者深入产品的研发、生产、销售等各个环节,细致入微地剖析产品价值,并以此为基础制定出切实可行的战略规划。

当前,在不少组织内部,一种浮躁而急功近利的工作氛围日渐弥漫。他们往往过于依赖品牌策划公司的创新思维和营销策略,过分夸大这些手段对于产品成功的影响,甚至将之视为决定性的因素。在这种观念的驱动下,对新概念的盲目追捧成为常态,过度热衷于挖掘和包装产品的卖点,以至于在市场运作过程中催生出了大量泡沫现象。表面上看,各种新品发布会、营销活动热闹非凡,吸引了众多眼球,然而,当热潮退去,真正能够被广大消费者接纳并形成稳定消费群体的产品却寥寥无几。

实际上,大部分产品还停留在渠道流通阶段,它们在供应链上流转,从一个仓库转移到另一个零售点,看似实现了"销售",但实际上并未实现有效的市场需求对接和购买转化,仅仅是库存地点的变更而已。这种现状无疑揭示了一个令人遗憾的事实:许多团队和组织尚未充分认识到产品从设计、生产到最终被消费者接受并喜爱的过程中的种种挑战和问题,也未能深刻反思自身在市场运营上的短板和误区。

说起执行力,关键是人员素质要迎合产品在市场中的推进进程,企划思路和策略确定形成后,如何贯彻落实成了整个营销系统的关键。当前,流通领域发生了一系列变化,连锁商业和超市业态对于传统百货业带来了冲击，谁占领、维护、管理好终端，谁就能在市场中制胜。

市场经济时代产品的严重过剩导致了竞争的日益加剧，面对众多的功能趋同和终端类似的产品，要突出重围，杀出血路，执行力应成为市场运作和产品导向上的主旋律。应强化扎实细致的工作作风，对于一项具体业务，应"做深、做透、做实、做活"。在管理核算上精打细算，在市场推广上精耕细作，把空中和地面的宣传资源迅速整合，形成合力，并努力提高产品的铺货率和终端市场的渗透力。

良好的执行力不仅是工作的落实和有序管理，更是强调以人为本的理念和服务为主的价值行销工程。执行力是模仿不了的，许多产品的运作成功，并不是有多奇妙的策划和创新思路，而是实实在在的执行力，执行力已经成为产品运作中的强大竞争优势。同时，在与目标客户沟通中应建立起人性化的服务平台，团队立足的根基才会牢固。

3. 提高团队执行力是当务之急

导学：执行力及重要性

衡量一个团队的运作效能和管理水平，绝非仅仅局限于其是否拥有卓越的战略规划。事实上，一个团队是否优秀，更深层次的考察在于其实际行动的内涵与执行过程的方式方法，以及最终产生的实际效果。战略犹如灯塔，为团队指明方向，而如何将这一战略蓝图付诸实践，如何通过科学合理的组织协调、精准高效的资源配置、严谨有序的操作流程来实现目标，则是检验团队执行力的核心标准。

就如同车间管理一样，制定出一套完善且适宜的规章制度仅仅是第一步。制度的存在是为了规范行为、提升效率，但更为关键的是，在制度既定之后，如何有效督促每个成员严格遵守并积极践行这些规则，如何构建激发团队积极性与创新力的激励机制，如何建立公正透明的检查评估体系以确保制度得以不折不扣地贯彻执行，这无疑是一项更具挑战性也更为重要的任务。

同时，一个高效运作的团队还体现在团队成员的职业素养上，他们对工作的敬业精神，对待同事如同对待事业合伙人的尊重与协作态度，都是推动团队不断向前、实现共同目标不可或缺的要素。每一位团队成员都应具备主人翁意识，视团队的成功为自己成功的基石，唯有如此，才能真正凝聚起团队的力量，让战略落地生根、开花结果。

4. 执行体系对团队的价值

执行体系在团队运作中扮演着至关重要的角色，它不仅构建了团队行动的框架和规范，而且深层次地体现了对团队整体效能提升的价值。一个健全且高效的执行体系能够确保团队在实现目标的过程中保持步调一致，减少决策过程中的混乱与冲突，从而提高团队的工作效率。

执行体系为团队成员提供了明确的行为准则和工作流程，使得每个人都能清晰了解自己的职责范围、任务要求以及完成任务的方法路径，这无疑增强了团队内部的协同性和执行力。通过系统化、标准化的操作流程，团队可以避免因个人理解差异或操作不当造成的失误，保障工作的顺利进行。

执行体系有助于强化团队的目标导向性。它将组织的战略目标层层分解到各个团队乃至每个个体，使团队成员明白自身工作对于达成团队整体目标的重要性，从而激发他们的积极性和主动性。同时，通过有效的执行体系，团队能够更好地监控进度，及时调整策略，以应对各种挑战和变化。

执行体系还具有培养团队文化、提升团队素质的功能。良好的执行体系强调责任落实、结果导向，有利于形成积极进取、追求卓越的团队氛围，进而促进团队成员能力的持续提升和个人成长。

实训10-1　团队执行力

实训形式　团队作业

实训步骤

第一步：实训前准备。要求学生提前阅读团队执行力的相关文献，了解本次实训的理论知识。

第二步：分析《西游记》中角色定位，设计一个团队建设的计划。

第三步：团队将基于前期的理论学习与方案设计，进入实战演练阶段。在此过程中，团队成员需严格按照既定计划执行，同时灵活应对可能出现的各种问题与挑战，通过实践检验和完善团队执行力提升方案，从而实现团队整体效能的显著提升。此外，此阶段还将鼓励团队成员之间持续交流反馈，不断优化团队合作模式，以期达到最佳的实训效果。

任务二　提升团队执行力

案例导入

2008年9月15日上午10时，拥有158年历史的美国第四大投资银行——雷曼兄弟公司，向法院申请破产保护，消息转瞬间通过电视、广播和网络传遍地球的各个角落。匪夷所思的是，10时10分，德国国家发展银行居然按照外汇掉期协议的交易，通过计算机自动付款系统，向雷曼兄弟公司即将冻结的银行账户转入3亿欧元。毫无疑问，这笔钱将是肉包子打狗有去无回。

转账风波曝光后，德国社会各界大为震惊。财政部部长佩尔·施泰因布吕克发誓，一定要查个水落石出，并严厉惩罚相关责任人。一家法律事务所受财政部的委托，进驻银行进行全面调查。

几天后，他们向国会和财政部递交了一份调查报告，调查报告并不复杂深奥，只是一一记载了被询问人员在这10分钟内忙了些什么。这里，我们一起来看看他们忙了些什么。

首席执行官乌尔里奇·施罗德：我知道今天要按照协议预先的约定转账，至于是否撤销这笔巨额交易，应该让董事会开会讨论决定。

董事长保卢斯：我们还没有得到风险评估报告，无法及时做出正确的决策。

董事会秘书史里芬：我打电话给国际业务部催要风险评估报告，可是那里总是占线。我想，还是隔一会儿再打吧。

国际业务部经理克鲁克：星期五晚上准备带全家人去听音乐会，我得提前打电话预订门票。

国际业务部副经理伊梅尔曼：忙于其他事情，没有时间去关心雷曼兄弟公司的消息。

负责处理与雷曼兄弟公司业务的高级经理希特霍芬：我让文员上网浏览新闻，一旦有雷曼兄弟公司的消息就立即报告，现在我要去休息室喝杯咖啡。

文员施特鲁：10时3分，我在网上看到雷曼兄弟公司向法院申请破产保护的新闻，马上跑到希特霍芬的办公室。当时，他不在办公室，我就写了张便条放在办公桌上，他回来后会看到的。

结算部经理德尔布吕克：今天是协议规定的交易日子，我没有接到停止交易的指令，那就按照原计划转账吧。

结算部自动付款系统操作员曼斯坦因：德尔布吕克让我执行转账操作，我什么也没问就做了。

信贷部经理莫德尔：我在走廊里碰到施特鲁克，他告诉我雷曼兄弟破产的消息。但是，我相信希特霍芬和其他职员的专业素养，一定不会犯低级错误，因此也没有必要提醒他们。

公关部经理贝克：雷曼兄弟公司破产是板上钉钉的事。我本想跟乌尔里奇·施罗德谈谈这件事，但上午要会见几个克罗地亚客人，觉得等下午再找他也不迟，反正不差这几个小时。

德国经济评论家哈恩说，在这家银行，上到董事长，下到操作员，没有一个人是愚蠢的，可悲的是，几乎在同一时间，每个人都开了点小差，加在一起，就创造出了"德国最愚蠢的银行"。

案例分析

无论从任何视角或维度去审视，你都应当深切认识到，在执行任务的过程中，一个至关重要的核心要素不容忽视，即你对待工作的认真尽职态度。这一态度不仅体现了你的职业道德与专业素养，更是决定你能否高效、精准完成任务的关键所在。因此，提升自身的执行力，将这一认真尽职的态度转化为实际的行动力和工作成果，是你在职场上不断进步、实现自我价值提升的必经之路。这意味着你需要持续学习，磨炼自己的决策能力、时间管理能力和解决问题的能力，以确保每一项工作任务都能得到有力而准确的执行，从而在团队中树立起值得信赖和倚重的形象。

一、构建并科学地运行执行系统是确保一切工作得以高效开展的前提条件

在实际操作过程中，执行力的强弱往往直接受到执行系统设计的合理性与严谨性以及执行者个体素质与态度的影响。当执行不力的问题显现时，我们需要深入剖析问题根源，通常会发现症结主要集中在两个层面：一是执行系统的构建是否遵循了科学的原则和方法，是否

能够适应不断变化的内、外部环境，能否对任务进行精准分解、合理配置资源，并通过有效的监控机制来保障执行流程的顺畅；二是执行者的心理状态和行为模式是否符合高效执行的要求，他们是否具备足够的专业技能和知识，是否具有积极的工作态度，是否能够在面对困难和挑战时保持坚韧不拔的精神风貌，以及是否能灵活调整自身行为以适应执行系统的需求。

（一）规范战略规划，明确流程步骤，提炼核心要素

在战略制定时，不能朝令夕改，必须保持严谨的态度，以便执行者能坚定地执行下去。在企业庞大的业务网络中，找出几条主要的链，根据链的实际情况，明晰链的每一个流程，把复杂的东西简单化，把简单的东西量化，用流程去制约、规范并推动执行者的工作。让执行者通过该流程知道自己该做些什么，应该怎么做。同时还要在每个链中提炼出几点核心内容，以便执行者能优先配置执行资源，而不是到处是重点，漫无边际。

（二）建立团队执行力文化，重视团队建设

1. 培养员工对团队的忠诚度

忠诚度这一概念在团队管理与企业发展中占据着至关重要的地位，它不仅仅是一种对组织或团队的归属感和承诺，更是一种深度的情感投入和价值认同。那么，究竟什么是忠诚度呢？可以这样理解：它是员工在面对各种机遇和挑战时，始终坚守团队立场，全力维护团队利益，以及持续为团队目标付出努力的一种持久而坚定的态度。

培养员工对团队的忠诚度则是一项系统且深入的工作。这不仅要求企业构建公平公正、激励兼容的制度环境，让员工感受到自身价值得以实现和提升；同时，也需要通过企业文化塑造、团队建设活动等方式，增进员工与团队之间的情感联系，使他们能够从心底里热爱并珍视所在的团队。此外，领导者的行为示范和有效沟通也至关重要，要让员工看到团队长远的发展前景和个人成长的可能性，从而激发他们的工作热情和奉献精神，最终形成对团队的深深依恋和无悔付出，这就是我们所追求的高忠诚度团队文化。

2. 培养员工的奉献精神

在每个人的内心深处，是否都蕴藏着一种无私奉献的精神呢？这种精神力量是否存在普遍性，使得我们每个人都能在必要时刻展现出对他人、对集体甚至对社会的奉献精神呢？那么，究竟什么是奉献精神呢？它不仅仅是一种付出和牺牲的行为表现，更是一种超越自我、追求更高价值和意义的人生境界。它体现在对工作的敬业尽责，对团队的忠诚不渝，以及对社会责任的主动担当。

对企业或组织而言，培养员工的奉献精神显得尤为重要。这不仅有助于构建积极向上的企业文化，提升整体的工作效率与凝聚力，更能激发员工内在的积极性和创新力，促使他们在面对困难与挑战时，能够坚守岗位，勇往直前。因此，如何通过有效的激励机制和教育培训手段，将奉献精神深植于每个员工的心中，让他们明白个人的成长与企业的命运息息相关，从而自觉自愿地为实现共同目标而努力奋斗，是现代企业管理中不可忽视的重要课题。

3. 强化员工对于坚决执行指令意识的培养

"坚决执行"及"坚决服从"意味着每位员工都应当深刻理解并积极践行组织纪律，明

确自身角色定位，在面对上级指示、规章制度以及团队协作任务时，能够迅速响应，毫不犹豫地执行和落实到位，做到令行禁止、行动统一。同时，我们也倡导员工在坚决服从的基础上，勇于提出合理化建议，以实现团队智慧的最大化发挥，共同推动企业持续健康发展。通过举办各类培训活动、案例分享以及日常管理实践，我们将不断强化这一理念，让员工深刻认识到坚决服从不仅是对工作职责的尊重，更是提升团队执行力与整体竞争力的关键要素。

为了深入贯彻和落实企业安全生产的方针，领导者亟须强化员工对于坚决执行指令的意识培养。这一理念在实际工作场景中的重要性不言而喻，尤其在关乎生命安全、财产保障以及生产效率提升的安全生产领域中，更是显得尤为关键。假设在某大型化工厂内，一次常规的设备检修过程中，上级管理部门针对可能出现的安全隐患，明确发布了详尽的操作指南与安全指令，要求所有参与检修的员工严格按照规程进行操作，并强调了违反指令可能带来的严重后果。若有个别员工对指令执行得不够坚决，擅自简化流程或忽略必要的安全措施，就极有可能酿成重大安全事故。例如，未按照规定佩戴防护装备，或者在未确认设备完全停机的情况下进行维修作业，结果引发爆炸事故，不仅会造成人员伤亡，还会导致工厂停产及巨额经济损失。

因此，通过这个实例可以深刻认识到，强化员工坚决执行指令的意识，是确保安全生产秩序、预防各类事故发生的关键环节之一。只有全体员工都养成严格执行指令的良好习惯，才能共同构建起一道坚固的安全防线，切实保障企业的持续稳定发展。

（三）建立科学的培训体系

1. 培训分级

构建完善的科学培训体系是提升组织整体能力与员工个体素质的关键环节。首先需要强调的是培训分级制度的建立与实施。这一机制旨在根据员工的不同岗位需求、技能水平和职业发展阶段，将培训内容进行精细化、层次化的划分。在培训分级的具体操作中，团队应充分考虑各类员工的知识结构、业务能力和成长路径差异，从而设立初级、中级、高级等不同级别的培训课程，确保培训内容由浅入深、循序渐进，满足各个层级员工的学习需求。同时，通过定期评估与反馈，动态调整培训级别与内容，以保持培训体系与实际工作需求的高度契合。

这样一来，不仅能够使每位员工都能找到适合自身发展的培训项目，还能激发员工持续学习的热情，形成良好的内部竞争与激励机制，最终推动整个组织的人才队伍建设与核心竞争力的提升。

2. 对培训者进行考核

要想使培训产生预期效果，就必须对培训者进行考核。让其将培训的内容与公司的实际情况结合，并拿出一些可行的方案，拿不出则记培训失职，免去其下次培训的机会。凡培养不出候选人的记为失职，扣除部分年终奖金，培养出比自己更优秀的人则记大功，给予特殊奖励。这样可以在一定程度上避免执行者能力倒退或嫉妒下属的情形发生，能提高整体的执行素质。

（四）建立合理的激励机制

只要能把大家的积极性都调动起来，就没有什么决策会执行不下去。

1. 听觉激励

听觉激励主要涉及通过声音、音乐或言语等形式对团队成员进行正面刺激和激发，以提升其工作积极性、创新思维及团队凝聚力等方面的效果。具体来说，听觉激励可以是振奋人心的背景音乐，也可以是领导者富有感染力的演讲，或者是对员工的出色表现给予及时、明确且积极的口头赞扬与肯定。

例如，在团队会议或项目启动等关键时刻，领导者激情洋溢、鼓舞人心的讲话，能够有效调动团队成员的热情、激发他们的潜能，引导他们朝着共同目标迈进。或者，对于团队内个人的优秀表现，公开而真诚地表扬和赞誉，不仅能够让被表扬者感受到价值认同，增强自信心，同时也能树立榜样，鼓励其他团队成员向其学习，从而整体上提升团队的协作效率与创新能力。中国人喜欢把爱埋在心里，这其实就是爱的缺陷。如果管理者想赞美员工，就一定要说出来，这是提高执行力最有效的方法之一。

2. 视觉激励

视觉激励这一概念，实际上涵盖了多个层面的含义。在心理学和行为科学领域中，视觉激励通常是指通过视觉刺激来激发、引导或强化个体的行为动机与反应的一种策略。它可以通过设计特定的视觉元素，如色彩鲜明的图像、动态的视频、具有象征意义的标识或者布局精巧的空间环境等，来吸引人们的注意力，进而调动其内在的积极性和创造性，实现对目标行为的促进和优化。

例如，工作环境中，企业可以通过对办公空间进行视觉优化，营造出积极向上、富有创新氛围的工作环境，从而提升员工的工作满意度和效率。把优秀员工的照片和事迹刊登在公司内部杂志上或贴在光荣榜上，让大家都看到，以此激励这些获奖者及其他员工。这种视觉激励方式不仅能够对获奖者本人起到表彰肯定的作用，进一步增强他们的归属感和荣誉感，而且为其他员工树立了学习的榜样和追赶的目标，营造出一种崇尚先进、追求卓越的良好氛围，有力推动整个团队持续进步与发展。

3. 奖励成功者也奖励失败者

对成功者进行奖励是理所当然的，大家可以理解，但对失败者进行奖励，有些人可能就想不通了。这是因为，成功的背后往往伴随着无数次的试错与探索，而每次失败都可能成为通向成功的垫脚石。通过奖励成功者，我们可以鼓励团队持续追求卓越，保持高效的工作状态；而奖励失败者，则有助于塑造积极面对挫折、勇于创新的企业文化氛围，让每个团队成员明白：只要付出努力，即使结果不尽如人意，他们的贡献同样会被看见和珍视。这样的双重激励机制将极大地提升团队的整体士气，促进团队成员之间的互相学习与共同成长，从而推动整个团队不断向前发展，实现更高的目标。精神价值其实就是无形资产，有什么理由不对创造了无形资产的人进行奖励呢？

4. 引入竞争

引入适度的竞争机制是至关重要的，这正是"鲶鱼效应"所阐述的核心理念。所谓的"鲶鱼效应"，源于一个生动的比喻：当渔民在运输沙丁鱼时，若放入几条生性活泼、好动的鲶鱼，沙丁鱼为了避免被鲶鱼侵扰，就会持续保持警觉和活力，从而大大提高了生存率。

这一自然现象被巧妙地运用到管理学中，寓意着通过引入外来竞争者或者内部竞争机制，可以激发团队成员的积极性与创新力，打破原有的舒适区，促使他们不断提升自我，以应对挑战。

因此，在团队管理过程中，管理者应积极构建一种良性的竞争环境，让每个团队成员都如同沙丁鱼一般，时刻保持清醒与斗志。这样不仅能够提升整个团队的工作效率，还能培养出一支富有竞争力和战斗力的队伍，使得团队能够在激烈的市场竞争中立于不败之地，实现可持续发展。同时，合理利用"鲶鱼效应"，也能促进团队内部的沟通交流与协作精神，形成你追我赶、共同进步的良好氛围。

5. 合理授权

恰当地将权力下放给团队成员，不仅可以提升整体的工作效率，还能激发团队成员的积极性与创造性，从而促进团队的成长与发展。

假设在一个项目团队中，项目经理在明确了项目目标和各个阶段的任务后，针对每个团队成员的专业技能、兴趣特长以及工作负荷进行综合评估，然后将部分决策权和执行权合理地分配给团队的核心成员。例如，设计部门负责人获得了设计风格选择和设计方案审批的权力，技术部门负责人则有权决定具体的技术实现路径和方案调整。这样做的结果是，每位团队成员在获得充分信任和尊重的同时，能够更自主地完成工作任务，不仅大幅提升了工作效率，也使他们在解决问题的过程中不断积累经验，提升自我能力，进而推动整个团队的协同效应，使创新能力达到新的高度。

（五）建立科学的控制系统

1. 采用公平、公正、合理的控制系统

建立科学的控制系统，对关键的流程进行简洁、实效、操作性强的控制，而不是对所有的程序进行控制。采用公平、公正、合理的控制系统，让大家在心里能够善意地接受，而不是潜意识地抵制。

2. 不定期地考核与检查

不定期地考核与检查能避免执行人员为应付定期考核和检查而采取的投机行为，能确保执行的稳定性，防止执行得虎头蛇尾。

3. 引入淘汰机制

每年选举一次领导得，凡下属和上司都不满意的领导自动贬为员工，有一方不满意者降职 1~2 级。如果你执行不力，做不出成绩，不能让下属和上司满意，你很可能会被淘汰，这样就可以很好地控制执行者了。

二、明晰的业务流程是根本

在运作过程中，大量企业依靠一级一级领导的推动来完成工作。一项工作如果没有领导过问，就没有人处理，也没有人承担责任；一项工作只能在两个部门领导之间"同级别"进行，这样就产生了众多"企业病"。例如，内部运作效率低下；影响领导者对重要工作的关注和思考；营销人员能力缺乏锻炼，滋生依赖思想；各部门间缺乏顺畅沟通，营销计划难

以执行到位。

要改变这种现象，团队就必须从"靠领导推动"转向"靠流程推动"。靠流程推动的关键在于：

（一）提炼关键业务流程

通过对关键业务的流程进行设计，来保障整体业务的顺畅运作。靠流程推动的重点在于靠关键业务流程推动，"20∶80"法则永远是处理复杂问题的根本原则。企业要驾驭庞大的营销业务网，必须建立几个核心支柱——营销关键业务，而这些营销关键业务的提炼，则来自系统的整体营销计划。关键业务必须充分体现整体策略思想的要求，方能成为营销业务活动正确执行的依据。

（二）确定流程核心内容

业务流程包括很多流程点，这些流程点组成了业务流程。要使业务流程顺畅，就要明确流程点所包含的内容。确定流程点和其内容，本质上是确定业务流程运作的规范。其实可以把每一个流程点看作一项具体的业务工作，营销部门在处理这些工作时，都应该按照统一的规范执行以保证运作效率，而不是依照每个人自己的理解、看法或做法。

（三）明确流程运作部门

一项业务流程一般都由多个部门共同运作完成，在这个过程中，必须明确各个部门的角色是什么，谁是主导部门、谁是参与部门，谁应该承担什么责任、应该具有什么权限，从而明晰责、权、利。这些内容都必须在描述关键业务流程时体现出来，这等于给各部门在业务流程中的职能进行定位。只有定位明确，各部门才能各司其职、各负其责，业务流程才能顺畅运行。

（四）规定流程运作时间

业务流程的运作时间主要体现在两个方面：一是每个流程点的内容应该在什么时候完成；二是处理这些内容的时间应该有多长。这样，每项业务流程就具备了结果性，而不是一直处于运作过程中。

（五）确定流程评估标准

只有使业务流程本身具有可供检核或者信息双向流动的职能，才能对业务流程的结果予以评估和传递，从而保障这项业务流程运作的效率和质量，让流程很好地推动工作。

三、责任是提高执行力的关键

责任是执行力的核心理念之一。执行力是执行命令的力度和能力，没有不承担责任的工作，更没有不承担工作责任的工作者。提高执行力的关键，在于明确肩上的责任。

（一）树立责任感是提高执行力的根本

责任感对自己、对国家、对社会的重要性是不言而喻的，责任感是简单无价的。一个没有责任感的人绝不可能把工作做好。人与人不同，责任感也各不相同。责任感不是生来就有的，它是由许多小事构成的。责任感的最基本要求是做事成熟，无论多小的事，都要求自己比别人做得好。

团队建设与管理

只有树立了强烈的责任感，多问自己"我做得如何"，才能从思想认识上检查自我。对每一项工作都不掉以轻心，工作就不会出现无人管、无人问的现象，就不会有种种失误产生。没有责任感的领导不是好领导。

要提高执行力，就要树立高度的责任意识。有了责任意识，才能提高责任感，才能做到事事关心，对身边发生的事高度重视，从而确保各项工作都能圆满完成。

每个中层领导都应以高度的责任感从事自己的事业，从小事做起，从细节入手，提高执行力。

（二）明确责任是提高执行力的基础

俗话说"责任重于泰山"。一个人负不负责，决定了工作完成的好与坏。明确责任，将责任置于一切之上，才能提高执行力、顺利完成任务。

从长远来看，提高执行力仅有目标和任务的统一、务实和高效的结合还远远不够，还必须明确责任，牢固树立事业心、进取心、责任心。

好领导不是速成出来的，而是从基层的工作一点点干起。只有锻造责任心，明确己任，把正确的策略彻底地执行下去，才能使自己走向成功；只有明确己任，明白工作任重道远，才能将责任根植于心；只有时刻铭记责任，使责任成为一种强烈的意识，形成自我监督，才能提高工作效率。

（三）承担责任是提高执行力的前提

推卸眼前的责任，认为等到以后准备好了、条件成熟了再去承担责任；或者寻找借口，将应该承担的责任转嫁给社会或他人，都是愚蠢的做法。这样的领导不但认识不到错误，缺乏创新精神，而且会使工作停滞不前，可能出现执行上的黑洞。"人非圣贤，孰能无过"，领导应勇于承担责任，并从中吸取教训。只要改正缺点、改正错误，领导的工作就一定会更好地开展起来。领导要勇于承担责任，要立下决心，相信通过努力是一定能完成任务的，相信自己一定会比别人完成得更好。如果做到了这一点，领导就不会安于现状、得过且过，这样，执行力才能得到具体的落实。

（四）落实责任是提高执行力的关键

发展是硬道理，落实是硬功夫。长期以来，中国式管理习惯于用制度建设来保证落实，用领导监督检查来确保落实。大多数人都已习惯了别人的监督，习惯了在上级和领导的督促中抓落实，没有把落实当作自己应尽的职责，没有把落实当作自己奋斗的目标和存在的价值。

解决上述现象别无他法，只有从强化责任、严明责任做起。将责任分解到岗、具体到人，使每一件事都有专管之人、每个人都有应负之责，形成多层次抓落实的目标责任体系和岗位责任制。坚持实事求是，一切从实际出发，围绕大局，督查与奖励相结合，就能真正起到不折不扣地落实与务实执行的作用。

负责任、尽义务是一个人成熟的标志，只有对工作高度负责，才能更加出色地完成工作。人是决定执行力好坏的主要因素，要提高执行力，必须解决好用人问题。要明白这样的道理：知人善用，用的是有强烈责任感的人才；举贤用人，用的是执行力强的人。将富有责任感、执行力强的员工放到合适的位置上，发挥其所长，将政令落到实处，才能保证各项事业的顺利开展。

四、合理的绩效考核是动力

领导往往将希望寄托于通过培训来提高营销人员的执行力，但在一个缺乏公平体现贡献价值的环境中，员工对于公司要求他们不断上进的做法是无法有效接受的。这是由于领导忽略了执行的真正动力来源——绩效考核所造成的。这套体系若没有建立起来，执行力就不会自动产生。针对在绩效考核中的问题，可以采用以下绩效考核原则：

（一）体系围绕团队整体计划建立

绩效考核不能脱离关键业务，脱离关键业务的考核是没有生命力的。绩效考核要有助于整体策略目标的达成，而不能一味强调所谓的全面性。

有些团队制定考核体系时，从大到小、从定量到定性、从业绩到态度等各方面制定了一套考核指标，表面上看起来各方面都考虑到了，事实上这种体系在实践中根本无法执行下去。

绩效考核围绕策略规划的重点就是要设计一套关键绩效指标，这种方法既有明确的目标导向，可以确保做正确的事，又抓住了关键业务，可以最大限度地调动人力资源。

（二）体系在机会上创造平等

什么样的绩效考核才是优秀的绩效考核呢？主要看它能否给员工营造一种机会公平的环境，使员工能在同样的平台上展开公平竞争，并且获得公平的回报。这种机会上的平等必须充分考虑各类人员工作性质的差异，确保大家都能从团队的成长中获得价值。

（三）体系体现个人与团队的平衡

虽然说执行力的提升主要是由人完成的，但光有人是不行的，必须让人和团队和谐统一，才能有效提升执行力。因此，执行力的强化就必须在个人和团队之间形成一种平衡关系，既不至于因强调个人英雄主义而削弱了团队的力量，又不至于为了团队而淹没了个人的特性。

在执行绩效考核时，不能全部都是一刀切，应有所区别。如果一个部门赢得了公司的奖励，这个部门的所有人员都应该分享到这种奖励；而对于其中贡献突出的个人，部门给予其相应的激励以区别于一般贡献的人员，这样才能激励一大批人员愿意冒尖、敢于冒尖，并树立起团队中的个人样板。要力求在组织中形成一种竞合关系，即竞争与合作并存，从而推动整个营销组织的执行力。

五、奖惩分明是最好的武器

很多团队在发展中可能会碰到这样令人头痛的问题，那就是执行力每况愈下。领导者的很多想法、很多决策，甚至是很多决议、很多指令，在执行过程中都变得面目全非，员工的积极性、主动性和凝聚力越来越差，以至于经营业绩下降，甚至使团队陷入困境。

那么，如何来解决这个问题呢？在这样的团队中，奖惩分明是提高执行力的最好武器。好的管理理论、管理方案和管理案例固然对管理有很大的帮助，但是如果做不到奖惩分明，是很难取得实质性效果的。

很多组织在创业之初，群情激昂，士气高涨，取得了不俗的业绩。然而随着规模的扩大、人员的增多，事情就变成了另外一种局面。究其原因，企业规模小的时候，经营者对每一个员工的工作了如指掌，奖惩起来自然简单、准确。但是，当企业达到了一定规模，人员达到了一定数量，奖惩起来就难了。因为，一来人多了，二来工作复杂了，三来关系复杂了，到底谁做得好，谁做得不好，经营者就很难一目了然了。

公司规模大了，如果经营者还是用以前的老方法，凭着自己看到的、感觉到的来进行奖惩（包括定工资、发奖金、升降职等），那就很难奖惩分明了；如果经营者能够脱胎换骨，采用更科学的新方法来进行奖惩，把权力下放给相关部门，那么奖惩分明也就不难了。

所谓的新方法，只不过是"奖惩分明"的新解释而已。从字面上看，我们可以看到奖惩分明的前提是：

（一）谁应该奖，谁应该罚

首先要定出工作的目标，要明确业绩的标准，否则就很难评价谁应该奖、谁应该罚。要定出工作的目标，明确业绩的标准，做起来却并不简单，必须明确发展的目标，并能够将这些目标分解到每个人，还必须明确每个岗位的工作标准。做到了这一步，就基本上建立了管理基础，能够较好地评价每个员工，清楚谁应该奖、谁应该罚。

（二）该怎么奖，该怎么罚

领导要做好以下两点：一是奖罚的方式，二是奖罚的尺度。一般说来，奖罚的方式包括物质与精神两个方面：物质方面主要有工资、奖金、福利、职位调整等；精神方面主要有表扬与体现成就感、社会地位等。而奖罚的尺度则应该在不同的时期，制定不同的方案来执行，也就是通常的薪资福利制度、晋升制度、奖惩制度等。

实训10-2　团队激励的应用

实训形式：团队游戏

实训步骤

第一步：实训前准备。要求学生提前阅读团队激励应用的相关文献，了解本次实训的理论知识。

第二步：以6~8人为一个团队，完成"橡皮筋传递"游戏。

团队游戏橡皮筋传递

1. 团队成员分等距站立，从首位成员开始每人用嘴叼着牙签，将牙签上的橡皮筋传递给下一位成员。

2. 在这个过程中不能用手，只能用嘴巴和牙签将橡皮筋从第一位传递到最后一位，再从最后一位传递回第一位。

3. 传递过程中若出现橡皮筋掉落的情况，要从第一位重新开始。

4. 按传递回第一位成员的先后顺序公布各团队的比赛成绩。

5. 由团队管理者（领导者）组织团队成员进行讨论，总结第一轮比赛过程中存在的问题或取得成绩的经验，并部署第二轮的比赛。

6. 进行第二轮的比赛，再次公布各团队比赛后的成绩。

7. 由团队管理者（领导者）组织团队成员再次进行讨论，总结第二轮比赛过程中存在的问题或取得成绩的经验。

第三步：抽取学生代表发言，阐述团队激励在游戏中的体现。

第四步：教师总结，进一步讲解团队激励的具体应用。

任务三　提升团队执行力的 4C 模型

导学：提升团队执行力的 4C 模型

案例导入

一个储满水的木桶，只要抽掉一块木条，木桶里就没水了；假如木桶的顶端参差不齐，那么水只能在顶端的最低部分。用这种效应来看企业也是如此。现在的企业不是靠一个人、一种资源、一个广告就能"长治久安"的，而是这个企业的每一个员工都要"精"。因为人是一种替代品，假如每个人的能力、素质都相当强，其整体的替代性就小，核心的人力资本在相对量上将取得优势。因此，一些竞争激烈或高科技的企业必须把人力资源作为头等大事，做整体性的规划，要塑"专家型"的群体或组织，把人的强势变为一种胜势。

案例分析

执行的结果取决于执行力最差的员工，因此必须不断增强员工的素质。

一、什么是提升团队执行力的 4C 模型

提高团队的综合执行力是每一位管理者的核心工作。企业的执行力不是军事命令管理，而是以尊重、双赢、高质量、高效完成相关工作。

管理 4C 模型是提升团队执行力的有效方法，它包含 4 个关键行动：Clarity（布置任务要清晰），Commitment（承诺工作要真心），Competence（辅导员工要到位），Control（控制工作要全面），如图 10-1 所示。

图 10-1　4C 模型

（一）澄清

在确保信息无误传递这一点上，管理者应当意识到，自身对任务的清晰阐述并不等同于员工已经完全理解了任务内容。事实上，高达 45% 的工作偏差源自管理者与员工对工作任务的理解存在差异。因此，要确保任务执行的有效性，首要条件是保证员工对任务有 100% 的理解，保证其领悟管理者的意思。

在这一过程中，管理者需要采取以下策略来明确任务分配：首先，管理者应与员工面对面详细沟通工作的核心要点和关键要求；其次，根据每个员工的能力特点和差异性进行个性化沟通，确保他们从各自的角度准确把握任务；再次，管理者需明确告知员工完成任务所需做的准备工作，包括资源、技能及预期成果等；最后，务必提醒员工可能遇到的常见困难或潜在错误，以便他们提前做好应对措施，避免在执行过程中出现不必要的失误。

（二）承诺

员工具备完成工作的能力和达成任务的资质，但这并不等同于他们能实现高效的任务执行。要实现高效地完成任务，还有一个关键要素，即员工必须从内心深处做出100%完成任务的承诺。从管理视角来看，很多时候并非员工不愿做出这样的承诺，而是他们在面对任务时，往往缺乏产生承诺所需的一系列条件：员工是否真心渴望并怀揣热情去完成这项任务；员工是否已经拥有完成任务所必需的各种条件和资源；员工在权衡无法完成任务可能带来的风险与成功完成任务的预期收益之间，是否做出了充分考量。

（三）胜任

作为管理者，在充分实现员工辅导效果的过程中，面临的是如何有效用人和指导下属的挑战。胜任力并不仅仅局限于个体的能力层面，它同样涵盖员工的态度与敬业精神，这是提升团队执行力的关键要素。为了全面提升团队的整体胜任能力，管理者应明确选拔人才的重要性，明确吸引并留住优秀人才是管理者肩负的重要职责之一。通过不断优化工作流程及操作方法，简化员工的工作难度，同时降低对单一岗位能力过高的要求。将复杂任务合理分解，借助团队协作的力量共同完成，以实现整体效能的最大化。此外，还要持续不断地对员工进行个性化辅导，助力他们不断提升自身能力和态度水平。

（四）控制

当员工明确了解任务内容，具备完成任务的能力，并且真诚地、全身心地承诺完成任务时，是否意味着管理者可以完全放心了呢？显然并非如此，资深的管理者仍会对可能出现的各种状况保持警惕，有趣的是，往往越担忧的事情越有可能发生。因此，即使员工承诺100%完成任务，从管理者的视角来看，依然需要在全过程进行有效控制。

事前阶段：关键在于精心规划，确保任务清晰明了，同时验证员工具备完成任务的必要能力。

事中阶段：管理者应实时跟进任务进度，及时发现并纠正员工工作中出现的偏差。

事后阶段：做好工作总结与深度复盘工作。

二、管理 4C 模型在团队中的使用意义

在现代组织管理和团队建设的实践中，管理 4C 模型作为一种先进的理念和方法论体系，其在团队建设和管理过程中的应用具有深远且实际的意义。该模型包括了四个核心要素：沟通、协调、协作以及创新，这四个方面相互关联、相辅相成，共同构建了高效团队运作的基础框架。

沟通是团队内部信息交流与理解的关键，良好的沟通能够确保团队成员间的信息对称，增强共识，降低误解与冲突，从而提升团队整体的工作效率和执行力。

协调强调的是团队内部任务分配与资源整合的有序性，通过有效的协调机制，可以确保各个团队成员能够在正确的时间执行正确的任务，最大化利用资源，避免工作重叠或疏漏。

协作体现了团队工作的协同性和一体化程度，鼓励团队成员跨越职能界限，形成合力，共同解决问题，实现团队目标。这种深度合作不仅能够提升团队的整体效能，也有助于培养团队成员间的信任感和归属感。

创新则是推动团队持续进步与创新的核心驱动力，倡导团队在面对挑战和变化时，积极寻求新的解决方案，激发团队潜能，保持竞争优势。

在团队建设和管理中运用管理4C模型，不仅能优化团队运行机制，提高工作效率，还能有效促进团队凝聚力和创新能力的提升，为实现组织战略目标提供有力支撑。

实训 10-3 团队执行力的应用

实训形式：实践活动

实训步骤

第一步：实训前准备。要求学生提前阅读团队执行力应用的相关文献，了解本次实训的理论知识，了解目前企业最常用的四种提高组织执行力的办法：(1) 清单派 (2) KPI（Key Performance Indicator，关键绩效指标）/OKR（Objectives and Key Results，目标与关键成果法）派 (3) 激励派 (4) 项目管理派。

第二步：分成四组，每组派发一个主题，组内找到一个与主题对应并实行该办法的企业，进行企业组织效果学习与分析。

第三步：抽取学生代表发言，阐述团队执行力办法的使用及其效果。

第四步：教师总结，进一步讲解团队执行力办法的具体应用。

任务四 从《西游记》看团队管理

导学：从西游记看团队管理

案例导入

阿诺德和布鲁诺的差距

阿诺德和布鲁诺同时受雇于一家店铺，拿着同样的薪水。可是一段时间以后，阿诺德青云直上，而布鲁诺却仍在原地踏步。布鲁诺到老板那儿发牢骚。老板一边耐心地听着他的抱怨，一边在心里盘算着怎样向他解释清楚他和阿诺德之间的差别。"布鲁诺，"老板说话了,"你去集市一趟,看看今天早上有什么东西卖。"布鲁诺从集市上回来向老板汇报说,今早集市上只有一个农民拉了一车土豆在卖。"有多少?"老板问。布鲁诺赶快又跑到集市上,然后回来告诉老板说一共有40袋土豆。"价格是多少?"布鲁诺第三次跑到集市上问来了价格。"好吧。"老板对他说,"现在请你坐在椅子上别说话,看看阿诺德怎么说。"

阿诺德很快就从集市上回来了,向老板汇报说,到现在为止,只有一个农民在卖土豆,一共40袋,价格是多少;土豆质量很不错,他带回来一个让老板看看。这个农民一个小时以后还会运来几箱西红柿,据他看价格非常公道。昨天他们铺子的西红柿卖得很快,库存已经不多了。他想这么便宜的西红柿老板肯定会进一些的,所以他不仅带回了一个西红柿做样品,而且把那个农民也带来了,他现在正在外面等回话呢。

此时,老板转向布鲁诺说:"现在你知道为什么阿诺德的薪水比你高了吧!"

案例分析

员工开始执行工作时都想把工作做好,也不是不聪明,但往往因为缺少结果思维,导致有苦劳无功劳,而执行要的是功劳。

在博大精深的古典文学宝库中,有一部脍炙人口、富含深厚管理智慧的巨著——《西游记》。这部作品以其独特的叙事手法和深入人心的角色塑造,为我们在团队执行力与团队建设的核心要素方面提供了丰富的剖析素材和深度提炼的空间。作者吴承恩匠心独运,通过细腻描绘唐僧一行五人各具特色且鲜活立体的角色形象,以及他们在取经路上错综复杂的互动关系,淋漓尽致地展现了不同成员在团队中的功能定位及其重要性。

唐僧:

更多读者愿意深入探讨师父唐僧是否具备出色的执行力和卓越的管理才能。作为团队的核心领导者,唐僧的角色内涵丰富多元,他不仅扮演着精神导师的重要角色,用佛法智慧启迪团队成员的心灵,更是承载着普度众生、取得真经这一重大使命的践行者。然而,他的影响力远不止于此,他还是整个取经团队凝聚力的象征与行动方向的指引者。唐僧以其高尚的情操和坚韧不拔的精神品质,凝聚起孙悟空、猪八戒、沙僧等各具特色的团队成员,使他们心甘情愿地围绕在他身边,共同面对取经路上的艰难险阻。他所代表的不仅仅是对荣誉的崇尚和对道德境界的不懈追求,更是一种坚定无比的信念和责无旁贷的使命感,激励他们在面临困境时勇往直前,不断突破自我,最终实现目标。

可以说,在《西游记》的故事脉络中,唐僧的领导力并非通过强硬的命令或严密的组织架构得以体现,而是凭借其深厚的人格魅力、高远的理想追求以及在困难面前展现出的执着毅力,成功塑造了一个具有高度执行力和卓越管理能力的领导者形象。

孙悟空:

孙悟空这一角色无疑扮演了团队中的核心智勇支柱。他凭借其超凡入圣的能力和坚韧不拔的精神品质,展现出了卓越的执行力,对团队目标的实现起到了决定性的作用。孙悟空的每次行动,无论是面对妖魔鬼怪的挑战,还是解决取经路上的重重困难,都淋漓尽致地体现了他作为团队精英的高效执行能力和战略智慧。

他的角色内涵丰富多元，生动诠释了个体在团队中实现自我价值的重要性。孙悟空不仅具备高强的武艺和无边的法力，更拥有灵活机敏的头脑和临危不惧的胆识，这些特质使他在关键时刻总能挺身而出，以超越常人的实力摆脱困境，化解危机，确保团队所肩负的神圣使命得以顺利推进并最终达成。

可以说，在《西游记》这部充满奇幻色彩与深刻哲理的作品中，孙悟空的角色形象犹如一面镜子，映照出团队成员如何通过不断提升自我、发挥优势、坚守信念，从而为团队的成功贡献力量，并在共同奋斗的过程中实现个人价值的最大化。

猪八戒：

猪八戒扮演了举足轻重的角色。他在取经团队中的定位，恰好满足了团队成员基本的生理层面需求，他的食量大且喜好美食，使得他在寻找食物和保障团队生存方面起到了关键作用，这无疑增强了团队的稳定性和凝聚力。

猪八戒的性格特点与行为模式在执行层面体现了一种务实且脚踏实地的态度。他不尚空谈，注重实际操作，无论是在降妖除魔的具体行动中，还是在面对困难时解决实际问题的能力上，都展现出了高效执行力的一面。尽管他时常因懒散和贪吃等人性弱点而引人诟病，但这恰恰让他显得更为真实和接地气，使得团队氛围更加和谐，也更易于拉近与其他成员的距离。

在关键时刻，猪八戒往往能发挥出令人意想不到的重要作用。他的直率性格使他在团队决策过程中敢于直言，提供独特且实用的观点，避免团队陷入盲目的困境。此外，他强大的身体力量和丰富的实战经验，为团队解决许多棘手问题提供了不可或缺的支持和保障。

总而言之，猪八戒在《西游记》中的形象，不仅是一个生动鲜活的人物，更是对团队中不可或缺的多元化角色的深度诠释，他的存在既丰富了团队的人性化色彩，又提升了团队的整体实力，充分体现了团队管理中包容差异、各尽所能的核心理念。

沙僧：

沙僧这一角色无疑生动地映射了团队中的安全与稳定力量。他如同团队中不可或缺的基石，始终坚守岗位，默默无闻却至关重要。沙僧的角色定位在于全心全意保护师父唐僧的安全，无论面临何种艰难险阻，他都坚定不移地履行着这一首要职责。

沙僧更是维护团队和谐稳定的润滑剂，他的存在确保了团队内部关系的融洽，避免了可能因冲突或矛盾导致团队破裂的风险。他以一种沉稳而低调的方式，不断调和团队成员之间的关系，使得团队能够在面对外部挑战时保持团结一致，共同进退。更为重要的是，沙僧对于团队运作的安全性与秩序性的保障作用不容忽视。他严格遵守团队规则，尊重并执行领导决策，这种严谨的态度和行为模式为整个取经团队建立了一种规范有序的工作环境，从而极大地提升了团队的整体执行力。

总之，沙僧的稳重性格与对团队的忠贞不渝，是支撑整个取经团队能够持续贯彻执行力、克服重重困难、最终取得真经的关键因素之一。他的角色价值不仅体现在具体的行动上，更深层次地反映出一个高效团队中不可或缺的安全稳定角色所应具备的品质与担当。

白龙马：

白龙马这一角色的设定与表现，其象征意义远超其表面所承载的"坐骑"功能。尽管在故事中，白龙马主要承担着唐僧师徒四人西行取经的交通工具角色，但其所蕴含的精神内涵却深深触及了团队协作的核心价值。

白龙马原是龙族的一员，拥有高贵的身份和强大的力量，然而它却毅然决然地放弃了这份尊荣，化身为默默无闻的脚力，承载着整个团队的希望与梦想，坚定而无声地向前迈进。这种自我牺牲、无私奉献的精神，在团队建设的过程中起到了至关重要的作用，它生动地诠释了一个优秀团队成员应有的品质——为了集体的目标和利益，能够放下个人的荣耀与地位，全心全意地付出，不求回报。

白龙马的存在，就如同团队中的基石，虽然可能并不显眼，却同样不可或缺。它的忠诚与坚韧，为团队提供了持续前行的动力，确保了团队在面对艰难险阻时仍能保持团结一致，稳步向前。这不仅体现了白龙马对团队的强烈归属感，更彰显了团队成员对集体目标的高度认同以及由此产生的深深的归属感。这种归属感如同无形的纽带，将团队成员紧密相连，共同进退，使得《西游记》中的取经团队能够在历经九九八十一难后终得正果，也为现代团队建设和管理提供了宝贵的启示和借鉴。

综上所述，在《西游记》这一独特的团队构建模型中，唐僧师徒分别扮演了领导力、创新力、执行力、稳定性与归属感五个维度的角色，他们的故事为我们提供了一幅丰富多彩且富有启示性的团队执行力与团队建设画卷。

实训 10-4　西游记团队执行力大挑战　　　项目拓展资源　　　项目同步测试

综合实训三

企业团队建设及发展项目报告

一、实训性质

本次实训是针对团队激励、团队沟通、团队领导及团队冲突等相关知识理论的综合性实训。本次实训将基于课程前两次综合实训的内容,通过对校外企业团队建设发展相关的问题进行诊断,并提出建议来考查学生对团队建设及团队发展综合知识的掌握情况。通过此实训,能让学生对理论知识进行深入拓展并学会应用于实际工作中,提升学生的问题解决能力,培养学生的团队素养和团队意识,是实践应用型综合实训。

二、实训目的

通过本次实训,一方面,希望能整体考查学生团队构建、团队发展的知识与能力,从而全面检验一学期的学习成果;另一方面,通过为企业提供政策建言,以求切实提高相关校外企业的团队建设与发展能力。

三、实训方式

校外企业调研;企业团队发展项目报告撰写;项目报告反馈,并针对相关问题提出整改意见,使理论得以真正应用。

四、调研对象

校外实训基地的相关中小微企业或者企业内的某个部门(大于或等于四人),最好与前两个综合实训调研的是同一家企业。

五、实训时间

建议一周。

六、实训具体安排

(一)前期调研

(1)以小组为单位,确立调研对象及调研范围,撰写调研提纲和调查问卷,开展企业发展项目调研。

（2）调查内容：

①了解调研的企业（部门）目前团队激励现状，以及存在的问题。

②了解调研的企业（部门）目前团队沟通现状，以及存在的问题。

③了解调研的企业（部门）目前团队领导现状，以及存在的问题。

④了解调研的企业（部门）目前团队冲突现状，以及存在的问题。

（3）对企业调研信息进行分析、处理，剔除无效数据。

（4）撰写项目调查报告（报告封面和目录参考如下）。

项目报告格式如下：

封面：

　　　　班级_____　小组号_____

　　　　　　　　《团队建设与管理》课程实训

　　　　　　　　——××企业（或部门）团队建设及发展项目报告

　　　　　小组长　　　　　　　　学号

　　　姓名_____　学号_____　分工_____
　　　姓名_____　学号_____　分工_____
　　　姓名_____　学号_____　分工_____
　　　姓名_____　学号_____　分工_____
　　　姓名_____　学号_____　分工_____

　　　　指导教师_____

　　　　评定成绩_____

目　　录

一、引言

二、××企业（部门）团队建设及发展现状

三、××企业（部门）团队建设及发展问题

四、××企业（部门）团队建设及发展诊断建议

　　（一）优化××企业（部门）团队激励的对策

　　（二）优化××企业（部门）团队沟通的对策

　　（三）优化××企业（部门）团队领导的对策

　　（四）预防××企业（部门）团队冲突的对策

五、小结

格式要求：

　　字体要求：宋体。

　　字间距设置为"标准"。报告的各标题依次为"一、"（字号为小二，加粗）；"（一）"（字号为四号，加粗）；"1."（字号为小四，加粗）；"（1）"（字号为小四）。行距为1.5倍。

(5)"企业团队建设及发展项目报告"的反馈、应用。

①小组要将完成的"企业团队建设及发展项目报告"反馈给企业相关人员,企业给予应用价值评定,并填写评价表,格式如下:

"企业团队建设及发展项目报告"企业应用价值评价表

班级:　　　　组别:　　　　组长:　　　　联系方式:

评价项目	评分	意见
团队激励		
团队沟通		
团队领导		
团队冲突		
总体		

②小组要在项目报告的基础上,制作项目PPT并在课堂上现场演示,由教师现场评价。

七、实训成绩评定

1. 成绩构成

实训态度(20%)+项目报告(50%)+企业应用性评价(20%)+项目现场展演评价(10%)。

2. 评分标准

(1)项目报告的评分标准:

报告格式规范性 (20%)	内容符合度 (20%)	对策建议科学性 (30%)	对策建议的应用性 (30%)
整体格式完整性 语言规范性表达清晰度	整体逻辑性 内容的清晰度 内容的符合度	对策的科学性 建议的科学性	对策建议的针对性 对企业的应用价值

(2)项目现场展演的评分标准:

团队合作 (20%)	PPT制作美观、 实用度(20%)	PPT内容和结构 完整性(30%)	PPT演讲效果 (30%)
整个项目展示过程中团队的合作度	PPT整体是否美观、实用	PPT展示的内容和结构是否完整	现场讲解是否流畅、是否有吸引力

参 考 文 献

[1] 潘建林. 团队建设与管理实务［M］.3 版. 北京：机械工业出版社，2021.
[2] 王聪颖. 团队建设与管理［M］.南京：南京大学出版社，2023.
[3] 斯蒂芬·P·罗宾斯，蒂莫西 A·贾奇. 组织行为学精要［M］.13 版. 郑晓明译. 北京：机械工业出版社，2017.
[4] 李楠，葛宝山. 创业团队认知多样性对团队绩效的影响——一个有调节的双中介模型［J］.经济管理，2018，40（12）：123 - 137.
[5] 田树平. 团队及团队精神在企业生产经营工作中的重要作用［J］.中国水泥，2008（08）：86 - 87.
[6] 李慧波. 团队力量［M］.北京：清华大学出版社，2010.
[7] 刘一寒. 团队是设计出来的［M］.江苏：江苏文艺出版社，2015.
[8] 张祥斌. 团队拓展训练游戏［M］.北京：清华大学出版社，2018.
[9] 凡禹. 团队应该这样带——尖刀团队的 12 堂总裁内部课［M］.北京：民主与建设出版社.
[10] 赵伟. 高效能团队设计［M］.北京：台海出版社.
[11] 王聪颖. 团队建设与管理［M］.南京：南京大学出版社，2019.
[12] 姚裕群，赵修文，刘军. 团队建设与团队管理［M］.5 版. 北京：首都经济贸易大学出版社，2021.
[13] 佟伟富. 笑看西游话管理［M］.北京：北京大学出版社，2013.
[14] （日）赤雨雄二. 麦肯锡团队管理法［M］.杜红译. 北京：北京时代华文书局，2021（重印）.
[15] 吕国荣，邹华英. 好团队是带出来的［M］.北京：中国纺织出版社，2020.
[16] 任康磊. 小团队管理的 7 个方法［M］.北京：人民邮电出版社，2021.
[17] （美）惠特尼. 约翰逊. 高成长型团队［M］.李新元译. 北京：中信出版集团，2021.
[18] 赵伟. 给你一个团队，你能怎么管？（实践版）［M］.南京：江苏文艺出版社，2013.
[19] （英）迈克. 布伦特，菲奥娜. 爱尔莎. 丹特. 团队赋能［M］.徐少保，王琳译. 北京：北京联合出版公司，2022.
[20] 吕英，黎光明，郑茜. 产学研融合视角下的创新型人才培养模式研究——基于双案例的对比研究［J］.科技管理研究，2022；20.
[21] 丁栋虹. 领导力［M］.北京：清华大学出版社，2012.

［22］何雪英．团队建设与管理［M］．北京：清华大学出版社，2023．
［23］斯蒂芬·P. 罗宾斯．组织行为学［M］．孙健敏，李原，译．12 版．北京：中国人民大学出版社，2012．
［24］夏靓．引爆执行力［M］．北京：中国友谊出版公司，2020．
［25］周伟．职场关键能力［M］．2 版．北京：人民邮电出版社，2019．
［26］彼得·德鲁克．卓有成效的管理者［M］．许是祥译．北京：机械工业出版社，2009．
［27］常白，王骊棠，张宏磊．高效团队管理实战［M］．北京：机械工业出版社，2012．
［28］臧道祥．增强团队凝聚力的 60 个培训游戏［M］．北京：中国工人出版社，2013．
［29］陆丰．88 个案例告诉你怎样带团队［M］．北京：机械工业出版社，2017．
［30］陈春花．管理的常识：让管理发挥绩效的 8 个基本概念［M］．北京：机械工业出版社，2016．
［31］彼得·德鲁克．管理的实践［M］．齐若兰译．北京：机械工业出版社，2009．
［32］克里斯蒂娜·考弗曼．团队核能（行动版）：从低效到高能的团队改造术［M］．范海滨译．北京：北京联合出版公司，2016．
［33］李慧波，团队精神［M］．北京：机械工业出版社，2015．
［34］拉斯洛·博克．重新定义团队：谷歌如何工作［M］．宋伟译．北京：中信出版集团，2015．